集人文社科之思　刊专业学术之声

集 刊 名：区域史研究
主办单位：中山大学岭南文化研究院
中山大学历史人类学研究中心
主　　编：温春来（中山大学岭南文化研究院）
副 主 编：黄国信（中山大学历史人类学研究中心）
本辑执行主编：黄国信

REGIONAL STUDIES

微信公众号：Regional_History
投 稿 邮 箱：lingnanculture@126.com

2023年第1辑（总第9辑）

集刊序列号：PIJ-2018-326
中国集刊网：www.jikan.com.cn / 区域史研究
集刊投约稿平台：www.iedol.cn

2023 年第 1 辑（总第 9 辑）

AMI（集刊）入库集刊
中国学术期刊网络出版总库（CNKI）收录
集刊全文数据库（www.jikan.com.cn）收录

区域史研究

REGIONAL STUDIES

主编 | 温春来　本辑执行主编 | 黄国信

区域经济史专号

区域史研究
Regional Studies

2023年第1辑（总第9辑）
2023年12月出版

学人访谈

经济学家如何思考经济史研究

——彭凯翔教授访谈录

受访人：彭凯翔

访谈人：黄国信、李晓龙、任建敏、胡剑波、曾宇彬

整理人：胡剑波、曾宇彬*

访谈说明：

彭凯翔，1978年生于江西宁都，本科就读于江西财经大学注册会计师专业，硕士、博士就读于北京大学中国经济研究中心西方经济学和发展经济学专业，曾任河南大学经济学院教授，现任武汉大学经济与管理学院教授，是年轻一代中国经济史学人中影响力较大的学者。他曾出版《清代以来的粮价：历史学的解释与再解释》《从交易到市场：传统中国民间经济脉络试探》等著作，在《经济研究》《中国经济史研究》等中文期刊和*Explorations in Economic History*等外文期刊发表一批论文，并且是*Cambridge Economic History of China*一书中两个章节的作者。

借彭老师来中山大学举办座谈的契机，我们对彭老师进行了当面访谈。这次访谈的主题是经济史。访谈人为黄国信（简称“黄”）、李晓龙

* 黄国信，中山大学历史人类学研究中心教授；李晓龙，中山大学历史学系（珠海）副教授；任建敏，中山大学历史人类学研究中心副教授；胡剑波，中山大学历史学系博士研究生；曾宇彬，中山大学历史学系硕士研究生。

（简称“李”）、任建敏（简称“任”）、胡剑波（简称“胡”）和曾宇彬（简称“曾”），录音稿由胡剑波和曾宇彬整理，由彭凯翔教授审校。

一 近一二十年经济史研究的主要进展

黄：彭老师好！您的米价、市场以及工价、债务等问题的研究是近年来中国经济史研究中最引人注目的研究之一。我记得您开始是做米价，后来是做利率、债务、市场等问题的研究，应用了大量统计和分析。坦白讲，历史学者能够接受的计量历史研究不多，因为从历史学的角度来看，大部分计量历史的数据都不大靠谱，但是您的数据我们都觉得很可靠，所以大家非常重视您的研究。我们觉得这几十年经济史的进步其实是很大的，您就是其中的代表。你觉得经济史最近一二十年有哪些明显的推进呢？能不能结合您的研究来讲讲这个问题？

彭：最近十多年经济史的变化，以前魏明孔老师也讲过，他说，他感觉经济学这边关注经济史多的时候，就是经济史比较兴旺的时候。可能在十多年以前，经济学界还很少有人做经济史方面的研究。我记得我刚做经济史那会儿，刚好是经济史在历史学中比较冷清的时候，当时历史学更多转向社会史或者文化史。在这段时间，经济学界对经济史开始有一些兴趣，感觉经济学中的经济史研究，在这段时间变化比较大。当时经济学中做经济史的学者，一开始是想去摸清楚中国经济的长期变迁，经济学学者研究经济史是从这里出发的。

我记得，在我做博士论文之前，北京大学经济学院有一位博士的学位论文是做经济史的，他做清代的GDP估计。论文答辩的时候，林毅夫老师他们几个担任答辩委员。那时候有一些学者开始从几百年的尺度上来讨论中国经济的长期变迁，我应该是属于这一批的。当时我的导师让我做经济史的时候，也没有想让我真的投入去做经济史，他其实还是想让我回来做当代经济研究。他当时之所以对经济史感兴趣，也是因为

GDP 估计，当时麦迪森的研究，在整个经济学界吸引了不少注意力，然后传到国内，大家觉得这个东西有改进的余地。我刚开始做经济史，就是在这样一个氛围里面。我的导师问过我要不要做 GDP 研究，那时候麦迪森的研究刚传过来，麦迪森的书的翻译者伍晓鹰他们，跟我的导师也有一些交流，所以想做这方面的合作。

当时我对经济史还不太了解，但是看了一些经济史的文献后，我就跟我导师说我不太想做 GDP。我说与其做 GDP，不如做粮价。因为我当时读了王业键先生的研究，觉得粮价数据那么好，应该做粮价。所以当时在经济学里面的潮流是做 GDP，但是结果我却做到了粮价。那一做粮价就涉及更具体的市场问题，感觉其实我那时候是选了另外一条路。但是经济学家们当时关注经济史，还是为了 GDP 研究。当时马德斌老师做这方面的课题，回来找合作者，他找到了袁为鹏，袁老师就是这样被拉入伙的。那时做的人很少，像管汉晖，李稻葵也想做历史 GDP，所以就把管老师招过去做博士后。所以经济学其实是围绕着 GDP 或者长期生活水平的研究开始的，而我当时做粮价，就稍微有点不一样。但是在当时粮价也开始在海外火起来了，最主要的是薛华的研究，主要是做市场整合。因此粮价也慢慢变成做得比较多的课题。那时候其实在经济学里面，经济史也就这几个人在做，圈子很小。每次开会也就我们几个人，当时找了一个阵地，就是龙登高老师那边的研究中心。陈志武老师要做利率史，在那边做客座，就把我也拉进去了。这就是当时经济学家们对经济史感兴趣的原因，也就是想通过一些数据来看中国经济的长期变迁。

稍微晚几年，经济学这边又有一个潮流，是由纯粹做计量经济学的学者、应用经济学的学者掀起来的。他们想用经济数据来检验一些大的经济学假说，比如说诺斯的制度经济学假说。这一波潮流其实跟我们一开始做的研究有点不太一样，他们主要关心的问题，其实是经济学的问题，然后主要是做经验研究来检验一些假说。这波潮流在经济学里面传得很快，一开始是因为在美国发表了一些顶尖的论文，有不少做应用经济学的海外学者、博士生就跟着做这方面的题目。有了这一波潮流，他们在经济学里面就把风气带得更开了。这是一波比较大的潮流，一直持续到现在。计量经济史的主流其实是在做这些工作，就是拿历史数据来检验一些经济学的议题。这是在经济学里面影响比较大的研究，只是这些研究，可能在历史学这边的影响力比较有限。

黄：这可能是问题意识不同造成的，历史学家关心的是历史过程，经济学家利用历史素材，关心的仍然是经济学理论。

彭：是的。经济学者们一般把很多历史学者整理出来的资料，用来做经济学的理论问题。在经济史这个领域，这部分研究是一种新的力量，它丰富了最近二十年的经济史研究。很明显的表现就是，每年开经济史年会的时候，有不少论文就是来自这个领域，然后包括现在的《中国经济史研究》，隔几期就会有这方面的文章。如果要说比较新的变化，它也算是一个。这可能是经济学者研究经济史带来的一些比较新的动向。当然，历史学者的经济史研究其实也有很多进展。

黄：对，历史学这边，我印象中这几十年的变化比较大的是什么呢？有一段时间好像是大家都不做经济史，而去做文化史、社会史、历史人类学，但是后来发现其实还是有些人在继续做，在好多问题上有明显推进。比如传统金融市场，包括凭票、土地金融等，以及会计研究、赋役核算、漕运、盐政、矿政等等，这类研究就开始变得比较有深度了。比如曹树基老师讲凭票，就把乡村金融做出来了。另外，刘志伟老师从原理上思考传统中国经济史的体系，也做出了贡赋经济理论来。所以我觉得历史学在这方面也有比较大的推进。当然，也包括李伯重老师他们做的生产力研究。表面上，有一段时间大家都不做经济史了，但过一段时间发现，其实进步还是非常明显的。

彭：我想这里面可能有一个因素，就是对一些新材料的解读。因为很多新的民间文书其实是跟经济史有关的，特别是像契约文书的解读、账簿的解读，另外包括赋役文书，都有一些推进。我觉得这些对历史学的刺激好像会比较直接。

黄：对，新史料的发现和应用是非常重要的推动力量。

二　从粮价到市场

黄：您开始是做清代粮价，后来出的第二本书做的是市场研究。这是从粮价的问题延伸过去的，还是因为别的什么原因要去做一个关于整个市场，关于市场的内在机制和逻辑的形成的研究呢？这是一个什么样的过程？

彭：应该说跟粮价研究还是有关系的。我在做粮价研究的时候，用了很多价格数据，但是我发现价格背后的故事，其实我没有具体掌握。价格到底是怎么形成的，我其实并不知道。虽然从数据上，我们可以说那时候有价格的整合，然后用供求机制去解释这个价格，但问题是供求机制在现实中是怎么发挥作用的？我们看到的制度史材料告诉我们，好像和市场制度关系不大的那些制度，其实会对市场产生影响。比如说农民的生产，它会受租佃制度等一系列制度的影响，包括市场上的自由贸易也是受很多东西的影响。当时做这个研究的时候，我觉得最没底气的就是，我不知道微观层面上，这些价格数据到底是怎么出来的，背后的经济主体是怎么活动的，这些一直是我心里的谜团。所以在做粮价的时候，我同时开始关心这方面的史料，然后就去收集资料。当时我比较喜欢读笔记小说，因为在里面可以看到很多很生动的场景，但是得不到史料上的印证。我想既然笔记小说里有这么生动的东西，应该还是有一些史实上的依据，于是就开始留意这个，想继续做下去。

而且在那个时候，加州学派兴起。海外喜欢说加州学派是修正主义，他们对市场的评价要乐观一点。我当时也想，其实这里面好像存在一种悖论。比如说吴承明先生和李伯重老师，其实他们两个人对传统市场的理解就不一样。我觉得这个可能还是一个未解决的问题，所以想去讨论。而且，我当时也试图从商业史的研究中去找答案，但是我发现，一般做商业史或者做商品经济史的学者，可能没有意识到市场机制的核心是价格机制。价格机制被大家忽略掉了。但是要解答我心中的谜团，这个才是最核心的。所以我想可能还是需要重新再做一点什么东西。

黄： 原来您是从这个角度出发来做市场研究的，这的确是一个非常好的问题。怪不得到目前为止，关于传统中国民间市场自身如何形成，关于它自身的逻辑机制，您的书是讲得最深入的。当然，我的同学们有时候会觉得这本书比较难读，这主要是因为他们是学历史的，而您用的很多是经济学的表达，数学语言的表达。当然，您的书内容也非常丰富，必须读很多材料才能读懂，而他们缺少对这些史料的阅读。所以，我觉得这本书是写给未来一代的学者看的，现在很多学者，基本上没怎么明白您在讲什么，就划过去了，但是到了年轻一代的时候，应该就能读懂您这本书了。所以，我想问一下，能不能简单地跟读者再介绍一下您这本书的写法？

彭： 实际上，我在写这本书的时候有个失误，就是对读者的定位不是很清晰。当时有一部分内容在写的时候，我的对话对象是经济学的理论，特别是古典经济学中市场是看不见的手的观点。我在写这本书的时候，其实是在经济学院教微观经济学，就讲整个市场经济的一般均衡理论。经济学讲一般均衡理论就完全假设市场是一个抽象的模型，有一只看不见的手会匹配供求。这样讲其实就很滑稽，从数学上来说，这个解和计划经济的解是完全等价的，也就是说，如果完全相信这套东西的话，那这套体系是可以被计划经济代替的。我觉得这个讲的实际上不是真的市场经济，这样讲下去并没有真正理解市场。市场有一个很核心的东西，就是它要怎么样解决这么多主体的匹配问题，它通过一个很简单的方式——价格机制——来解决。这样的方式，就如哈耶克所说，好像很简单。但问题是价格机制，如果不能够充分反映供求的话，其实是没有效率的。哈耶克想象，有了价格机制，大家就能够从中获得信息，就能够匹配供求。但问题是，他是假设先有一个价格机制。我觉得问题难点就是这个价格，到底一开始先有一个什么样的价格的产生方式，能够让价格尽量地反映大多数供求信息？而这一点，在交易成本很高的传统社会恰恰是很困难的事情。我在想这个问题的时候，其实是在和经济学理论对话，所以用了很多术语，我是假设读者能明白经济学术语的。

我在讲匹配、讲供求问题的时候，包括用交易成本框架去讨论市场怎么解决匹配问题，然后讲市场的规模效应等这些问题的时候，其实我用的术语太经济学了，没有考虑到其他学科读者的需要。不过，我在有些部分的讨论，又完全把对话对象当成了历史学者，我希望这本书有助于对经济史感兴趣的历史学的学者和学生，帮助他们理解一些民间经济史料。其实我想，传统市场经济，它主要是一种民间经济。当时我觉得比较有价值的工作，就是尽可能地帮助大家尽快去了解民间经济文书里的一些术语。比如，我做博士学位论文的时候，去看过统泰升号的账簿，当时看账簿的时候，怎么读懂这些货币，怎么读懂这些度量衡，我就觉得很犯难。那时候我也请教过经济史的老师，但是他们都告诉我，他们也没有研究过。所以，书中有一部分文字是想解决这些问题，我想给后来读史料的人提供一些帮助。这些内容，对学经济学的人来说太烦琐了，但对学历史学的同人来说，可能又觉得很有用。最终我就发现，其实我有一部分是在和经济学背景的读者对话，有一部分又是在和做历史学的学者对话。我想这是我写作上最不成功的地方。

黄：其实挺好的，包括历史学的那些东西，你不讲历史学的很多人也真的不知道，所以那些东西还是要讲的。

彭：不过，我觉得最近几年变化很大。特别是有几个团队，像河北大学、上海交大的团队在读商业文书，很多方面进步很大。但是我当时读的时候，像七折钱、六底钱啊，基本上都找不到人问，那时候我也还是个学生。我印象很深，我在国图读统泰升的账簿的时候，对面刚好来了个老先生，绕着我转了一圈，然后就问我："你读得怎么样?"我说："现在勉勉强强能读下来。"我想可能他也是某个经济史的老先生。在那个时候，我觉得大家对这些文书可能接触得还不是太多，我当时看一些史料整理集，特别是涉及这些比较专业的地方，错误都比较多。我当时就想在这些方面为学术做些贡献，所以就做了一些事。

三 民间经济与贡赋经济

（一）两种研究理路的关系

黄：您刚才讲到您书的标题是民间经济，您也强调民间经济，依我们的经验，大概明清以后，民间经济其实是整个市场的核心体系。刘志伟老师给我们讲贡赋经济，从资源分配的角度，讲天生地出的自然资源怎么分配，怎么通过这种分配实现国家财政，国家财政的实现如何利用市场手段。因此，很多人跟我们讨论：凯翔老师讲的市场和刘志伟老师讲的市场是什么关系？我的理解是，刘志伟老师是从国家财政运作的逻辑上讲传统经济体系，涉及国家运转利用市场的问题，而您是从经济自身的、市场自身的逻辑上来讲市场，两个人讲的内容是互相配合而不是互相矛盾的。不知道我这样理解对不对?

彭：对，我觉得这是一个非常重要的理论问题，其实这也是我这几年向历史学家学到很多的地方。我那时候其实是有意回避了某些市场，比如说食盐的市场、矿的市场。我当时回避这些，是想尽量讨论在民间范围内展开的市场。之所以从这个角度考虑，其实是受当时视野的影响。当时我对市场的理解受到很多学者的影响，像吴承明先生、岸本美绪教授，他们对我的影响蛮大，另外包括龙登高老师其实也很早就开始讨论市场经济了。我当时是顺着他们的路线继续往下走。他们的讨论，其实很少涉及食盐专卖这些问题，包括棉布，吴承明先生也只是在注释的地方提到官布的问题。所以基本上这部分就看得比较淡，或者说，觉得这部分可能并不能代表那个时代市场最核心的问题。

但是最近十年，其实在经济学理论上有了一些很大的变化，刚才讲的时候也没有太细讲。最近十多年，整个经济史，特别是从海外经济史开始，特别强调国家在经济发展中的作用。比如我们讲西方的资本主义兴起的时候，以前可能经济学的主流是从新古典的角度去解释，就是市场动力，从斯密增长到自发进入的库兹涅茨增长，但是大分流争议之后，大家就觉得可能仅仅有市场的发展，不会进入后来的资本主义、工业革命和工业化的进程。除了市场之外，还有什么因素很重要呢？最近十多年，整个国际经济史开始强调国家。国家的作用体现在几个方面。一个是如果国家的财政能力强，它能够提供一些公共服务。另外，其实有一个更老的学派，在最近十多年重新产生一些影响，就是强调在欧洲国家的兴起过程中，重商主义起了很大的作用，市场的扩张和国家的军事活动联系在一起，特别是像工业革命是从棉纺织业开始的，而棉纺织业的很大一部分是供给军需的。其实这也可以理解为一种贡赋经济，因为它是跟军事消费有关系的。

最近十多年其实有越来越多的讨论，就是怎么样理解国家和市场的关系。在这个过程中，我也在重新思考这个问题：中国的明清时期，它的市场到底是怎么起来的？我在写《从交易到市场》的时候，觉得后半部分写得有点力不从心。当时我注意到很多的行业组织，包括城市里的商业组织、行业组织，它的成立是和政府有关系的，也就是说，政府需要他们提供一些赋役方面的服务。我现在做的一些研究把这个称为一种交易、一种交换，地方政府和商人团体之间的交换，我觉得这个交换可能是当时基层运作中很重要的方面。当时我写后半部分，讲到行业组织的时候，觉得在理解中国的市场的时候，很重要的一点是，这个市场不是看不见的手，它需要有一定的组织。那这个组织又是怎样生成的呢？在中国的政治体制里面，如果这种组织完全是民间自发形成的，它是没有合法性的，也没有强制意义，它是不可能具有强制力的。这样的组织就像奥尔森所说的，人很少还可以，如果人稍微多一点，这种组织是没有太大的实际效果的。为什么中国传统市场的这些组织可以产生效果呢？我觉得国家应该在这里面起了很重要的作用，因为商人通过成立这些组织，为政府提供一定的服务，政府就愿意提供一些管理，比如说这些行规要到政府去备案。而且很重要的是，当发生商业纠纷的时候，政府就会让这些组织里的积极分子来做仲裁，成为说话人。他们通过这个方式，使得中国的商业习惯有了一种进入司法的渠道。所以其实我有一部分是在讲民间的组织是怎么形成的，但是另外还有一部分是在讲，这些组织在中国当时的政治社会框架下为什么能够成立，这就要回到和国家的关系上来。但是我觉得写后半部分的时候，理解得还是不够深刻，所以大多数人都没有感觉到我在讲这个问题。

黄：我们有注意到你讲礼法的问题，但可能是我读得不够细致。

彭：我写书的时候，这个意识还是不够清晰。当时虽然结合一些商人纠纷的诉讼案件在讲这些问题，但是感觉讲得可能不够透彻。另外，我想不仅仅是说商人需要成立组织的时候和基层政府做这种互动，其实另外一个很重要的问题是，如果要让大家有动力去成立这些组织，这个市场必须是已经有一定的规模的。这就涉及市场是不是有规模效应的问题，因为一旦市场有规模经济，古典经济学的很多假设就不成立了。一旦有规模经济，有可能规模小的永远竞争不过规模大的，这时候均衡是分离的，一部分人永远在低的那一部分，而一部分人永远在高的那一部分。当一个市场刚开始，比如说洪武体制刚解体的时候，市场规模很小。如果规模经济非常重要，而市场规模很小，那么市场是没办法自发长大的。因为规模很小意味着交易成本很高，就会把它阻断在那种原始状态。这时候怎么把它的规模人为地拉大，让它能够发展起来？前几年有本书很火，叫《棉花帝国》，它就说靠战争资本主义，这是重商主义老早的一套说法，现在又重新出现。

我想，回到晚明的话，贡赋经济在里面起了很大作用。刘老师有句话我觉得很有道理，他问到底是市场拉动了贸易，还是贡赋的需要拉动了市场。我看了明代的材料，我觉得我还是赞成刘老师的说法。当时市场起来的时候是靠政府的贡赋拉动的，这一点非常重要，一开始是贡赋的需要拉动市场，把规模做起来。我这几年在做运河沿岸的汇兑制度研究，这个制度之所以能做起来，是因为当时政府在北边的消费规模非常大，一下就把市场拉起来了，用梁方仲先生的话说就是“一马当先”。但是这个组织一旦起来，它就会产生一系列的效果。这就是规模经济的一个奥妙，一旦把它拉到一个高规模，它就可以演化出一系列复杂的组织。当我们讲这个市场怎么起来的故事的时候，贡赋经济是一个很重要的视角，这也是我最近几年想做的一点工作。我想在这个意义上，两者其实是可以连接起来的，而且我觉得刘老师所说的贡赋经济对我是非常有帮助的。我现在其实越来越避免用“自组织”这样的词，我在写这本书的时候还有点喜欢用“自组织”，但这几年我越来越谨慎。很多民间组织的背后，其实是和国家有关的，它是在这个架构下面成立的，我想这个可能是非常重要的一点。

黄：所以您和刘老师的研究，完全是可以连在一起的。

彭：对。我觉得其实连在一起，可能我们才能更好地理解传统中国市场的变化，也能够更好地理解贡赋经济在明清的一些变化。

（二）招商：贡赋与市场的互动

黄：刘老师讲贡赋经济，其实还是在比较理论的层面上讲，他说贡赋经济是通过市场来实现的，官府的需要拉动了市场。那具体如何拉动市场，拉动后的市场怎么组织、怎么运转，他没有展开讲。您的市场研究对市场如何组织有深入的分析，那么，您对贡赋拉动市场这个问题有什么考虑呢?

彭：其实，我想接着刘老师的话再讨论下去。有一个很有意思的问题：政府通过贡赋的方式拉动经济，把商人引进来的时候，它采用什么方式？比如在开中法的运行中，它采用的是公开招商的方式，这些招商的方式涉及管制经济学。这里面其实有很多涉及经济学的机制设计的理论问题，有很大的探讨空间。我觉得做中国经济史，制度史这一块永远是很有魅力的，但是做制度史不仅仅是梳理制度，可能还要从制度设计等各个角度去解读它，这可能会给经济学的理论带来贡献。因为这种制度其实跟欧洲的经验是不一样的。现在新制度经济学的很多经典论述，其实是基于欧洲经验，像诺斯最后一本书，就是征服暴力那本，也是他讲国家讲得最多的书，但我感觉那本书完全没办法讨论像中国或者奥斯曼土耳其帝国这些类型的国家。我觉得讨论这些国家，在理论上可以提出一些完全不同的问题，资料也特别丰富，希望在这方面能做些工作。

黄：期待您的研究。您刚才提到开中法招商这个问题，正好剑波的博论涉及这个问题，你有什么东西要请教彭老师？

胡：谢谢，辛苦彭老师。刚刚彭老师提到开中法公开招商，官府会先制定一个价格出来，叫开中则例或者斗头之类的。因为商人有参与或不参与的自由，所以说价格要合适，才能吸引商人来。我在想：官府要怎么样制定出一个合适的价格？首先官府制定价格需要了解一些信息，因为它是盐粮交换，那么粮价、盐价、脚价之类的这些信息，官府可能需要了解。但我发现实际上官府只有粮价统计信息而没有盐价统计信息，还有脚价这些信息也不太清楚。这是不是经济学所说的不完全信息？官府在这种不完全信息下，要怎么制定出一个合适的价格？我自己的回答比较简单，就是说官府可能是根据商人参与情况来进行调整，如果参与的商人多，价格可能就比较合适，如果参与的商人少，官府一般就会减价吸引商人。我感觉我还是想得有一点浅，处理这些问题时，脑海中经济学概念比较缺乏，不知道可以用哪些概念或者工具来进行分析？然后还有一个问题。我记得彭老师前两年的文章也提到国家能力和经济史研究的问题，其实在明代盐政中，明前期官府没有盐价统计信息，但明后期官府对食盐市场就很了解，官府建立了很多关于食盐市场信息的统计制度。我想明前期到明后期，国家处理食盐市场信息的能力好像有些变化，但我不知道这些现象如何用经济学的概念和工具来处理它，所以会有一些困惑。

彭：我觉得在盐的管理上，对政府来说，知道现在盐价在一个什么位置，可能并不是最关键的，因为价格可以由他来定，最关键的是在哪个价位上能实现盐课的最大化。也就是说，在这个市场中，官府在供给端，在某种程度上是一个垄断者，不存在说他需不需要知道市场价格的问题，他最主要的是要知道，当他把价格定在某一水平的时候，需求会有多少，也就是说，他要知道需求曲线的弹性。一般来说，管制者其实很难知道需求曲线、供给曲线是什么样的，而他做出决策的时候，其实最重要的还是要画出这两条曲线，所以仅仅知道现在的市场价格是什么，对他来说意义还不是太大。他要知道需求曲线是什么样，其实需要做一些尝试。他需要看一下，在这个价格，销量能有多少，有多少人愿意被吸引过来；再换一个价格，又有多少人被吸引过来。这样的话，他就大致上能够摸出这个需求的弹性。他可能没有这样的术语，但是其实他们的脑子里应该是有这样的观念：价格会影响到市场的销量。我想这是背后的基本的经济学道理。到明后期，我想经过很多尝试，官府可能对背后的需求和价格之间的关系有了一个更好的掌握，这时候他在整个定价上面，能够实现盐课收入的更大化。我想这是背后的一个故事，而且我觉得这个故事的确是一个教科书级的，因为关于这种故事的内容，教科书上只是会讲理论，但是没有什么很好的例子。所以我觉得蛮有意思。

李：我好像可以插一句，其实彭老师讲得非常对。在开中则例中，其实有个试错机制，它不断地在调价格，这些其实也有材料，有粮价和盐价的材料，但是很少，其实那个则例是一直在调的。官府虽然不知道市场的价格，但是他知道当我调到这个价格的时候，有多少商人会来。

尽管没有一套机制可以获得全国的盐价信息，但他其实可以通过试错的方式，调到一个最适合的则例。

彭：对，官府最终的目的还是希望粮食能够供应到，然后盐课也能保证。

黄：好的，那彭老师您觉得以开中法的招商方式为切入点，是否可以回应"贡赋与市场的关系"这一问题？

彭：首先，从财政的角度来说，当时明政府为什么要采用招商的方法，而不采用佥派的方法？我想一个很重要的原因在于，明政府通过开中法要实现的是一种机动性的运作，政府要完成运输粮食的任务，不是派给几个大户就能够完成的，大户可能破产了也完不成任务。这是一个很明显的信息不对称的问题，他控制不了那些实际能承担这些任务的人。而政府一旦采用招商的方法，这就涉及他怎么对盐引定价的问题。盐引可以被理解为官方控制的一种垄断租，是官方的一种资产，那么关键就是对这种租怎么定价。刚才我们说的只是盐的价格，另外还涉及对这种租的定价，就是对专营权的一个定价。对于这种租的定价，我觉得如果说没有一个公开招商的形式，这个价格就会是一个垄断性的价格，他可能就会把所有剩余都给剥夺走。然而一旦实行公开招商，租的价格就会压到一个使市场供求比较均衡的水平。从这个意义上说，招商意味着政府选择以一种竞争性的方式来处理他手上的资产。政府需要把这些资产转让出去。也正是在此基础上，才会有后来科大卫老师所说的明代的资本市场，也就是围绕盐引展开的这种资本市场。我认同科老师所说的，因为公开招商，这种资产的价值变得市场化，所以才会有后续租的转让市场，也就是科老师所说的次级市场，即盐引本身的转让形成的资本市场。

但是这种市场它有个问题：在什么地方呢？就在于这种租的价值最终是控制在政府手上的。因为引的发行量和盐的定价权还是在政府手上，所以你拿到盐引这种资产，它最终能兑现多少价值，政府对此还是有很大的控制能力。所以从这个意义上来说，像梁方仲先生等老一辈学者，包括刘志伟老师的看法是，这个市场是有点畸形的。我还是赞同这一点的。这种资本市场的确是由租延伸出来的一种市场，这里面会涉及寻租的问题，包括黄老师所说的人际网络的问题。因为这背后的本质就是垄断租的市场，其中肯定有很多寻租的行为，官员会通过其他渠道更好地去获得这些租值。这就跟今天政府的招拍挂一样，背后会有这些问题。

但是从另一个角度看，一旦这些市场起来，它们就逐渐带起了金融市场，这些金融市场以及相应的长距离贸易，最后就会形成一个在租值之外的市场，所以就形成了与之相联系的另一套体系。这套体系我觉得到了清代逐渐走到它的顶峰，比如像山西票号这些。这是连接贡赋与市场的一条很重要理路。

另外，关于贡赋经济影响商业的具体方式，我想还有几条线索很重要。比如说，有一条线索是清代的旅蒙商。旅蒙商的重要意义有两个：一是解决皇室财政，另外一个是解决沿着蒙边的军事活动带来的那些费用。其实当时朝廷对旅蒙商采用了偏向于重商主义的态度，也就是给商人的保护要更多一些。特别明显的是，当时山西商人大量卷入金融活动里面，金融活动要大规模地开展下去，我想其实是需要一些对经济的特别保护，也就是超出一般的道义经济范畴的保护。这个就是韦伯所说的，和传统伦理不一样的，对所谓逐利行为的保护。因为当时乾隆的皇室财政本身已经卷进去了。在山西以及旅蒙商这里，我觉得这是一个特殊情况，朝廷对此的态度是偏向于逐利的，我觉得这一点对理解后来山西商人的兴起有很大帮助。从这个意义上说，旅蒙商的例子也是一个重要线索，体现出贡赋经济和整个市场之间非常密切的关系。

另外，我认为就两广地区来看，黄老师讲的两广盐商与两广总督的故事，显示出两广总督和商人的关系也是不一般的。将明清中国作为整体来看，我觉得明清王朝和重商主义国家的差距很大，和资本主义国家的差距也很大。但是在两广等局部区域，政府和商人有一种结盟的关系，所以这些地方的商人集团会特别活跃。这些特殊情况可能对当时的顶层市场影响很大。我觉得这也是关于贡赋经济如何影响商人集团、影响市场的重要线索。

黄：彭老师对这一理论路径的阐述十分清楚。我个人感觉清朝跟明朝在商业思维上还是有相当大的差异。因为清王朝在东北起家时就有浓厚的商业传统。其实清王朝的财政模式转变是相当有趣的，从满人入关前所具有的商业传统来看，清王朝的财政模式更类似宋王朝，以非农业税为主，但最终清王朝继承了明王朝以田赋为核心的财政体系，把田赋变成主要的财政来源。这是相当有趣的转变。

彭：这个问题我跟刘光临老师也有一些讨论，我提到最重要的是明王朝能够控制那么多田赋，他能够控制那么多土地和人力，政府喜欢确定性。刘光临老师也表示同意，他说五代到宋的问题就是当时政府控制能力没这么强，所以当时的财政制度就要更多地利用商税。

回到清王朝的话，在入关之前，他的确要依靠某种“商人—军事集团”，但是一旦他发现能掌握这么大量的田赋，这些稳定的收入对于一个大国的统治来说，可能是更方便的方式。我想清王朝只在局部的地方，比如说蒙边，会比较接近他原来的统治办法。

黄：对，除了蒙边，还有盐务，这些算是与满人原来的财政模式相类似的。还有就是江南织造，有时候也类似上述情况。但对于其他大量可以征收非农业税的空间，清王朝在入关后就放弃了。

彭：是的，大部分如此。他们只在一些领域里用了满人原来的财政方法。

四　历史学与经济学

（一）行为人视角：经济学的思维方式

黄：我们现在有很多同学觉得，自己的研究做下去也许会跟经济学

发生一些关联，有点趋向于您刚才讲的经济史发展的第二个路径。但是，因为历史学出身的学生其实经济学的素养是不足的，在这种情况下想真正去进行理论对话是不大现实的。所以他们就想，有没有什么办法能向经济学的老师们学习一下，也采用数学的方法，去把他们研究的东西表达出来，最后可以让经济学者理解他们的理论。关于这个问题，彭老师有没有好的方法可以推荐给大家？

彭：其实我觉得问题也没有那么严重，也不一定要用数学的方法，最重要的是，当我们在分析一些具体问题的时候能从一种行为人的角度去考虑，这可能是经济学的最大长处。这一点其实刘志伟老师已经讲得很清楚了。我记得在刘老师与孙歌的《在历史中寻找中国》中，就已经把方法论的问题阐述清楚了。

如果说能够站在行为人角度去把事情的逻辑讲清，我觉得即使没有用理论术语，其实有可能在理论上面已经做得非常漂亮了。在经济学里面，最典型的例子是科斯，科斯并没有受过非常复杂的经济学训练，当然他也反对用数学模型，他主要是分析案例的能力很强。我认为只要一个人直觉够好，逻辑能力又够强，就能在这方面做得很好。比如说科斯在分析案例的时候，更多是一个受过法学训练的学者，他会去读、去讲一些诉讼案子，然后把它们分析得很清楚。我觉得，对历史学的同学们来说，如果能够在这方面做好的话，应该也会做出一些很有深度、很有启发的东西。

同时，直接借鉴经济学的某些具体理论时需要有所甄别。因为经济学有些具体的理论，它适用于某些具体的制度背景。比如说，一般均衡理论完全是讲理想市场的，然后规制经济学是讲委托—代理体系下面的运作的。同时，在最近二十年，我明显感觉到经济学本身在变得多元化，它在向政治学、社会学学习一些理论，例如像国家能力的理论，就是从历史学、社会学、政治学那里学过来的。其实，社会科学理论也正在变得多元化。例如，不只是经济学，包括政治学、社会学的某些分支也会特别强调理性选择，即回到个体的层面去讨论理性选择问题。只不过它在社会学或政治学里只是一个流派，但在经济学这里，这一方式占绝对的统治地位，是学科的核心。所以，就像庖丁解牛一样，只要抓到经济学最关键的点——从行为人角度出发的理性选择，只要把这个学通了，对很多历史案例分析来说，可能就迈出了应用经济学方法最重要的一步。

当然在研究具体的问题时，比如说研究规制的问题或者研究官僚制的问题时，我们可能会发现有些经济学的具体理论本身就是基于这方面的很多实证研究做出来的。我想这些经济学理论当然是有直接借鉴意义的，因为它们本身也是针对这方面的实质性问题展开的。

因此，总的来说我的建议有两点：第一，在原理上面，要从行为人的角度去考虑整个理性选择过程，这是经济学的核心；第二，对一些具体的部门研究而言，可以考虑了解对应的经济学分支，看看有没有这方面的一些分析可以借鉴。

黄：彭老师讲得很好。我为什么问这个问题呢？其中一个原因是，刚刚刘光临老师跟我聊天，他说我讨论的那些“界”的问题，如果有足够多的价格数据做出模型的话，可以去经济学的杂志发表。我就在想，这个事情要怎样做才有可能。

彭：我觉得当数据很完整的时候，可以通过数据像施坚雅那样开展对经济分区的研究。比如粮价单数据，如果数据质量好的话，是可以做出这样的实证分析的。

黄：好的，感谢彭老师。下面的问题，就交给你们几位老师提吧。

(二)计量方法:经济史的数据处理

任：我想接着彭老师您刚刚讲的内容请教一个问题。我对经济学其实是完全不懂的，但好像在我的个人观感里面，经济学者对于历史资料，一般来说是愿意用我们历史学者已经做出来的那些研究，直接作为自己分析的基本数据，进而得出在相关的经济理论方面的一些结论。我觉得彭老师您还是不太一样，在我看起来您是经济学家中的历史学家。有一次曹树基老师跟我们说，他还得向您去请教史料的问题，他就觉得有点受打击的那种感觉。您这几年在学术上也有很多变化，我觉得或许就不需要区分历史学或者经济学的这种边界。我是想问，您是如何去寻找可以利用的史料，同时您在处理这些史料的时候，会进行一些怎样的处理，从而把它们变成可以进行分析的内容。这里面我相信您是有独门秘籍的，所以想请教一下。

彭：其实，从经济学的角度来做量化研究，经济学会对数据本身有一个很明确的要求，比如说它会有样本量的要求，会有这些数据分布的要求，会有对它的数据生成过程的要求。我教过好几年计量经济学。经济学对数据的要求应该说是相当严格的，所以每一篇经济学的文章投出去的话，审稿都会对文章的数据问题，回归过程的设定，是否满足这个模型所需要的假设，等等，做很多讨论。从这个意义上来说，如果历史学者要做一个比较严格的量化分析，本身会觉得在史料方面是有很大压力的，他要考虑这个资料是不是能达到做计量分析的要求。

如果严格地按照这一套做的话，其实它的标准是既要达到经济学的标准，又要达到历史学的标准，这个标准是比较高的。举个例子来说，我以前做工价数据、物价数据研究，我也会看一些历史学者做的这方面研究，他们也努力做一些趋势性的判断。我发现历史学者有时候在做这些判断的时候，从经济学的角度来看有点武断，因为样本量太少了。其实就是几个例子，可能代表不了趋势。

我觉得如果真的深入了解量化方法背后的要求的话，反而会不太敢随便乱用量化方法。但是，现在有一些量化研究，可能是跟学术生态有关系。比如说当你去发文章的时候，如果审稿人对这个数据的背景不是太了解，他在这方面可能就没办法起到一个很好的把关作用。有时就会发生一些可能不理想的状况，有一些研究在这方面可能处理得不太好。

另外，如果真的严格按照这个标准要求的话，可能很多经济学的问题是很难通过历史数据去检验的。因为学者感兴趣的一些问题用历史数据达不到他们的要求，没办法做验证，对于经济学的同人来说，这就是一件没办法交差的事情。

我自己其实也面临这个问题，我真正做严格的回归分析的文章并不多，也只有两三篇是属于严格的计量分析的。很多时候能够把一个数据的趋势描述出来，我觉得就已经很庆幸了。但是我觉得有些基础性的问题，的确要通过一些量化的方法进行讨论，比如说长期生活水平变迁这种问题，没有足够的数据是讲不清楚的。

我想在有些经济史的基本问题或者经典问题上，可能还是需要并适合用数据来量化分析的。像吴承明先生，他用了很多数据进行量化分析，其实只是开了个头，他对数据的用法，我觉得有点引而未发的状态。比如说用地价考察土地市场的整合，后续还需要大量的研究投入，去整理具体的史料。我认为在这类经典问题上，掌握系统材料反而可能相对有把握一些。比如说，通过账本去看工资、价格的变化。我之前做的一些市场研究，也让我对这些数据背后的机制比较有信心。今天早上我和科大卫老师讨论到，来自不同史源的数据能不能拼在一起。比如说你从一个史料里面获得五十年的数据，从另外一个史料里面获得后五十年的数据，能不能把它们拼在一起呢？很多时候或许是不能的。但是我做北京的工资，我可不可以把几个五十年或者一百年的数据拼在一起，得到一个更长时间的数据呢？现在我觉得我是有把握的，因为我做了很多交叉验证，比如在北京城里不同的商铺，它们在这些价格水平上一致性非常强。对这种数据我比较有把握，对这些史料的处理，我可能也比较熟练一点。

然后像契约文书，其实今天座谈里好几个老师也讲到，大量的契约文书内容其实都是类似的。这些类似的地方恰恰是它的好处。也就是说，这些资料是可比的，在定性方面也许你会觉得它很单调，但是可比的东西就可以做量的比较了。一旦把它量化出来，把里面的数据信息提取出来，就能比较其中的同与不同。我觉得这类材料是比较容易做量化处理的。我要做量化分析的话，会倾向于挑这种大量的、可比的材料。即使它们可能来自不同的家族，甚至来自一个地区不同的村落乃至不同的县，我觉得把它们衔接在一起，依然可能是有意义的。

其实历史学家也都理解这一点。我参加过好几个会议，历史学者都提到应该要用数字人文方法去做数据库，包括中山大学也在做徽州文书数据库的整理。我觉得这是做量化研究的重要基础。

李：我接着建敏的问题继续请教。我们都知道，无论是历史学界还是经济学界，都十分认可彭老师您的学术。您是经济学界和历史学界都能接受的学者，所以对于历史学家处理数据，您有什么样的经验或者建议？因为量化史学现在非常流行，很多历史学者也开始用大量的数据去做分析，但是因为跨学科的问题，有时会感到困难。所以您觉得，对于一个历史学者，他去处理数据需要注意什么呢？

彭：我觉得历史学者如果要尝试做一些量化的话，首先还是要找一些比较适合量化的材料，就像刚才讲的，大量的、可比的材料，这种我觉得是比较容易做量化的，风险也比较小，而且历史学者在这方面其实一直都在做工作。应该说，现在做量化研究用的很多数据就是历史学者整理出来的。比如说粮价数据就是很典型的例子，王业键等学者做了大量工作，把大量的同质性的材料整理在一起。类似的，从方志里搜集的数据也易于综合整理。梁其姿教授做的善会、善堂资料表，就是如此。曾经有一段时间，历史学者的书里面流行制作一些很长的表格。这些表格其实都算是量化研究。

然后，我觉得在中国制度史方面，其实有大量的关于官僚制度运作的数据。比如说以前我很感兴趣的一类数据，是北大尚小明老师做的《清代士人游幕表》，里面有大量的定量数据，我觉得这些都是很好的量化研究。以前的历史学者似乎很擅长做这种工作，特别是老一辈的学者好像都有这个传统。我以前看张仲礼先生的书就很吃惊，书不厚，但其实它背后的工作量非常大。他系统地把相关的基础资料给扫了一遍，这些资料是现在我们做量化历史非常喜欢用的一些数据。所以我觉得历史学者在这方面，其实有蛮多值得借鉴的经验。

不过，计量史学可能会和历史学者的传统做法稍微有点不一样。一方面，我们会有更明确的意识去看这个数据的分布趋势。比如说我们可以画出每个县的生员的分布，或者每个地方的善堂的数量。以前只是做个统计表，但是现在的学者可能会画到地图上，或者画它的趋势图，看它有没有什么趋势性的东西，这是不一样的分析方法。另一方面，从量化的角度来说，我觉得可以尽量把一些变量放进来一起分析，而不只是我研究什么变量，就把这个变量的数据列出来。就像今天讲座时黄老师说的，至少做个相关分析，讲几个变量之间的关系。

我觉得其实历史学是在讲故事，但讲故事背后也有一个因果机制的问题。比如说刘志伟老师讲：到底是贡赋拉动市场呢，还是市场在自发地成长？这其实是一个因果性的问题。要讨论这种问题，可能需要把几个变量的数据放在一起，即使做一些初步的分析，可能也有意义，我觉得这个是历史学者可以多尝试的。也就是说，在讲故事的时候，可以用一些数据间的关系来帮助说明。这种数据间的关系，有的时候不一定要做回归，可以做一点分类统计的图表。比如说，我们如果假设是贡赋经济拉动了市场的话，或许可以把不同贸易线路上的商税额做一些比较。刘光临老师今天在讲座里其实展示了这种工作。这背后就有一个比较不同变量的思想。

这种分类统计的方法是比较简单直观的，而且从直觉上说，大多数学者也能理解，所以我觉得这个是可以尝试的。包括很多欧洲经济史的研究，历史学出身的学者的研究，也没有做太多回归分析，但是有很多分类统计，它们大致上也能够反映变量之间的一些关系，这对于我们了解所讲故事应该还是能够有一定启发性的。我觉得这是可以做的一些尝试。

曾：彭老师，接着前面几位老师和师兄的问题，我想提一个稍具体的例子，来向您请教数据分析的方法。这个例子是关于清代盐课数据的。根据各类馆藏盐课奏销册、盐引文册，我们可以看到连续数十年的盐引数据，有的还是盐区内分县引目数据。在清代盐政制度史中有一个阶段性的问题。在雍正以前的盐课扩张中，丁口数是一个很重要的判断依据，或者可以称之为一个“计丁派引”的理念。到了雍正以后，很多盐区实行余引制度，这是一个相对来说更具弹性的增发盐引的制度，不是按照每个县的人口多少来判断它增发盐引的多少。那么是否有可能去验证一下县级的盐引数目的变动，会不会向县级的人口变动的数量趋势去靠拢呢？或许这又跟制度上的变革是对应的。

彭：我觉得这是一个很有意思的问题，陈锋老师有一年去量化历史讲课，他就是把河南几个县盐的销量和人口数列了表放在一起，然后表明这两个是相关的。他虽然没有用统计术语，但其实是在算相关系数。我觉得你刚才说的是一个蛮有意思的话题，其实从数据上来说的确可以尝试，而且尝试的方法有简单的方法，有复杂的方法。稍微正式的方法就是做回归分析，用销量对人口做一个回归，而且你可以分段回归，看一下是不是在不同制度下，它们的关系是不一样的。这样的话，就可以实证检验你想讨论的问题。

另外，我觉得在做回归的时候，问题意识也很重要。你想通过这些数据说明什么？如果政府根据人口来配置盐的销量的话，一方面的意义就像黄老师说的，官府其实考虑了需求面的因素，的确如此的话，那么在清代的财政史里面，这会是一个很有意义的地方。因为清代财政的问题就在于财政收入不会随着社会经济的增长而增长，这就是岩井茂树所说的“原额主义”。但是盐课这一方面，存在自发的增长机制，这是一个例外的地方。这个或许也涉及对清代财政理解的一个回应。除了这方面，还要考虑市场需求会不会受比如说军事、灾害这些因素的影响。为此，可以做一个稍微复杂点的多元回归。我觉得这里面最有意义的还是把一些制度变量放进去，看一下这些制度到底起了什么样的作用，这是制度经济学会感兴趣的话题。而且，对于盐法的实际运作效果，我们的确也非常关心。我以前听韩燕仪讲过不同的食盐定价策略，感觉这里面还是有很多谜团尚未解开。比如道光年间盐业的萧条到底应该怎么样去解释。我觉得如果数据多，的确可以做一些更好的验证，而现在就一些直观的经验事实来看，我们还很难确定一个解释的机制。

曾：对于这些数据，如果采用像您提到的多元回归分析的方法，我们作为一个学生来说，要怎样做才能更为经济学同行所接受呢？

彭：这的确是个挑战。为什么？因为刚才说的各种计量方法，每种方法其实背后都有一些假设，有的时候，选择方法或者选择模型设定不当的话，可能会带来一些问题，这是需要慎重的地方。

但是我觉得难倒不是很难，因为现在的计量软件其实都很容易操作。现在计量经济史使用的方法总体上说并不是太复杂，比如说简单的多元线性回归，通过菜单去操作就行。但我觉得最主要的问题是经济史里的很多数据，有的是断断续续的，有的是质量不太好，有的是很难匹配上。这是一个比较大的挑战，遇到这种情况会稍微麻烦一点。比如说你可能要选择插值方法，但是你操作的时候一不小心就会带来陷阱，把你的回归陷进去。这时候，我觉得可能要找一些经济学的朋友请教一下，也可以参加一些跨学科的交流。另外，可以适当地看一些介绍性的教程。

（三）向社会科学靠拢：经济史的研究取向

胡：彭老师好，我最后请教一个问题来结束访谈。彭老师您做的研究，既能受到经济学那边学者的认可，又能受到历史学这边学者的认可。很多时候，像我这种纯历史学出身的学生，在处理经济史问题的时候会感觉有些乏力，感觉还需要补很多课，一些基本的理论门槛好像还没有跨过。所以想请教彭老师：您觉得对于我们这种历史学出身的学生来说，补哪些基本的经济学课会比较好一点？

彭：关于经济学的课程，我个人感觉，可能补课对你们来说边际收益不是太大。因为一般经济学的课主要是讲微观、宏观经济学，讲一般均衡理论，这个可能对你们的帮助不是太大。

但是有一些课程是比较有帮助的，比如说制度经济学的课程，甚至有的课会专门讲比较制度分析。比如说现在在广州大学、以前在南开大学的邓宏图老师，他好像会开比较制度分析的课。这种课程直接就是讲怎么样去理解历史上的制度变迁，只不过他们讲的案例更多是来自西方。历史学的学生有针对性地上这种课，我觉得边际收益是最大的。

另外，理论学习未必要局限于经济学，还要向大的社会科学靠拢。我读郑振满老师的书，或者斯科特、宋怡明的书，觉得他们的理论素养其实都蛮好的。或者说不一定要会推导理论模型，最关键的是逻辑思维能力要足够驾驭所接触到的经验事实，我觉得这就足够了。有时候我看斯科特的研究，感觉很受启发，他算是一个很好的理论学者。我以为历史学的同行，即使是做经济史的，也不一定要努力成为经济学家。我倒觉得更应该成为一个社会科学家。上面谈到的几位都是成功的例子，我觉得他们的理论分析，对于我们要讨论的问题可能会更有启发一些。何况，经济学者现在本身也在向社会科学学习很多东西。我看宋怡明的书，是有点吃惊的，他对各种理论的掌握是蛮平衡的。国内的历史学培养方面，我不知道是不是有专门讲社会科学的课程。

黄：以前我们系程美宝老师开设过历史学与社会理论的课程。

彭：我觉得这是很好的，在这方面我们国内学校都应该加强一下。这样的话，我认为大家博士学位论文的质量应该能够提升一个档次。

黄：是的，很多历史学的研究太疏于理论对话了。现在的年轻学人会好一点，因为他们受社会科学的影响在逐渐增多。其实，我们这些做历史研究的人也发现，如果不读社会科学的研究，完全靠历史学的直感思维，很多东西肯定是看不透的，所以我们觉得还是需要社会科学的介入。

彭：对，华南研究可以说在国内已经是走得最好的了，所以是少数能成为学派的研究团体。

专题研究

“田亩饱和度”与潮州府的人口迁移*

曹树基　周翔宇**

摘　要　本文围绕“田亩饱和度”这一工具性概念对潮州府各县县域、户口、田亩、田赋等数据进行了一系列运算和比较，由此提供潮州府山区与滨海地区移民生计、县域区划与赋役调整的量化分析视角。分析表明，除北边山区的程乡县析置的平远县、镇平县，以及从海阳县（饶平）析置的大埔县外，明代中期潮州滨海地区的大量析县，并不是移民迁入的结果，而是源于战乱之后政府加强控制与增加田赋的需要。潮州府北边山区的人口主要来自宋元时代的闽西山区，而滨海地区的人口则主要来自宋元以后的漳州沿海地区。滨海地区农业、渔业与外贸三种生计方式并存，“贼巢”中的居民，如果不缴纳田赋，就可能交纳渔税或商税，甚至有可能存在只交商税的社区。因此在制度层面上，从明初开始，就不存在不纳赋税、不服徭役的“化外之民”。

关键词　潮州府　人口迁移　赋役　田亩饱和度　“化外之民”

在2022年发表的一篇论文中，本文第一作者提出了一种名为“田亩饱和度”的分析工具，展开对于闽粤赣三省毗邻地区移民“推—拉”

*　本文系国家社会科学基金重大项目“多卷本全球客家通史”（17ZDA194）阶段性成果。

**　曹树基，三江学院教授；周翔宇，上海交通大学历史系硕士研究生。

关系的定量研究。[①] 由于几乎所有的规模性移民都由某一事件，如战争、传染病或自然灾害引起，仅凭借文字描述，某一事件对于某地人口的影响很难判别，所以，需要借助“资源”的计算来进行。

资源与赋役是可以计算的。从某种意义上讲，资源主要是人口与田亩，赋役也主要是人口与田亩。资源可以度量：其一，人均田亩＝田亩/人口；其二，田亩饱和度＝（历史时期田亩/1949年田亩）×100%。赋役可以度量：政府依亩计赋，收取夏税秋粮；户口编入里甲，政府依里甲派役。由于明代初年以后，户口转为基本不变的“丁额”，因此，明初的户口也就成为基本不变的徭役之额。

上引论文主要以广东惠州府为例，讨论战争背景下，明代初年的移民动力自何而来，以及移民“推—拉”之力如何计算。本文则以潮州府为例，讨论山区与沿海地区的移民动力。

洪武二十四年（1391），潮州府只有海阳、潮阳、揭阳与程乡4县。从成化十三年（1477）开始至乾隆三年（1738），从这4县中陆续析出饶平、惠来、大埔、平远、普宁、澄海、镇平、丰顺、南澳等9县，合计则为13县。4县之中，只有程乡纯属山区，与海无关。13县当中，大埔、普宁亦为山区，其他则为滨海之域。本文依地形，分别论述程乡、普宁及滨海地区诸县的赋役史与移民史。

本文除了进一步尝试探索“田亩饱和度”的适用性外，还想将此方法加以发展并规范，以利于人们处理更加复杂的历史数据。

一　县境变化与赋役数据

1. 县境变化

以程乡县为例，据康熙《程乡县志》卷3《版籍志·土田》与新

① 曹树基：《“田亩饱和度”与明代闽赣粤三省毗邻区的人口迁移》，《清华大学学报》（哲学社会科学版）2022年第1期。

修《平远县志》，嘉靖四十一年（1562），割福建武平、上杭，江西安远部分地域，并兴宁县大信乡，设平远县。两年后归还江西、福建割地，析程乡县义化都，长田都，石窟都石窟一图、石窟二图，与兴宁县大信里，凑建平远县。[①] 根据 1935 年重刻之嘉庆二十五年（1820）《平远县志》所刊《平远县全图》，测得大信里之面积相当于平远县全县面积的 1/11，即约 9.1%。崇祯七年（1634）从程乡县析松源都二图、龟浆都龟浆二图，共二图，从平远县分割石窟一图、石窟二图，建镇平县（蕉岭县）。又据乾隆《丰顺县志》卷 1《都图》，乾隆三年（1738）丰顺设县，一共 7 图，其中 3 图来自海阳，2 图来自揭阳，1 图来自大埔，1 图来自嘉应州即程乡，即海阳、揭阳与程乡各拥有丰顺县的 57.1%（4/7）、28.6%（2/7）和 14.3%（1/7）。于是有以下七式。

式 1：程乡（1393 年）= 程乡（1949 年）+0.909 平远（1949 年）+镇平（1949 年）+0.143 丰顺（1949 年）。

以海阳县为例，据光绪《海阳县志》卷 1《沿革》与新修《潮州市志》，自洪武以后，海阳县主要分离出饶平、大埔两县，同时参与澄海、丰顺、南澳三县的析置，并与揭阳县发生境域交换。[②] 由于饶平、大埔均以海阳为母县，故除非二县与其他县发生境域交互，均应归入 1393 年海阳县的境域范围内。1914 年，海阳县改名潮安县。

具体而言，成化十四年（1478），割海阳县 23 个都中的宣化都、秋溪都等 8 都置饶平县。[③] 嘉靖四十二年，划海阳县 3 都、饶平县 1 都与揭阳县 3 都共 7 都设置澄海县。这时，澄海县的 57.1%属于海阳县（3/7+1/7），42.9%属于揭阳县。

嘉靖四十二年，析揭阳县的龙溪都、饶平县的秋溪都归海阳县。于

① 平远县地方志编纂委员会编《平远县志》，广东人民出版社，1993，第 47—48 页。

② 潮州市地方志编纂委员会编《潮州市志》，广东人民出版社，1995，第 242—243 页。

③ 饶平置县时间说法不一，《明史·地理志》中记为成化十二年，光绪《海阳县志》中为成化十三年，而《东里志》《方舆纪要》中则为成化十四年。本文参考嘉靖《潮州府志》和康熙《饶平县志》，采用最晚的成化十四年（1478）。

是海阳实存 14 都（23-8-3+2）。1949 年，饶平又划出 1 都给澄海，故海阳实存 13 都。在这 13 都中，有 1 都是从揭阳划入的，故有式 2。

式 2：海阳（1393 年）= 0.923 海阳（1949 年）+0.077 揭阳（1949 年）。

式 2 并非最后定式，这是因为海阳县境还有别的变化。据康熙《饶平县志》卷 4《户口》与新修《饶平县志》，嘉靖五年（1526）饶平割漴洲、清远二都置大埔县；嘉靖四十二年又划出怀德乡之秋溪都归海阳县，划出苏湾都置澄海县。[①] 1912 年饶平县析出原辖深、隆两个岛与漳州府诏安县所辖两个岛合并置南澳县，即南澳县的 50%属于原饶平，亦即属于海阳。

1949 年 10 月 25 日，又将饶平县属隆都区划归澄海县。这样，澄海县的 10 都就有 2 都割自饶平县。查新修《澄海县志》，1949 年 10 月 25 日澄海县解放，全县划为附城、苏南、苏北、上华、上蓬、下蓬、蛇浦（下蓬、蛇浦二区今属汕头市郊），以及从饶平县划入的隆都共 8 个区，[②] 加上 1563 年析出的 1 个都，即澄海县的 25%（2/8）属于饶平。换言之，在澄海的 8 个都中，有 5 个属于海阳，占澄海县的 62.5%（5/8），3 个都属于揭阳，占澄海县的 37.5%（3/8），于是有式 3 至式 7。

式 3：海阳（1393 年）= 0.923 海阳（1949 年）+饶平（1949 年）+大埔（1949 年）+0.625 澄海（1949 年）+0.5 南澳（1949 年）+0.571 丰顺（1949 年）。

式 4：揭阳（1393 年）= 揭阳（1949 年）+0.077 海阳（1949 年）+0.375 澄海（1949 年）+0.286 丰顺（1949 年）。

式 5：潮阳（1393 年）= 潮阳（1949 年）+0.778 惠来（1949 年）+普宁（1949 年）。

式 6：饶平（1478 年）= 饶平（1949 年）+大埔（1949 年）+0.077 海阳（1949 年）+0.25 澄海（1949 年）+0.5 南澳（1949 年）+

① 饶平县地方志编纂委员会编《饶平县志》，广东人民出版社，1994，第 110 页。
② 澄海县地方志编纂委员会编《澄海县志》，广东人民出版社，1992，第 42 页。

0.143 丰顺（1949 年）。

式 7：大埔（1526 年）= 大埔（1949 年）+0.143 丰顺（1949 年）。

据康熙《潮阳县志》卷 1《建制沿革》与新修《潮阳县志》，嘉靖四年（1525）从潮阳县析置惠来县，以后又从惠来县析置部分置惠州府之海丰县。嘉靖四十三年，析潮阳县置普宁县，结果见表 1，各县境域转换公式不再一一罗列。

表 1　1393—1949 年潮州府境各县境域变动

1949 年县名	析县时间	1393 年各县境域					合计
		程乡	海阳	潮阳	揭阳	惠州府及福建	
（小）程乡		1					1
（小）海阳			0.923		0.077		1
（小）潮阳				1			1
（小）揭阳					1		1
饶平	1478		1				1
惠来	1525			0.778		0.222	1
澄海	1563		0.625		0.375		1
普宁	1564			1			1
南澳	1912		0.5			0.5	1
大埔	1526		1				1
丰顺	1738	0.143	0.571		0.286		1
平远	1562	0.909				0.091	1
镇平	1634	1					1

注：（1）为区分程乡、海阳、潮阳和揭阳四县析县前后的县域差别，故以（小）程乡等名称标记 1949 年的四县。（2）平远县的 0.091 划给了惠州府兴宁县，惠来县的 0.222 划给了惠州府海丰县，南澳县的 0.5 属于福建漳州府。

资料来源：康熙《程乡县志》卷 3《版籍志 · 土田》；乾隆《丰顺县志》卷 1《都图》；光绪《海阳县志》卷 1《沿革》；康熙《饶平县志》卷 4《户口》；康熙《潮阳县志》卷 1《建制沿革》。

2. 里甲与田亩

洪武二十四年（1391）潮州府的分县里数与分县田亩数据均存在问题，兹一一辨析并修正如下。

关于里甲，据天顺《大明一统志》，天顺年间潮州府共 495 里，其中海阳 300 里，潮阳 43 里，揭阳 134 里，程乡 18 里，合计 495 里。洪武二十四年（1391）潮阳县的户口数占全府户口数的 24%左右，而天顺年间潮阳县里数只占全府里数的 8.7%（43/495）。将潮阳县里数修正为 143 里，则户口之比例与里之比例相近，且其他三县户口比例与里比例亦大体相同，详见表 2。

表 2　洪武二十四年潮州府诸县户口与里数

县名	户	口	户均口数	天顺年间里数（个）	比例（%）		
					户	口	里
海阳	42664	149837	3.5	300	53.0	50.5	50.4
潮阳	19126	72390	3.8	143	23.6	24.4	24.0
揭阳	17053	69668	4.1	134	21.2	23.5	22.5
程乡	1686	6989	4.1	18	2.1	2.4	3.0
合计	80529	298884	3.7	595	100.0	100.0	100.0

资料来源：隆庆《潮阳县志》卷 7《户口》；雍正《揭阳县志》卷 3《户口》；光绪《海阳县志》卷 23《经政略》；光绪《嘉应州志》卷 13《食货》；天顺《大明一统志》“潮州府里数”。

洪武二十四年至天顺年间，潮阳县是不是发生过重大的社会动乱，且导致里数的裁减？事实上，这段时期有迹可循的记载仅有天顺四年（1460）开始，天顺七年结束的“夏岭之乱”，相关讨论详见下文；天顺五年成书的《大明一统志》不会受此事影响。

据隆庆《潮阳县志》卷 6《乡都》，洪武十四年丈量造册时，“更故十四图为十六都”，嘉靖年间新设惠来县与普宁县时，从潮阳县分出 6.5 都，减少 40.6%（6.5/16）。至隆庆时，所存 9.5 都共有 95 里，应为析分前里数的 59.4%，据此可得隆庆之前潮阳县约有 160 里［95/（1-0.406）］，可见洪武二十四年潮阳县 143 里是真实的。

关于田亩，康熙《潮州府志》卷 4《贡赋》记载洪武二十四年潮州府官民田地山塘有 290.26 万亩，[①] 又记嘉靖二十一年（1542）潮州

① 光绪《海阳县志》卷 23《经政略·田赋》错将洪武二十四年潮州府纳税田亩当作海阳一县之数。

府数据为 291.83 万亩。雍正《揭阳县志》卷 3《田赋》记载洪武二十四年揭阳县"官民僧灶田地山塘"共计 60.9 万亩，康熙《程乡县志》卷 3《版籍志·土田》记载洪武二十四年官民田地塘 20.7 万亩。其他两县田亩虽然不见记载，但可知洪武二十四年海阳与潮阳两县田亩之和为 208.66 万亩。依嘉靖二十一年数据，海阳（包括饶平与大埔）共 99.64 万亩（52.02+40.98+6.64），潮阳（包括惠来）共 93.12 万亩（71.52+21.60），海阳占 51.7%（99.64/192.75），潮阳占 48.3%（93.12/192.75），则洪武二十四年海阳、潮阳两县田亩数分别为 107.88 万亩（208.66×0.517）和 100.78 万亩（208.66×0.483）。

3. 军卫与屯田

据顺治《潮州府志》卷 1《兵防考》、卷 2《屯田》，以及嘉靖《潮州府志》卷 2《建置志》，洪武二年设潮州卫，统左、右、前、后、中共 5 个千户所。此外还有 5 个守御千户所，分别以大城、蓬洲、靖海、海门、程乡命名。嘉靖四十三年建澄海县，"将前所官军调出守御，改名澄海所"，仍位于洪武年间的海阳境内。潮州卫所辖的 5 个千户所，前、中、右三所位于海阳，潮阳与揭阳各 1 个。5 个守御千户所，潮阳县有 2 个，其他三县各 1 个。

总之，洪武年间海阳县境内有 5 个所，潮阳县境内有 3 个所，其他两县境内各 1 个所。依标准配置，每所军人 1120 名，各带家属 2 人，有人口 3360 人。关于屯田，海阳县屯田 8960 亩，潮阳县与程乡县屯田各 6720 亩，揭阳县屯田 4480 亩。详见表 3。

表 3 洪武二十六年潮州府四县的人口与田亩

县名	民户				军卫		合计		
	户（万户）	修正口（万人）	田亩（万亩）	人均田亩（亩）	人口（万人）	屯田（万亩）	人口（万人）	田亩（万亩）	人均田亩（亩）
海阳	4.33	21.3	107.9	5.1	1.7	0.9	23.0	108.8	4.7
潮阳	1.91	9.6	100.8	10.5	0.7	0.7	10.3	101.5	9.9

续表

县名	民户				军卫		合计		
	户（万户）	修正口（万人）	田亩（万亩）	人均田亩（亩）	人口（万人）	屯田（万亩）	人口（万人）	田亩（万亩）	人均田亩（亩）
揭阳	1.71	8.5	60.9	7.2	0.3	0.4	8.8	61.3	7.0
程乡	0.17	0.8	20.7	25.9	0.3	0.7	1.1	21.4	19.5
合计	8.12	40.2	290.3	7.2	3.0	2.7	43.2	293.0	6.8

资料来源：顺治《潮州府志》卷 1《兵防考》、卷 2《屯田》；嘉靖《潮州府志》卷 2《建置志》。

4. 小结

据此可以求出 1393 年各县在 1949 年的人口与田亩。将 1949 年的程乡、海阳等 13 县人口与田亩数据填入表 1，并依 1393 年的程乡、海阳、潮阳、揭阳 4 县各自比例计算，可得表 4。

表 4　1393 年潮州府境各县在 1949 年的人口与田亩

单位：万人，万亩

1949 年县名	1949 年		1393 年							
			程乡		海阳		潮阳		揭阳	
	人口	田亩	人口	田亩	人口	田亩	人口	田亩	人口	田亩
（小）程乡	38.0	39.5	38	39.5						
（小）海阳	52.3	54.8			48.3	50.6			4.0	4.2
（小）潮阳	82.6	71.2					82.6	71.2		
（小）揭阳	91.7	77.5							90.6	77.5
饶平	35.2	42.6			35.2	42.6				
惠来	29.3	39.1					22.8	30.4		
澄海	32.6	30.7			20.4	19.2			12.2	11.5
普宁	55.5	58.2					55.5	58.2		

续表

1949年县名	1949年		1393年							
			程乡		海阳		潮阳		揭阳	
	人口	田亩	人口	田亩	人口	田亩	人口	田亩	人口	田亩
南澳	2.6	0.9			1.3	0.5				
大埔	23.9	22.5			23.9	22.5				
丰顺	23.0	26.8	3.3	3.83	13.1	15.3			6.6	7.7
平远	10.6	12.8	9.6	11.6						
镇平	9.8	10.1	9.8	10.1						
合计	487.1	486.7	60.7	65.0	142.2	150.7	160.9	159.8	113.4	100.9

注：1949年澄海县田亩数据中包括了汕头市的田亩数，却未包括汕头市人口。《梅县志》称1953年土改复查，全县农村有38.9万人，故设1949年人口为38万人，梅州市人口未计入。

需要注意的是揭阳县数据。1965年析揭阳县及陆丰县设揭西县，因此，新修《揭阳县志》中的数据有时包括揭西县部分，有时没有包括。新修《揭阳县志》第76页记载1949年揭阳县人口68.4万，没有包括揭西县数据，第79页记载1947年全县人口90.64万人，则是包括揭西县在内的。又据1953年人口普查，揭阳县人口100.57万人。从1947年至1953年，人口年平均增长率为17.5‰，相当合理。以此推算，1949年揭阳县人口约为91.7万人。另外，1950年10月土改前地籍调查显示，揭阳县贫雇农占有耕地155408亩，占总耕地面积的20.05%。据此计算，1949年揭阳县耕地至少有77.5万亩（155408/0.2005），这一数据是包括揭西县部分在内的。

资料来源：潮州市地方志编纂委员会编《潮州市志》，广东人民出版社，1995，第599页；潮阳市地方志编纂委员会编《潮阳县志》，广东人民出版社，1997，第180、261页；揭阳县地方志编纂委员会编《揭阳县志》，广东人民出版社，1993，第79、126页；饶平县地方志编纂委员会编《饶平县志》，广东人民出版社，1994，第181、264页；惠来县地方志办公室编《惠来县志》，新华出版社，2002，第113、152页；澄海县地方志编纂委员会编《澄海县志》，广东人民出版社，1992，第131、230页；广东省汕头市地方志编纂委员会编《汕头市志》第一册，新华出版社，1999，第426、764页；普宁市地方志编纂委员会编《普宁县志》，广东人民出版社，1995，第94、131页；南澳县地方志编纂委员会编《南澳县志》，广东人民出版社，2000，第153、270页；大埔县地方志编纂委员会编《大埔县志》，广东人民出版社，1992，第99、110页；丰顺县地方志编纂委员会编《丰顺县志》，广东人民出版社，1995，第159、191页；梅县地方志编纂委员会编《梅县志》，广东人民出版社，1994，第239页；蕉岭县地方志编纂委员会编《蕉岭县志》，广东人民出版社，1992，第103、153页，平远县地方志编纂委员会编《平远县志》，广东人民出版社，1993，第94、114页。

这样，本文论述需要的基础数据，包括1393年与1949年的分县人口数与田亩数，大体准备完毕，依据表4可以轻松地计算1393年各县田亩饱和度了。

二　地方动乱与田亩饱和度

1. 程乡的动乱与等级

康熙《程乡县志》卷8《杂志》记载元末及明代初期的地方动乱共有以下几次。

元至正十一年（1351），“拳寇陈满等啸聚梅塘，攻陷城邑”；顺治《潮州府志》卷7《兵事部》的记载有所不同：“至正十一年梅州畲贼陈满等啸聚梅塘，攻陷城池几二十年，招讨使陈梅至克之。”其中“几二十年”一句为《程乡县志》所无。需要特别注意的是，起事者为“畲贼”，且不是盘、蓝、雷、钟等典型之畲姓，令人对此“畲”字心生疑虑。事实上，在顺治《潮州府志》卷7《兵事部》的记载中，言及畲人，多为此四姓。

明洪武十四年（1381），“县吏陈伏纠合海阳县三饶贼首饶隆海来攻县城，伏为内应，陷之。邑民叶文保驰告，府卫崔指挥统兵讨平之”。

洪武二十年，“安远县贼周三寇攻县城，吴都指挥帅兵驻于境，县官遣叶文保、萧子名领民兵协力讨平之”。

三次战事，两次由县民叶文保带民兵剿平；而对兴宁产生重大影响的周三官之变，对于程乡县影响却很小。至于“周三官”为何被省略为“周三”，原因不明。

再看平远与镇平。清代嘉庆年间镇平县举人黄钊在其所撰《石窟一征》卷1《征抚》中，将镇平境内洪武年间的人口稀少，追溯到更远的时代。这里的“石窟”即石窟一图与二图，用来指代镇平县。

> 邑无北宋以前土著，或疑当日草莱未辟，然宋元祐三年，有蓝奎登进士科，今蓝坊保庆寺，即奎当日读书授徒处。蓝坊由九曲磴入，崇山叠嶂间，尚有文人取科第者，则百里之内，自非山虚水深古无人踪之境矣。然蓝氏后人无传，今邑中旧族南宋来者，亦复寥

寥，且自蓝奎后，亦并无人物，当是北宋前甫启狉蓁，而南宋后叠遭兵燹，土著逃亡仅存一二，而遗黎雕敝转徙他乡。[①]

上文揭示了宋代世居民族之后代已少见于镇平之事实，似乎说明，宋代以后，当地人口进行了重建。只是上文将人口之亡失，归结于“南宋后叠遭兵燹”，并未专指上文所涉洪武二十年（1387）周三官之乱。不仅如此，该文还强调明朝军队和平接收广东，“鼎革时未罹兵燹”。

洪武十四年陆海之贼进攻程乡一事是明代战乱的开始，接着又有正统十四年（1449）“上杭贼范大满掠程乡之石窟、松源等都”，弘治元年（1488）“贼首张林稳合朱永广、赖清、谢英等寇程乡之松源、石窟等都”。弘治元年的叛乱直到正德五年（1510）才被官军讨平，然而，“是时粤之兴宁、程乡、闽之武平三县皆为盗窟”，甚至有分三县接壤之地置州之打算。此后，又有嘉靖年间的寇乱，以及崇祯元年（1628）“五总贼”苏峻作乱事。该文以“石窟寇变，终明之世，无恒安处”作为对明代战乱的总结。

再查康熙《平远县志》卷9《兵防》，其有关战乱之记载是从正德五年开始的。据此可以断言，在兴宁县闹得沸沸扬扬的洪武二十年周三官之乱，在程乡及镇平没有留下痕迹。

将此三种地方志书与顺治《潮州府志》卷7《兵事部》对照，后者没有记载洪武二十年周三或周三官进攻程乡县城一事，也没有记载正统十四年上杭范大满掠程乡石窟、松源事，可见这两次事变程度并不严重。以顺治《潮州府志》卷7《兵事部》所载事变或战乱为准，明代程乡境内发生的社会动乱详见表5。

关于动乱指数，兹将贼寇人数较少，没有造成大的后果的事件，定义为1级；将贼寇千人以上，有屠杀人数达数百人的大屠杀行为的定义为2级；将劫乱贼寇支数多，延续时间长，有大屠杀且官军镇压兵力达

① 黄钊：《石窟一征》卷1《征抚》，清光绪六年刻本，第5b—6a页。

到或超过1万人的定义为3级。

表5 明代程乡境内社会动乱的次数与等级

年份	等级	事变	地点	规模
洪武十四年（1381）	1	饶隆海之变	程乡	擒150人
洪武二十年（1387）	1	周三（官）之变	程乡	
成化二十三年（1487）	1	揭阳贼之变	揭阳人寇程乡	
弘治元年（1488）	1	张林稳等之变	程乡	
弘治五年（1492）	1	罗绪之变	程乡	
正德五年（1510）	1	陈玉良之变	程乡	
正德十一年（1516）	1	曾钯头之变	聚众程乡，流劫潮惠	
嘉靖元年（1522）	2	上杭江小等之变	纠结程乡梁某，流劫漳泉	俘斩500余人
嘉靖四十一年（1562）	2	林朝曦之变	平远石窟	官军误杀3000居民
嘉靖四十二年（1563）	2	梁道辉之变	平远石窟	3000余徒
嘉靖四十五年（1566）	1	梁宁之变	武平人入程乡，主场闽赣	聚众700余人
嘉靖四十六年（1567）	1	廖宗学之变	程乡	
隆庆三年（1569）	1	杨子亮之变	平远、程乡	
万历三年（1575）	1	丘泾之变	平远石窟	
万历十一年（1583）	1	钟大魁之变	程乡	
崇祯元年（1628）	2	苏峻等五总之变	石窟，三省震动	斩首数百

注：（1）洪武二十年周三（官）之变，该书错记为洪武三十年。（2）嘉靖四十五年分别有梁宁之变与梁国相之变，后者为前者党也，并为一次。（3）在康熙《程乡县志》卷8《杂志》中，嘉靖年间的战乱贼首是林朝希、李松风等，“结党猖乱，聚众数千，攻劫江闽，连年不解”。在顺治《潮州府志》卷7《兵事部》中，嘉靖四十一年战乱记为“林朝曦陈绍禄之变”和“徐加悌之变”，其中徐加悌“同陈绍禄流劫江湖，出寇武平，归据石窟”，亦属林朝曦陈绍禄同党，但无“聚众数千”一句，而是造成了“时居民避乱员子山寨三千人多误杀”的后果，故定为2级；在嘉靖四十二年“梁道辉之变”条下，却有叛民编哨“三千余徒”的记载，故记为2级。综合评判，两种记载皆不为错。（4）康熙《程乡县志》卷8《杂志》记载崇祯三年，“五总遗孽钟凌秀、陈万等作乱，纠集余党数千，流劫江闽，杀伤官兵甚众，程邑震动”，而顺治《潮州府志》卷7《兵事部》记载，崇祯元年，“苏峻等五总之变”，“破石窟寨，斩首数百。员子山、梅子畲四十余寨，望风披靡，杀戮殆尽”。综合判断，可知五总之变从崇祯元年延续至崇祯三年。其众数千与“斩首数百”、四十余寨“杀戮殆尽”的意思是一致的。

资料来源：顺治《潮州府志》卷7《兵事部》。

嘉靖四十一年（1562）至嘉靖四十二年的2级动乱直接导致了析置平远县，而崇祯元年（1628）至崇祯三年的动乱则直接导致了崇祯七年析置镇平县。

2. 海阳三县的山贼与海寇

顺治《潮州府志》卷7《兵事部》详细记载了历史时期境内发生的重要战事，大致可以分为“山贼”之乱与“海寇”之乱。在上文划分战乱等级的基础上，兹对顺治《潮州府志》卷7《兵事部》所记载的涉及海阳、潮阳与揭阳的历次动乱进行更加细致的处理。

其一，如果同一年份发生的数次动乱等级相同，则将其合并为一次。如嘉靖元年的“上杭贼江小等之变”与“吴清之变”，嘉靖四年的“流贼江文生之变”与“赣贼大埔之变”等。

其二，如果同一年份发生的数次动乱等级不同，则取等级高者。如嘉靖三十七年有“大埔东境之捷”、“李南涧之变”与“潮州倭变”，其动乱等级分别为1级、2级与3级。“大埔东境之变”说的是大埔东境地方，贼首流劫福建，知县率官兵乘机捣其巢穴，斩首百余级，俘馘数十人。“李南涧之变”说的是福建人李南涧纠合惠州矿徒及程乡贼作乱，被斩。“是年山贼杨继傅、邹文纲等聚党数千，攻陷潮阳洋乌等都三十余乡，分将据之，村里一空。”[①] 将杨继傅、邹文纲之乱与李南涧之乱联系在一起，规模达到数千，故列为2级。“潮州倭变”说的是倭自福建漳州来，犯揭阳县，掠大井、蓬州、钱冈、凤山诸村。这只是其中一支，还有一支自福建平和县入寇饶平黄冈镇；又有一支从广州入寇惠来，杀指挥杨某，这一支的人数多达千余。与各支倭寇有关的战事无法一一复述，只知这年开始的战乱持续到嘉靖四十二年，最后官府调狼兵及福建兵士共6万人平定乱事。因此，将嘉靖三十七年动乱等级定为3级。

① 顺治《潮州府志》卷7《兵事部》。

张琏之变实起于嘉靖三十七年（1558）或嘉靖三十八年，顺治《潮州府志》卷 7《兵事部》是从嘉靖四十年政府调重兵镇压开始叙述的，姑且记为嘉靖四十年。这只是一个权宜的处理办法，不表明该事件真的发生于嘉靖四十年。

此外，凡有关动乱的描写中出现“海”或“倭”字样的，皆定义为“海洋”之寇，其他则视为“非海洋”之贼。至于泰昌元年（1620）“郑芝龙之变”与崇祯六年（1633）“刘香之变”，兵力均超过万人，但由于是海战，对陆上居民影响不大，仍定为 1 级。

这样共得到 39 年次动乱，历次动乱等级详见表 6，变化趋势则见图 1。

表 6　明代海阳、潮阳、揭阳境内的社会动乱及其等级

年份	等级（非海洋）	等级（海洋）	事变	地点	规模
洪武三十一年（1398）	0	1	大城所倭变	饶平大城所	
建文三年（1401）	1	0	伪元太子之乱	饶平大埕	
永乐十九年（1421）	0	1	靖海所倭变	揭阳	
宣德元年（1426）	0	1	刘通事之变	不详	
天顺四年（1460）	0	2	夏岭魏崇辉之变	潮阳	胁从者 3000 余人
弘治十四年（1501）	2	0	苏孟凯之变	饶平弦歌都	聚众千余人
正德二年（1507）	1	0	朱秉瑛等之变	揭阳神泉市	
正德七年（1512）	1	0	李四仔之变	漳惠潮交界处	
嘉靖四年（1525）	1	0	流贼江文生之变	潮贼寇汀漳南赣	
嘉靖五年（1526）	1	0	柘林贼吴大之变	饶平	
嘉靖十四年（1535）	0	1	郭老之变	饶平大城所	
嘉靖十九年（1540）	1	0	流贼袭惠来县城		
嘉靖二十二年（1543）	1	0	谢相等之变	大埔人寇闽西诸县	
嘉靖二十三年（1544）	0	1	李大用之变	海贼攻饶平柘林	

续表

年份	等级（非海洋）	等级（海洋）	事变	地点	规模
嘉靖三十三年（1554）	2	0	何亚八等之变	福建海寇，寇柘林	招亡命数千人，斩 1200 多人
嘉靖三十五年（1556）	1	0	关总之变	潮阳惠来	
嘉靖三十六年（1557）	2	0	许栋许朝光之变	海寇数千涉三县	算舟征税
嘉靖三十七年（1558）	3	0	潮州倭变	漳州来犯三县	数支，每支千余人
嘉靖三十九年（1560）	1	0	李巡检被执	潮阳	
嘉靖四十年（1561）	3	0	张琏之变	饶平贼，与程乡、大埔贼乱三省	官兵 7.6 万人
嘉靖四十三年（1564）	1	0	余大春蓝松山之变		
嘉靖四十三年（1564）	1	0	饶平柘林兵变		
嘉靖四十四年（1565）	1	0	吴平之变	惠州府海丰、潮阳、南澳	
隆庆元年（1567）	0	3	曾一本之变	海贼，诏安人	数万人
隆庆四年（1570）	2	1	苏继相等之变	长乐矿寇揭阳	贼五六千人，政府调兵 2 万人
隆庆四年（1570）	3	1	蓝一清等之变	惠潮两府	万余人，多个贼巢，政府兵 4 万人
万历元年（1573）	0	2	朱元宝林道干之变	海贼，澄海	俘斩 1250 人
万历二年（1574）	0	1	黄丞之变	潮阳	
万历二十九年（1601）	0	1	南澳倭寇	南澳	
万历三十一年（1603）	0	1	海门夷寇	潮阳	
万历四十六年（1618）	1	0	袁进之变	揭阳	
泰昌元年（1620）	1	1	郑芝龙之变	揭阳，劫掠商民	200 余艘船
崇祯三年（1630）	2	0	钟凌秀之变	郑芝龙剿之斩获甚多	数千人
崇祯五年（1632）	1	0	廖辉钦之变	揭阳，钟凌秀余党	

续表

年份	等级（非海洋）	等级（海洋）	事变	地点	规模
崇祯六年（1633）	0	1	刘香之变	澄海	聚众万人，驾舟百余艘
崇祯十一年（1638）	1	0	揭阳盗变	揭阳	
崇祯十三年（1640）	1	0	海阳盗变	海阳	
崇祯十六年（1643）	1	0	余五姊之变	漳州，攻饶平	
崇祯十七年（1644）	2	0	姜世英等之变	闽贼入寇海阳	数千人，杀戮无算

注：事变原名涉及多人者，有删减。
资料来源：顺治《潮州府志》卷 7《兵事部》。

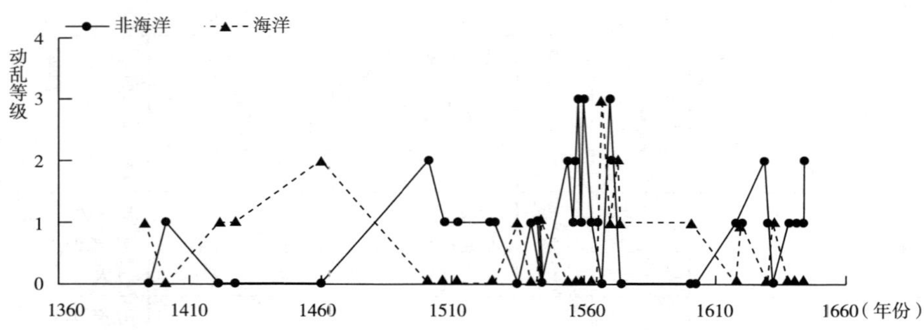

图 1　明代海阳、潮阳、揭阳境内的动乱及其等级

资料来源：笔者据顺治《潮州府志》卷 7《兵事部》制作。

据图 1 可知，嘉靖中叶，即 1560 年前后，是包括程乡县在内的潮州府动乱的高发期。此后，则是崇祯年间的动乱。这两个时期皆有 2 级动乱的出现，而 2 级动乱出现的次数，以 1560 年前后为最多。不仅如此，在这一时期，还出现至少 4 次 3 级动乱。将来自海洋的动乱与非海洋动乱分列，则知在这三个县中，明代"山贼"之乱发生的频度与烈度近似或略低于"海寇"之乱。

在海阳、潮阳与揭阳三县中，1525—1526 年析置惠来与大埔两县，如果还不足以看作同一时期几个 1 级动乱的结果，那么，1563—1565 年析置澄海与普宁两县，则完全是这一时期 8 年次 2—3 级动乱的结果，其中有 3 次来自海寇。

3. 潮州四县的田亩饱和度

据式 1 和表 1，程乡（1393 年）= 程乡（1949 年）+0. 909 平远（1949 年）+镇平（1949 年）+0. 143 丰顺（1949 年）= 39. 5+0. 909×12. 8+10. 1+0. 143×26. 8≈65. 1 万亩。1393 年程乡有田 21. 4 万亩，田亩饱和度只有 32. 9%（21. 4/65. 1）。这表明，洪武二十六年（1393），程乡县存在人口迁入的拉力，可以接纳一定数量的外来人口。不过，细致而论，由于平远与镇平两个新立之县较程乡中心地带——清代的梅县——空旷得多，所以，梅县的田亩饱和度一定高于 32. 9%，因此，梅县也就不太可能规模性地接受移民，平远与镇平两县才是外来人口的聚集之地。

由于不知嘉靖四十二年（1563）程乡县田亩数，故不知析置平远后程乡县留下的田亩数，也无从求出这一时间点的田亩饱和度。据康熙《程乡县志》卷 3《版籍志 · 土田》，经过两次析县之后，崇祯八年（1635），“本县实在田地山塘”还有 38. 2 万亩。据康熙《程乡县志》卷 3《版籍志 · 屯田》，清代原额屯田仍有 7203 亩，说明军屯一直存在，没有与民田混淆。这样，明末，即崇祯八年，全县田亩 38. 9 万亩。同样，在表 4 中，程乡（1393 年）= 程乡（1949 年）+镇平（1949 年）+0. 143 丰顺（1949 年）= 39. 5+10. 1+0. 143×26. 8≈53. 4 万亩，则 1635 年程乡田亩饱和度达到 74%（39. 5/53. 4）。这证明 1393 年的（小）程乡县基本上不可能接纳外来移民。

再来讨论海阳等三县。据式 3 至式 5 及表 4，海阳田亩（1393 年）= 0. 923 海阳（1949 年）+饶平（1949 年）+大埔（1949 年）+0. 625 澄海（1949 年）+0. 5 南澳（1949 年）+0. 571 丰顺（1949 年）= 0. 923×54. 8+42. 6+22. 5+0. 625×30. 7+0. 5×0. 9+0. 571×26. 8≈150. 6 万亩。

揭阳田亩（1393年）=揭阳（1949年）+0.077海阳（1949年）+0.375澄海（1949年）+0.286丰顺（1949年）=77.5+0.077×54.8+0.375×30.7+0.286×26.8≈100.9万亩。

潮阳田亩（1393年）=潮阳（1949年）+0.778惠来（1949年）+普宁（1949年）=71.2+0.778×39.1+58.2≈159.8万亩。

据表3与表4，洪武二十六年（1393）海阳县、潮阳县与揭阳县三县田亩饱和度分别为72.2%（108.8/150.6）、63.5%（101.5/159.8）和60.8%（61.3/100.9）。

明代中叶的田亩饱和度继续变化，分县论之如下。

其一，海阳县在田亩饱和度高达72.2%的情况下，何以在明代中叶析置出饶平、澄海与大埔？

关于饶平。据康熙《饶平县志》卷4《田赋》，成化十八年（1482）全县官民田地山塘共计48.5万亩，假定军屯田亩尚有0.6万亩，合计田亩49.1万亩。又据式6，饶平（1478年）=饶平（1949年）+大埔（1949年）+0.077海阳（1949年）+0.25澄海（1949年）+0.5南澳（1949年）+0.143丰顺（1949年）=42.6+22.5+0.077×54.8+0.25×30.7+0.5×0.9+0.143×26.8≈81.3万亩；成化十八年饶平县田亩饱和度为60.4%（49.1/81.3）。

关于大埔。嘉庆《大埔县志》卷8《赋役志》记载嘉靖五年（1526）官民田地山塘6.6万亩，与嘉靖二十一年相同。据式7和表4，大埔（1526年）=大埔（1949年）+0.143丰顺（1949年）=22.5+0.143×26.8≈26.3万亩；嘉靖五年大埔县田亩饱和度只有25.1%（6.6/26.3）。

如此，则可以估计嘉靖五年（小）海阳田亩饱和度一定高于72.2%。洪武二十六年（小）海阳的田亩饱和度到底是多少呢？试用以下步骤求之。

据康熙《潮州府志》卷4《贡赋》，知嘉靖二十一年（小）海阳有田 52.0 万亩，饶平有田 41.0 万亩，大埔有田 6.6 万亩。三县合计 99.6 万亩，三县占总数比例分别为 0.522、0.412 和 0.066。假定洪武二十六年（1393）三地的田亩比例相同或相近，以此为基准，可以求得洪武二十六年海阳县 108.8 万亩中，（小）海阳为 56.8 万亩，饶平为 44.8 万亩，大埔为 7.2 万亩。已知饶平与大埔田亩饱和度分别为 0.637 和 0.251，依此可求得两县 1949 年总田亩分别为 70.3 万亩与 28.7 万亩，用 150.8 万亩减去 70.3 万亩与 28.7 万亩，余 51.8 万亩，就是洪武二十六年（小）海阳所对应的 1949 年田亩数，故洪武二十六年（小）海阳田亩饱和度为 109.7%（56.8/51.8）。

兹将计算过程列如表 7。

表 7　洪武二十六年海阳县田亩饱和度的推算

县名	嘉靖二十一年田亩（万亩）	比值	洪武二十六年田亩（万亩）	1949 年田亩（万亩）	田亩饱和度（%）
（小）海阳	52.0	0.522	56.8	51.8	109.7
饶平	41.0	0.412	44.8	70.3	63.7
大埔	6.6	0.066	7.2	28.7	25.1
合计	99.6	1.000	108.8	150.8	72.1
饶平+大埔	47.6	0.478	52.0	99.0	52.5

资料来源：康熙《潮州府志》卷 4《贡赋》。

成化十八年（1482）析置饶平之时，饶平与大埔合计田亩饱和度只有 52.5%；嘉靖五年（1526），大埔的田亩饱和度更低至 25.1%。如果说战乱与低田亩饱和度是析县的主要动力，那么，大埔之析，主要是低田亩饱和度所致。

其二，洪武二十六年潮阳的田亩饱和度只有 63.5%，低于海阳，那么，1525 年从潮阳县析出的惠来和 1564 年析出的普宁，其田亩饱和度几何？

据表 1，惠来（1525 年）= 0.778 惠来（1949 年）= 0.778×39.1≈

30.4万亩；因康熙二十一年（1682）与康熙四十一年惠来县田亩均为21.6万亩，推测嘉靖四年（1525）惠来析县时的田亩亦为21.6万亩，是年田亩饱和度为71.1%。

另外，下文将证明嘉靖四十一年普宁县13.1万亩只是黄坑都一都14图的数据，雍正十年（1732）从潮阳拨溅水及贵山、洋乌之部分共14图给普宁，故表中1949年普宁田亩为实际数的一半。这样，普宁设县时的田亩饱和度为45%（13.1/29.1）。

康熙《潮州府志》卷4《贡赋》记载嘉靖四十一年潮州府官民田地山塘290.4万亩，与洪武二十四年（1391）的290.3万亩及嘉靖二十一年的291.8万亩几无变化。万历二十八年（1600）升至360.3万亩，表明这一分析方法不再适用。据表4，潮阳（1562年）=潮阳（1949年）+0.778惠来（1949年）+普宁（1949年）=71.2+0.778×39.1+58.2≈159.8万亩。详见表8。与表7中1949年海阳县田亩数相同，1949年潮阳的62.5万亩也是推算出来的，读者务必注意。

表8 洪武二十六年潮阳县田亩饱和度的推算

县名	嘉靖四十一年田亩（万亩）	比例	洪武二十六年田亩推测（万亩）	1949年田亩（万亩）	田亩饱和度（%）
潮阳	63.0	0.645	65.4	71.2	91.9
惠来	21.6	0.221	22.5	30.4	74.0
普宁	13.1	0.134	13.6	29.1	46.9
合计	97.7	1.000	101.5	130.7	77.7
惠来+普宁	34.7	0.356	36.1	59.5	60.7

注：据康熙《潮州府志》卷4《贡赋》，嘉靖四十一年潮阳县有田63万亩，而在扆熙《潮阳县志》卷9《民赋》中，说的是"嘉靖四年山塘隶籍二县以外，实在田地山埔塘"共66.1万亩，这也是清初的赋额，较《潮州府志》所载多了3.1万亩（66.1-63），原因不明。

资料来源：康熙《潮州府志》卷4《贡赋》、卷9《民赋》。

将表7与表8比较，潮阳县与海阳县的情况基本相同，母县与子县之间呈现明显的田亩饱和度之级差。因此，对于表7的分析皆适用于表8。

需要说明的是，尽管普宁县析置于嘉靖四十二年（1563），但下文所引万历三十二年（1604）惠来知县游之光的一篇碑记却说设县始于嘉靖三十四年。这样，我们就可以理解康熙《潮州府志》卷4《贡赋》中所载嘉靖四十一年普宁县数据。析置新县通常是一个过程，嘉靖三十四年可能是设县之开始，因此，本文并不对普宁设县时间进行修正。

其三，洪武二十六年（1393）揭阳县的田亩饱和度只有60.8%，1563年从海阳县与揭阳县析出的澄海县田亩饱和度几何？

据康熙《潮州府志》卷4《贡赋》，知嘉靖四十一年澄海有田21.4万亩，据表4，1949年澄海有田30.7万亩，嘉靖四十一年澄海县田亩饱和度为69.7%（21.4/30.7），较明代中叶新析置的饶平、大埔、惠来、普宁4县均高。

4. 小结

其实，在其他学者的心中，也有一个潜在的"田亩饱和度"。例如，陈春声指出，明代中叶在潮州府沿海地区安插"抚民"，使之成为王朝的"编户齐民"，"意味着成千上万没有解除武装的有组织的'海盗''山贼'上岸或下山定居，他们进入正在迅速开垦，地方社会秩序开始形成的韩江三角洲，势必与当地社会产生严重的矛盾与冲突"。[①]这一分析或仅适用于大埔，却不适用于饶平、惠来、澄海与普宁。这时的饶平、惠来与澄海，其土地开垦的程度已经高达70%左右，这样的地区不可能处于"迅速开垦"中，也不可能大规模地接受移民了。即便是普宁，设县时的田亩饱和度已达45%，也不处于"迅速开垦"中。

三　山区的赋役关系与移民

程乡及所析诸县与大埔皆为山区，是没有疑问的。乾隆《普宁县

① 陈春声：《从"倭乱"到"迁海"——明末清初潮州地方动乱与乡村社会变迁》，朱诚如、王天有主编《明清论丛》第2辑，紫禁城出版社，2001，第78页。

志》卷1《疆域志》认为，普宁“四十里之版图，属崇山峻岭者十之三，属深堑长溪者十之四，地非平饶，田无阡陌”，也属山区。

本节只讨论程乡与普宁的赋役、里甲与移民的关系。以往学者多从弭盗安民、控制教化的角度讨论普宁析县，[①] 近年来有学者关注潮阳析置普宁后母县与子县之间的纠纷，[②] 本节则主要讨论普宁县田赋、里甲与移民的关系。大埔的移民更为复杂，留待将来专门处理。

1. 程乡的赋与役

康熙《程乡县志》卷3《版籍志·户口》记载宋元丰年间（1078—1085）有12370户，元至元年间（1335—1340）有3522户。洪武二十四年（1391）程乡县只有1686户，是宋元以降长期动乱的结果。

不过，康熙《程乡县志》卷3《版籍志·土田》记载宋元官民田地6.8万亩，粮米726石。洪武二十四年官民田地塘20.7万亩，夏税秋粮米共10039石。洪武二十四年田赋大大超过宋元时代。即使人口锐减，但田赋不减反增。减人丁之役而加田亩之赋，其意何在?

从制度上说，洪武二十四年的户口调查类似今天的人口普查。户口之锐减是既定的事实，无法更改。表3所揭洪武二十六年程乡民户人均田亩25.9亩，包括军屯在内人均19.5亩，远远超过一个正常的农民家庭的耕种能力。可以有两种解释：一是赋额不变，因为黄册之外，还有许多耕作的人口；二是政府逐渐减少田亩数量，降低赋额。

由于缺乏明代中叶的人口与田地数据，所以，我们不知道这一时期程乡县赋役之变化。崇祯十五年（1642），程乡县人口数19233，这是析出平远与镇平两县之后的数据，可见明代程乡人口是增长的，即第一种解释是正确的。也就是说，程乡的人口的增长并不是真正的增长，而

① 黄挺：《潮汕史简编》，暨南大学出版社，2017，第130—131页。

② 陈贤波：《“割都分治”之下——明末清初潮州属县都图争端的初步分析》，《历史人类学学刊》（香港）2005年第2期；吴丹华：《明中后期广东普宁设县的名实之辨与地方县政》，《中国历史地理论丛》2019年第4期。

是从赋役征收册中之民转为黄册之民。以人均 5 亩为标准，洪武二十六年，程乡县人口数实际已超过 4.2 万（214000/5）。

新修《梅县志》作者称，元兵南下，两次进攻梅州，蔡蒙吉、文天祥先后率义兵抵抗。失败后，元兵大肆屠杀居民，境内人口因此锐减。作为证明，该书收集了李、张、黄、陈等 24 个姓氏，大约 33 个氏族的迁入时间与迁出地。除 1 族北宋迁入，7 族南宋迁入外，其余皆自称宋末元初迁入。[①] 洪武二十四年程乡县在籍人口如此之少，令人心存疑虑。

与发生在兴宁县的故事联系起来思考，似乎能明白其中奥妙所在。周三官之乱给兴宁县人口带来毁灭性打击，县几乎不成为县，户口与田亩锐减。与其相邻之程乡县，欲维持周三官乱前之赋役，则不太可能。兴宁县的存在，本身就是对于邻县正常赋役秩序的威胁。如果一定要迫使程乡人民承担正常的赋役，他们可以流入相邻之兴宁，享受兴宁的不赋与不役。折中之结果，则是程乡县的正常田赋与极低徭役之间的平衡。

所以，康熙《程乡县志》卷 3《版籍志・土田》称：

> 明制天下田地塘悉书于籍，其田之等有二，曰官，曰民。民田苦徭役，官田有折解而无徭役。

准确地说，并不是民田苦徭役，而是民田的耕作者苦徭役。官田虽税重，却可以折解代徭役。很显然，在元末明初的动乱中，程乡县有一大批田赋的承担者脱离了政府的黄册，仅在田赋征收册中保留纳税者的身份。

所以在氏族资料中，我们并没有发现明代的规模性移民，所见皆为宋末元初的流入者。其实，梅县即程乡也是兴宁移民的重要来源之一。

① 《梅县志》，第 178—201 页。

这意味着宋元时代迁入者及其后代，以高度的流动性，对程乡县政府形成外流之压力，并最终达成正常田赋与超低徭役之间的平衡。不过，长时期的低役状态是不可能维持的，户口的增加也是必要的。这里所指户口，并不完全指洪武二十四年（1391）隐蔽在黄册以外的人口，还包括自然增长的人口。这样，人口的增长与田赋的增长同步。

2. 普宁的“溢额”

新修《普宁县志》记载，明嘉靖四十二年（1563）正月，从潮阳县析出洋乌、氵戚水、黄坑三都新置普宁县，面积约1000平方公里。明万历十年（1582），洋乌、氵戚水都划归潮阳县，普宁县仅辖原黄坑一都，面积约456平方公里。清雍正十年（1732），将潮阳县氵戚水都170个村、贵山都西半部93个村、洋乌都西段45个村拨回普宁，于是，全县面积达1025.25平方公里，与建置初期的面积相近。[①] 1935年，又划出若干村庄给南山管理局，1950年拨回。1949年县境与雍正十年相同。

据乾隆《潮州府志》卷13《都图》，除氵戚水都全部割给普宁外，潮阳贵山都原有82村，“贵屿、大青洋……村割隶普宁，存六十村”，洋乌都“原九十三村，内径口、猴柜、汤坑、笔架、清洋坂、坟庵、潘岱、狗眠等村割隶普宁，存八十五村”。从贵山都与洋乌都割给普宁的村庄合计30村（22+8），占这两都原村庄的18%（30/167）。新修《普宁县志》所述村庄是现代村庄。较之雍正年间，村庄数量增加。

乾隆《潮州府志》卷13《都图》记载的普宁县，“原仅黄坑一都十四图。雍正壬子割潮邑氵戚水全都、贵山半都、洋乌都尾属焉”。其中“贵山之半”约为四分之一（22/82），洋乌都尾，非常形象贴切，不及原洋乌都的十分之一（8/93）。

万历九年，潮阳知县章邦翰负责普宁三都之田土清丈，章氏“单骑履亩，定则上、中、下，复洋、氵戚二都之旧，抑强扶弱，民舆大

① 《普宁县志》，第38页。

著”。[①] 据此可知，章氏清丈的对象是普宁三都之田。清丈之后，将洋、泼二都拨回潮阳。何以如此？万历三十二（1604）年惠来知县游之光的一篇碑记说：

> 按普宁之设，自嘉靖三十四年始……厥都曰黄坑，曰洋乌，曰泼水，厥赋六千有奇……今上初年，江陵相公为政，大丈量天下土田。潮人计以黄坑首事，穷山之角，罄地之毛，皆在丈中，得赋九千有奇，浮于原额者三之一，遂议以黄坑一都独隶兹邑，而洋、泼非复普宁有矣。[②]

嘉靖三十四年（1555）普宁建县以后，黄坑、洋乌、泼水三都夏税秋粮共6000余石。万历九年清丈，潮州府以黄坑都为先行试点，得田赋9000余石，超过原额三分之一。这样一来，就可以使黄坑一都隶属普宁，而洋乌、泼水二都则脱离普宁，回归潮阳。

查康熙《潮州府志》卷4《贡赋》，万历二十八年潮阳、惠来、普宁三县夏税秋粮米合计77130石，其中普宁9923石，占三县总额的12.9%（9923/77130），较之表8所揭嘉靖四十一年普宁县田亩占三县田亩的13.4%略低一些。普宁县赋额随着潮州府赋额的增加而增加。黄坑赋额定为9000余石，并没有超过平均水平。以此作为黄坑独隶普宁的理由，并不成立。

洋乌与泼水二都是不是没有田赋？据表8，嘉靖四十一年，潮阳县田亩63万亩或66.1万亩，两个数据均已超过1949年。这意味着洋乌与泼水二都田亩已入其中。

洋乌与泼水的田赋有多少？雍正十年（1732）割潮阳三都之田入普

① 康熙《潮阳县志》卷13《名宦》。

② 游之光：《开元寺普宁行馆碑记》，万历《普宁县志略》卷5《庙寺》，抄本，年代不详，第43~44页。

宁时，在乾隆《潮阳县志》卷 8《赋役 · 田赋》中留下记载：原额上则田 105485 亩，“除割附普宁县外，实田”93410 亩，即割给普宁县上则田 1.2 万亩（10.5−9.3），加上中则田与下则田，合计割给普宁 20.9 万亩。这样，普宁县的纳税田亩合计当为 34 万亩（13.1+20.9）。

在乾隆及光绪版《普宁县志》中没有找到相应的田亩记载。乾隆《普宁县志》卷 3《田赋》只记载了“康熙元年官民夏税农桑米”9121 石，这显然是明代的原额；雍正十二年（1734），“奉文分县久有成规等事，潮阳县割附田亩科米”9110 石，全县夏税农桑米共 18231 石（9121+9110），即普宁县原额与新拨入的夏税农桑米合计之额。也就是说，从潮阳县割入的田亩虽然多于普宁原有田亩，但割入的田赋与普宁原额相当，合计则是原额的 2 倍。巧合的是，上引新修《普宁县志》称，雍正十年从潮阳划入的面积与原面积相当。

3. 普宁的侨置与花插

所谓“侨置”，指的是移民入迁，与世居民族混杂，虽专门立乡都管理，却不实土。打个比方，“侨置”犹如两人各将一撮头发取下后搅拌，无法辨别你我。“花插”犹如两人各伸一掌，双方手指交叉，你我并不混淆。洋乌、泷水与其他相邻之都的关系，到底是“侨置”还是“花插”？

万历三十八年（1610），时任普宁知县的阮以临，对于洋乌、泷水二都回归潮阳非常不满。他在万历《普宁县志略》中撰《志略赘语》一节，抨击潮阳的所作所为：“夫以普之民与潮之民争众寡，贫富不敌也，以普之令与潮之令争权力，品格不敌也，以数十年之已事而争之于目前成毁，久近不敌也。”具体而言，阮以临抨击潮阳，也是从“溢额”开始的：

> 动曰黄坑亩米于普宁已溢额矣……且黄坑诚溢额矣，洋、泷何遽无溢额耶？[①]

① 阮以临：《志略赘语》，万历《普宁县志略》卷末。

阮氏并没有讨论"溢额"的含义本身，而是采用归谬法，认为如果一定要说黄坑有溢额，那么，洋、溅二都也有溢额。上文分析表明，三都之田赋皆属于合理的范畴，不算溢额。如果一定要说"溢额"，那也是以前的"额"偏低。

站在阮氏的对立面，崇祯年间，潮阳士绅吴仕训以潮阳人的立场，详述"溢额"如下：

> 嘉靖中……析潮阳一千三百余顷之田置惠来，又析五千七百余米置普宁。当时题请，未便丈量，暂于黄坑、洋乌、溅水三都内拨米五千七百余以与之，非与以三都也。此初置遵旨之券也。既因署邑窃籍，版章混乱，万民汹汹，几至激变。幸值万历初丈田之役，二邑公丈，黄坑全都米余九千，溢于原议之数，慨然与之而归我洋、溅之田。①

嘉靖四年（1525）析置惠来，割惠来、西头、大坭、井上4都田地山塘13.65万亩，事见光绪《惠来县志》卷4《贡赋》。上引惠来知县游之光所撰碑记，称"厥都曰黄坑，曰洋乌，曰溅水，厥赋六千有奇"，较之吴仕训所言"五千七百余"稍多，亦可接受。后来县署被窃，版章混乱，至万历清丈时定下黄坑都米九千余，超过了原来的黄坑、洋乌与溅水三都之米。这样，洋乌与溅水二都之米不需要再拨给普宁，于是，洋乌与溅水二都就回归潮阳了。

然而，行政区域的调整并不完全是由田赋数额所决定的，吴仕训也认识到这一点，他接着说：

> 若潮邑士民以齐心固守者，则因洋、溅归田之后，经六次大

① 吴仕训：《洋、溅难分揭》，光绪《潮阳县志》卷20《艺文上》，光绪十年（1884）刻本，第9a—11a页。

> 造，人户收除，各都多入洋、溉之册，洋、溉多入各都之册。黄册于户田，但分上、中、下之则，而不细分各都。若欲举洋、溉之米与洋、溉，必举二邑之田皆清丈，并二邑邻邦揭阳、惠来之田皆清丈，方以洋、溉之田另为二册，庶无隐匿飞诡之弊。若但以今日洋、溉二都之册与之，则潮邑县廓等都载在册内，郊关之外，多有属普宁者矣！①

吴仕训认为，万历清丈之后，经过 6 次造册，散居于各都之洋、溉二都之人，登载于洋、溉二都清册中；而洋、溉二都之民，又多登载于各都之册中。这一叙述，颇类似一些地方曾经出现的移民侨置之都，即无实土之都。只有这样，黄册中记载田赋，只记等则，而不记都别。

在吴仕训看来，欲将洋、溉二都之民所纳田赋，记在洋、溉二都之名下，就必须完成潮阳、普宁两县之清丈，以及揭阳、惠来两县之清丈。这样才可以杜绝隐匿飞诡。如果将洋、溉二都之清册给予普宁县，则潮阳县的大部分地区将属于普宁了。这当然是不可能的。

再来听听普宁方面的意见。乾隆《普宁县志》卷 1《疆域志》载：

> 而洋乌一都情形有头、尾、中三段之分，其头段与中段皆近于潮，与普相去七八十里，中隔贵山举、练二都，既难俞都以治远，而贵山近在肘腋穿窬，常为普患者……经吏部议复，奉旨依议所割贵山下半都……所割附近溉水之洋乌尾一段，自卓洲左溪口潭水直潮，至尖峰盐岭发源止，以溪水为界，岸以西俱隶普宁，溉水全都在其中统计……②

① 吴仕训：《洋、溉难分揭》，光绪《潮阳县志》卷 20《艺文上》。

② 乾隆《普宁县志》卷 1《疆域志》，乾隆十年（1745）刻本，民国 23 年（1934）铅字重印本，1974，第 88 页。

此句意即洋乌都分为三段，中间有两段为贵山举、练二都，形成大块的"花插"，符合上文所举两人单掌手指交叉之例。因此，割洋乌都之尾段、贵山都下半段，以及泷水全都，归于普宁。由此可知，洋乌、泷水二都并不是侨置之都，洋乌乃花插之都。新割入的三都 14 图，正与普宁县原有的黄坑都 14 图相等。

为了确定洋乌都乃实土之都，笔者从隆庆《潮阳县志》卷 6《舆地志·津渡》查得"潇溪渡，在洋乌都，今属普宁"，又从该书卷 10《坛庙志》中查得"胜恩院，在洋乌浮屿村，宋祥符间创"。可见，从宋代开始，作为乡镇一级，洋乌（都）就一直存在，且为实土之都。曾任福州同知的吴仕训对于洋乌、泷水二都性质的捏造，表明他可能就是阮以临愤怒抨击的"豪强"或"豪右"。

4. 普宁母县与子县的户口

还可以从户口数据看一看母县与子县的关系。依理，来自母县的记载应当与子县的记载相同。然而，在潮阳与惠来、普宁三县，母县与子县的记载略有不同。

先看母县方面的记载。隆庆《潮阳县志》卷 7《民赋物产志》记载，洪武二十四年（1391）潮阳县户 19126，口 72390，户均 3.8 口；永乐十年（1412）大体不变。弘治十五年（1502）户 19885，口 112438，户均 5.7 口，接近正常值；正德七年（1512）大体不变。嘉靖四年（1525）设惠来县，割去人户 3072，人口 17501，新置惠来县部分户均 5.7 口；嘉靖四十五年新设普宁县，割去人户 4565，人口 24173；新置普宁县户均 5.3 口，更加合理。

再看子县方面的记载。康熙《惠来县志》卷 4《民赋物产》记载嘉靖四年潮阳原割来人户 3556，男妇 18530 人，户均 5.2 口，较上引母县记载更为合理。又据万历《普宁县志略》卷 8《田赋》，普宁县人户 2776，男妇人口 8653，户均 3.1 口，较上引母县记载更不合理。与嘉靖四十五年数比较，户口数大大减少，主要是洋乌与泷水二都拨回潮阳所致。所余仅为原额的60.8%（2776/4565），是可以理解的；而户均3.1口，则表明潮阳县存在两套数据，一套数据为丁额，户均3口有余；一套数据为人口，户均5口有余。

康熙《惠来县志》卷4《民赋物产》除了记载嘉靖四年（1525）割自潮阳的人口为18530以外，还记载割自海丰的人口只有1728。这一数据显然太低。如果以都的比例计算，惠来县割自潮阳与海丰的人口比例分别为77.8%与22.2%。因此，嘉靖四年惠来县人口应为23817（18530/0.778）。康熙《惠来县志》卷4《民赋物产》又记载崇祯十五年（1642）人户5021，人口41042。假定其中正确地包括了析自海丰各都的增长人口，从嘉靖四年至崇祯十五年，人口年平均增长率高达4.7‰。据表4，1949年惠来县人口29.3万，从崇祯十五年至1949年，人口年平均增长率为6.4‰，速度偏高，表明崇祯年间的人口仍有隐漏。

以上分析表明，除了派役的丁额以外，各县还有另外一套人口数据。[①] 从制度上讲，明代后期的保甲体系，就是建立在这样一套人口数据系统之上的，尽管这个时期的户口统计尚不够严密，更不够准确。

5. 普宁的漳州移民

万历《普宁县志略》卷7《侨寓》对于冒籍一事发表看法，涉及来自福建漳州的移民：

> 然明旨三令五申，未尝禁及于祖父入籍，生长此地者也。又近奉明旨云，已在学者，姑照旧外，普风土硗陋，生齿零仃，嗣产而爰居者踅足，播迁而卜筑者比肩，大都皆漳民；合胫而聚，椽茅为家，凡山谷未垦之土，狐兔啸穴之区，其胼胝在也。以至操羸贩作什器，负蒭［刍］行迈之群，其成肆在也。籍非漳民则寥寥孑遗，

① 参见曹树基《客家的国内迁移》第二章，广东人民出版社，待出。

犹然故墟焉。①

这段文字说的是祖父入籍，而生长于此者，不在禁止入籍之列。假定某人的祖父 25 岁入籍，今 70 岁，某人大约 20 岁。万历三十八年（1610）的 45 年前为嘉靖四十四年（1565），也就是图 1 中所标识的明代动乱的高峰年，也正是普宁的立县之年。漳州迁来之民在普宁耕山、贩卖，做手艺，在在成肆。

万历《普宁县志略》卷 8《田赋》还专门提到外来的垦殖者：

> 民乃不满万户，且漳民之寄籍者类多，益以充数……大抵黄坑之地，虽广而荒瘠联壤，贫民难与兴作。即有负耒而居者，朝披夹，慕［暮］轻徙，仅日月耳。无怪乎丁口之患寡也。余叹昉古者，富强之资，招纳务本之民，有可耕之力，而无可耕之地者，许其拓山谷之土痔，乃铫镈尽力畇，开宜麦、宜豆、宜禾，随莳所便。递至三年，然后计亩准升，则农狎其野，版籍自倍。至于久住山坳之奸，或占为樵采，或市为陇葬，遇有首垦之人，讹然鼓众聚讼，假托已首之名，巧饰升斗之税，不屏绝之不已也。此余所目睹甚恶，其败群焉。②

除了再次强调来自漳州的寄籍者人数较多之外，还议及黄坑山区，贫民难以垦殖，大多来而复归，所以普宁人口稀少。作者主张招富强之资，有力之人，开垦三年，计亩升科，这样版籍可以倍增。这样的人称为"首垦"之人，是有能力的山区开发者。

所以，同书同卷提及"田地塘山埔园"共 131336 亩，"秋粮官民

① 万历《普宁县志略》卷 7《侨寓》，抄本，年代不详，第 59 页。
② 万历《普宁县志略》卷 8《田赋》，第 66 页。

共米”8943.6石，“首垦溢额米”98.8石。“首垦”升科之地占全县总地亩的1.1%［98.8/（8943.6+98.8）］。当“首垦”之地增加，“首垦”者有可能被编入“粮里”。在隆庆《潮阳县志》卷6《舆地志》中，作者在“隆井九图，则粮里四人，民里五人”之下加一补充说明：

> 按本都旧十三图，除拆入惠来外，今见在者如此。后知县陈王道又申增粮里一人，并前共为十图。

隆井属于原潮阳县的边远山区，与黄坑情况相似。由于开垦升科，隆井申增粮里一图。然而，据顺治《潮州府志》卷2《赋役部》，黄坑14图皆为“粮里”。

关于黄坑皆为“粮里”一事，可以从吴仕训上引《洋、溅难分揭》中觅得端倪。吴仕训说：

> 今清丈首垦之所出普米已及万石，较平远诸县有过无不及焉，乃辄谓不可为邑，不知更觅何米以益诸县乎?[①]

据顺治《潮州府志》卷2《赋役部》，顺治年间，普宁之粮9122石，这也是明代后期之数，吴仕训称为“已及万石”，大抵是可以的。只是吴氏认为这一数额皆为普宁“首垦”所出，略有夸张。阮以临在《志略赘语》中说：

> 今普民千金之家，十耗其九，披图而核，实籍者不得二三。会且胥而为客户矣，隶卒与皂尽他县豪右之僮仆也。[②]

① 吴仕训：《洋、溅难分揭》，光绪《潮阳县志》卷20《艺文上》，第9a—11a页。

② 阮以临：《志略赘语》，万历《普宁县志略》卷末。

在原潮阳所辖之普宁，亦即黄坑都，世居民族存者20%—30%。大量漳州移民因此而迁入。阮氏认为，这样一来，县里的胥吏皆为漳州迁来之客民，胥吏手下之工作人员皆成为漳州人之僮仆，形势堪忧。

又据顺治《潮州府志》卷2《赋役部》，顺治年间平远县粮米只有2537石。比较而言，黄坑都以3.6倍（9122/2567）于平远县的赋额，撑起普宁县的田赋，足以成为普宁立县的理由。在这一点上，吴仕训是对的。只是吴氏将黄坑之田赋全部说成"首垦"，不甚妥当。

6. 小结

由于1393年程乡人均田亩多达19.5亩，推测其实际人口可能多达4.2万，而不是册籍中的1.1万。元代战乱，大量人口保留在田赋征收册中，却未入黄册。因此，他们成为没有徭役负担之人。所以，看似残破的（小）程乡县，并没有大批的移民迁入，其人口的主体，是宋元时代迁入者的后裔。

乾隆《潮州府志》卷13《都图》称：

> 潮阳县，按旧志四乡统十四团，元末多为土人所据……明洪武初知县姚复初因旧疆经理之，十四年知县杨智稽赋役，更十四团为十六都。嘉靖中置普、惠二邑，割其六都。所存仅县廓、峡山……十都，后乃增民里七坊，别自为图，曰附廓都。[①]

这段文字内容虽不陌生，但其强调"元末多为土人所据"，与程乡的情况相同。唯一不同的是，这些元末占据普宁的"土人"，享受的是低田赋的生活。析县及万历清丈，增加了他们的田赋负担，冲突遂起。

① 乾隆《潮州府志》卷13《都图》，光绪十九年（1893）重刻本，成文出版社影印本，1966，第138页。

四 滨海地区的农业与外贸

本节所涉及的地域包括海阳、潮阳与揭阳之滨海平原与丘陵地带，因澄海是从海阳与揭阳析出的，故不一一说明所涉事件的地域及原属之县。

1. 夏岭之"贼巢"

陈春声对于明代中叶潮州地方动乱的研究，用力最勤，成就卓著。他引嘉靖《广东通志》卷66《外志三·海寇》中的记载，兹简略转引如下：

> （天顺三年）海寇黄于一、林乌铁等作乱，潮州知府周宣讨平之……周宣以奇计陷乌铁而诛之。于一等益肆乱，烧劫揭阳县治而下。夏岭等二十四村皆被胁从……宣谓盗魁既得，余可抚而下也……因遍历各村，放回被掳男妇五十三名口，拘收大海船一百五十艘，抚过从良民一千二百三十七户。①

与顺治《潮州府志》卷7《兵事部》比较，《广东通志》记载事件发生于天顺三年（1459），而不是《潮州府志》中的天顺四年。比较而言，《潮州府志》对事件时间的记载是不准确的。《广东通志》称主事的潮州知府为周宣，而《潮州府志》却记为周瑄。此外，在《潮州府志》中，还有一位平叛英雄为陈瑄，以监察御史谪潮州，平叛有功而升潮州知府；周瑄则升为太仆寺少卿。

上引记载提及夏岭24村，有被掳男妇人数、海船艘数，以及从良户数。在康熙《潮州府志》中，除海船数外，其他记载大体相同。

① 陈春声：《从"倭乱"到"迁海"——明末清初潮州地方动乱与乡村社会变迁》，朱诚如、王天有主编《明清论丛》第2辑，第74页。

嘉靖《潮州府志》卷5《官师志》提到夏岭之变，平叛主角是陈瑄，其文曰：

> 陈瑄，眉州人，进士，以监察御史谪，天顺间任性鲠直，锄强遏暴，吏民畏服，值夏岭巨寇作乱，瑄捍寇全城，力平大难，以功升本府知府。①

陈瑄擢升后，时人李龄撰《赠郡守陈侯荣擢序》，对于陈氏平叛一事，讲得特别详细，兹引用如下：

> 揭邑有沿海而村者曰夏岭，以渔为业，出入风波岛屿之间，素不受有司约束。人健性悍，邻境恒罹其害。寻有豪滑者互争土田，诉于官，连年不决。有司动遣巡司率隶兵而拘执之，则侵扰其众，豪夺其有。民弗堪，乃相率乘舟道海堧而逃。因之以岁凶，加之以水灾，遂大集无赖攻城剽邑，肆为杀戮，海、揭二邑受害尤甚。②

陈春声认为，这份文件中最值得注意的是“以渔为业，出入风波岛屿之间，素不受有司约束”一句，说明这些参与动乱的人，可能本来就不是官府管辖之下的编户齐民。③ 然而，陈氏没有注意到夏岭村民反抗政府的动因是与人“互争土田，诉于官，连年不决”。从这一句看，夏岭村民本来也是岸上居民，兼营渔业。问题是，将“素不受有司约束”当作非“编户齐民”是否合适？

① 嘉靖《潮州府志》卷5《官师志》，嘉靖二十六年（1547）刻本，第28b—29a页。

② 李龄：《赠郡守陈侯荣擢序》，见冯奉初辑《潮州耆旧集》卷1，暨南大学出版社，1996，第8页。乾隆《潮州府志》卷40《艺文·序》收录有李龄《赠郡守陈公序》，与上文比较，多有删削，明显为后出之文，兹不讨论。

③ 陈春声：《从“倭乱”到“迁海”——明末清初潮州地方动乱与乡村社会变迁》，朱诚如、王天有主编《明清论丛》第2辑，第73—106页。

还是依据嘉靖《广东通志》卷66《外志三·海寇》，天顺三年（1459）夏岭村民受抚之后，周宣离任，夏岭24村动乱再起，这时，史料称"海寇复大乱，攻围县治，劫掠民居"。周宣复出，依然采用招抚之策，"各贼驾船百艘来""皆投戈释甲"。接下来有关周宣的记载是：

> 至期各贼驾船百艘来，皆披坚执锐，魁渠服色僭拟侯王。宣谓曰，若等既欲从良，何为乃尔？于是皆投戈释甲，去僭服，相与罗拜。宣为恸哭，众亦哭。当日单骑亲诣贼巢，而遍历二十四村，且慰且谕，归被掳男妇七百余人。贼船三百余艘送当道处，悉烧毁之。其有未毁者，皆凿沉之。[①]

夏岭24村是"贼巢"，"贼巢"即为"化外"，似乎不言自明。所谓"化外之民"，应当是那些不赋不役之民，既不在黄册之中，也不在赋役征收册里。只有不赋不役，才可以被视为"非编户齐民"，才可以被称为"化外之民"。现在的问题是，夏岭24村人民真的不在政府的赋役系统之内吗？

2. 纳税的"寇盗"

明人李惠撰《平寇记》记载官军平寇过程、战果及善后事宜：

> 山攻水战，势如摧朽，破其巢穴，火其庐居，斩首数千颗，贼奔溃。官军追碣石等澳，杀获及溺水者不计其数，胁从者三千余，悉遵诏命，抚入腹里良善乡村居住，欲其同归于善而已。贼巢自夏岭至西陇、赤窖俱革，不与居住。揭阳边患自此无虞矣。[②]

① 嘉靖《广东通志》卷66《外志三·海寇》，嘉靖四十年（1561）刻本，广东省地方史志办公室誊印本，第1727—1728页。

② 李惠：《平寇记》，雍正《揭阳县志》卷7《艺文·记》，雍正九年（1731）刻本，第9a—11b页。

这里说的是官军火烧夏岭诸村，斩首叛民，并将胁从者安置于腹里良善乡村居住，夏岭贼巢从此废弃，无人居住。这一行为，可以归纳为赭其地、革其村、迁其民。顺治《潮州府志》卷7《兵事志》中也有记载，“降其众，徙置他村落，赭其地，号曰革除云，贼悉平”，完全符合以上三个要素。

嘉靖年间的潮阳知县刘景韶撰文称：

> 今所谓虚粮者，其说有二，一曰停征，一曰亡户。停征云者，先因天顺年间饶平县南澳三都地方僻居海岛，民习为乱，官民厌其荼毒，当道具实奏闻，夷其民而赭其地，禁其住种，名为革除，遂将该征之粮暂作停止之数。①

在赭其地、革其村、迁其民这三个要素之外，多了一个“停征其粮”。这说明，战乱之前的夏岭24村人民，种地纳粮，是不折不扣的“化内之民”。

刘景韶继续说：

> 后因岁额亏损，国课失办，权为一时之计，散俵各县之民，彼有田而不赋税，此凭空而代输纳，是所谓停征之虚粮也。②

国课不能亏损，夏岭之虚粮分与其他地区人民承担。这里提到“各县人民”，如果是将夏岭之虚粮，分摊与几个县的“各县人民”分担的话，在制度上是很难做到的，姑且存疑。

刘景韶继续说：

---

① 隆庆《潮阳县志》卷7《民赋物产志》，明隆庆刻本，第5a页。

② 隆庆《潮阳县志》卷7《民赋物产志》，第5a页。

正德年间本府谭知府留念民瘼，深探弊源……准于本府广济桥盐利银两扣数抵补完纳，其意盖谓盐利者民力之所自出，虚粮者民情之所不堪。以其自出之力补其不堪之情，在官无追征之扰，在民无赔贩之忧，是乃所谓不费之惠者也。[①]

以盐税或商税抵补田赋缺额，这一做法也见于南雄虚粮之处理，兹不展开。不过，在潮州，此事被上级政府发现而终止，南雄的情况也是如此。

在嘉靖《潮州府志》卷1《地理志》中找到一条相关记载：

南澳山，在海中有三澳，曰深澳，曰青澳，曰长沙尾澳。宋帝驻跸于此，相传青径口，有宋丞相陆秀夫墓，幅三百余里，番舶为患。洪武间奏徙遂虚其地，粮因空悬。正德八年，知府谈伦以此并查各县之虚粮，奏准每岁以广济桥抽收塩利银两代虚粮，民甚便之。嘉靖二十四年布政司议罢有司，官窘于处，辄加派各里。二十六年知府郭春震据士民呈请议复未报。[②]

这里的南澳山之三澳，应当就是上文中的饶平县南澳三都地方。这里讲到的“虚其地”，却是洪武年间的事。正德八年（1498）知府谈伦以广济桥盐利补充虚粮，补的是洪武迁民以后产生的虚粮。或许，潮阳的虚粮部分产生于洪武，部分产生于天顺。这可能是最合理的解释。

3. 兼渔与兼商

夏岭24村，以农为生，兼营渔业。所谓“以渔为业，出入风波岛屿之间”指的就是他们兼营渔业的状态。

其实，在同一时期的相关记载中，还能看到船只数量的记载，如涉

① 隆庆《潮阳县志》卷7《民赋物产志》，第5b页。

② 嘉靖《潮州府志》卷1《地理志》，第32a—32b页。

及夏岭的就有“拘收大海船一百五十艘”“至期各贼驾船百艘来”“贼船三百余艘”等。这些船只是从事渔业生产的吗？

隆庆《潮阳县志》卷7《民赋物产志》在“鱼课”项下，记载了河泊所应纳之鱼油、鱼鳔若干斤，翎毛若干枝，以及全县的鱼课米1419石。鱼课米不在“河泊所”项下。虽然鱼课米只占同一时期秋粮夏税米的2.7%（1419/52988），却表明国家从来就没有缺失对这一行业的管理与控制。

在平定夏岭之乱的过程中，官军烧毁船只，安插降民，实际上也堵塞了他们的渔业之路，全县的鱼课是否因此而减少，没有材料提及。仔细分析，他们还有另一条与番船进行海外贸易的生财之道。

在上引论文中，陈春声列举了一批相关记载，涉及沿海乡民通倭贸易之事。例如在饶平县东里一带，有记载曰：

> 海滨独信宁都黄芒诸村尤为僻远，居民接济番舶，劫掠行舟，遇荒尤甚。尝拒敌官军，势甚猖獗。①
>
> 宣德元年（1426），倭夷犯上里……通事刘秀勾引倭舟入泊于港湾，威召各村各里之保长，赴舟领货，名曰“放苏”。邻村皆靡然从之，遂以肆掠。②

嘉靖《潮州府志》卷1《地理志》也记述东里一带“暹罗诸倭及海寇常泊巨舟为患”，其原因有三：

> 一曰窝藏，谓滨海势要之家，为其渊薮，事觉辄多方蔽护，以计脱免。一曰接济，谓黠民窥其乡道，载鱼米互相贸易，以瞻彼日

① 嘉靖《广东通志》卷66《外志三·海寇》，第1731页。

② 陈天资编修《东里志》卷2《境事志·灾异》，饶平县地方志编纂委员会办公室校订注释本，2001，第50页。

用。一曰通番，谓闽粤滨海诸郡人驾双桅，挟私货，百十为群，往来东西洋，携诸番奇货，因而不靖，肆抢掠。①

《潮中杂记》卷10《国朝平寇考上》记载嘉靖十八年（1539）招抚海盗安插于信宁都即东里一带事：

饶地滨海，独信宁都黄芒诸村僻远，居民恃险为恶，接济番舶，劫掠行舟，势甚猖獗。郡邑白监司，议与兵剿之。雍某倡议招抚，檄知县罗胤凯亲入其乡，置社学、立保约，择其弟子十余人聚于邑庠，盗贼日消，习俗稍变。②

陈春声还引用了其他县的例子说明他的论点，兹不赘引。陈博翼撰文证明，这一现象在福建沿海也广泛存在。陈氏所引明人许孚远《疏通海禁疏》如下：

据海澄县番商李福等连名呈称"本县僻处海滨，田受咸水，多荒少熟，民业全在舟贩，赋役俯仰是资。往年海禁严绝，人民倡乱，幸蒙院道题请建县，通商数十年来，饷足民安……通行各省禁绝商贩，贻祸澄商。引船百余只、货物亿万计，生路阻塞，商者倾家荡产，佣者束手断飧，阖地呻嗟，坐以待毙"等情，批据漳州府海防同知王应乾呈称："……东南滨海之地，以贩海为生，其来已久，而闽为甚。闽之福、兴、泉、漳襟山带海，田不足耕，非市舶无以助衣食；其民恬波涛而轻生死，亦其习使然，而漳为甚……彼其贸易往来，籴谷他处，以有余济不足，皆小民生养所需，不可

① 嘉靖《潮州府志》卷1《地理志》，第33b—34a页。

② 郭子章：《潮中杂记》卷10《国朝平寇考上》，香港潮州商会影印万历本，第6b—7a页。

因刖而废蹙者也。"①

这一段疏文有四层意思。其一，海滨田地多荒少熟，不事贸易无法完纳田粮。其二，福建沿海各府田不足耕，非外贸不足以维持生计。其三，海禁导致海澄县海商损失巨大，商家、佣者生计艰难。其四，禁海民乱，通商民安。

兹逐一讨论如下。

其一，将外贸与田赋相联系，应当是漳州海澄之民的策略，以此赋予外贸活动合法性。同时说明海上贸易之人，其实也是陆上田赋的承担者。从这一点看，他们当然是"编户齐民"。

其二，漳州与潮州毗邻，两府地形相同，环境相同，田不足耕也一定是潮州滨海地区的困境。明代初年，在漳州府长泰县，田亩饱和度已经高达81.5%,② 海澄县的田亩饱和度可能略低一些。至明代中叶，则可能与表7所揭嘉靖二十一年（1542）潮州府之海阳、饶平两县田亩饱和度相当。这意味着，无论是漳州滨海还是潮州滨海，明代中叶的田亩饱和度已经很高，可供开垦的田地不多，没有战争造成的破坏，不可能接纳外来人口。

这样，上文所引嘉靖十八年招抚饶平信宁都黄芒诸村海盗，"置社学、立保约，择其弟子十余人聚于邑庠，盗贼日消，习俗稍变"一句就值得怀疑了。在他们的生计没有得到解决时，仅凭教化就能使他们弃恶向善？

其三，潮州府动乱中的海船动辄数百条，与其说是渔船，不如说是商船。从上文所引资料看，大批船只焚毁，造成的损失巨大，商家及佣

① 许孚远：《疏通海禁疏》，《皇明经世文编》卷400《敬和堂集》。文见陈博翼《明代中后期东南寇盗与地方社会秩序》，温春来主编《区域史研究》2020年第1辑，社会科学文献出版社，2020，第88—108页。

② 参见曹树基《客家的国内移民》第二章，表2-1。

者生计全失。

其四，中央政府的海禁与地方官员的开放海禁，形成了明代中叶海洋政策的紧张。在同一文中，许孚远还强调："夫沿海居民凭借海滨，易与为乱，往者商舶之开，正以安反侧，杜乱萌也。乃今一禁，彼强悍之徒俯仰无赖，势必私通，继以追捕，急则聚党遁海，据险流突。"① 中央政府海禁政策下的"海寇"，却是地方官员眼中的"商者"。彼为海寇，此为海商。海寇之多，在于海商之多。姑且不论商人和海寇的转化问题，从地方政府的角度来看，禁海有悖于地方秩序的逻辑。地方政府缉捕私通，增加了军事及行政开支，其军费与行政开支的增加，又仰赖于商业税收。此外，地方政府之抗倭也仰赖商人的情报，关于这一点，许孚远在《疏通海禁疏》一文中还有论述，兹不赘引。

顺治《潮州府志》卷7《兵事部》记载嘉靖三十二年（1553）饶平海寇许朝光杀许栋而尽领其众，"分据潮阳牛田洋，算舟征赋"。许朝光的这一行为，明显是从当地政府那里学来的。作为证明，许孚远《疏通海禁疏》叙述如下：

> 漳南沿海一带，守汛兵众数千，年费粮赏五万八千有奇，内二万则取足于商税，若奉禁无征，军需缺乏，势必重敛于民，民穷财尽，势难取给。

据此可知，通番商税用于军需，所以不见于地方志。这里的"五万八千"与"二万"，应指粮米之石。据嘉靖《潮州府志》卷3《田赋志》，嘉靖年间潮阳县夏税与秋粮共52840石，饶平县夏税与秋粮共23010石。据此可知，漳南沿海的汛兵耗费多达潮州一个大县的田赋总额，所收商税相当于一个潮州中等县的田赋总额，不可谓不多，不可谓

① 许孚远：《疏通海禁疏》，《皇明经世文编》卷400《敬和堂集》。

不重要。

4. “白图”与商税

嘉靖《潮州府志》卷4《祠祀志》有“宋侯祠”条，提到正德、嘉靖年间知县宋元翰的政绩时，涉及“粮里”“民里”，其文如下：

> 潮之版籍独异他郡，有粮里、民里之别，异时粮里例出马，每里以日为次，不复计其户粮多寡，恒苦于偏重，民里之出夫也亦然，然县之民里不当粮里四十分之一，而夫常十九，马十一；合一县丁粮通融均派，贫民岁役不过四日，得以归农。[①]

编为“粮里”者，除了承担田赋外，还要为政府提供力役，只不过他们提供的力役是马匹；而编为“民里”者，只需提供夫役，即人力之役。一个“粮里”之中，如一年额定提供十日之马，里民依次提供，而不论其承担田赋的多或少。“民里”提供力役也是如此。最重要的是，这一记载称“民里”很少，“不当粮里四十分之一”。

以潮阳为例，析置新县之前，全县大约有40个“粮里”，而“民里”只有1个。据隆庆《潮阳县志》卷6《舆地志·乡都》。在析置惠来与普宁两个新县之后，潮阳县全县只剩10都。每都若干里，其中分为粮里与民里：

> 按十都之图不一，其里长亦有粮里、民里之分，如县廓九图即粮里六人，民里三人，后复增民里七人，别自为图，号曰附廓，盖新都也。峡山十九图，则粮里六人，民里十三人；黄陇十一都则粮里三人，民里八人……[②]

① 嘉靖《潮州府志》卷4《祠祀志》，第12a—13a页。
② 隆庆《潮阳县志》卷6《舆地志·乡都》，明隆庆刻本，第13b—14a页。

全文很长，兹不全引。所谓“六人”“三人”就是六里、三里之意。合而计之，是时潮阳县共118里，其中43个“粮里”，75个“民里”。据此可知，嘉靖年间，潮州府“民里”大量增加。

顺治《潮州府志》卷2《赋役部·都图考》称：“粮为里长，民为税长，白图为夫长。”多出了一个前所未有的“白图”以及“白图为夫长”的解释。嘉庆《澄海县志》卷8《都图》解释说：

> 邑七都，所领七十八图，今止存五十八。盖迁斥展复之后，乡里散失逃亡，所以有白图之名。其所谓粮里、民里者，粮为里长，民为税长；里长收粮，税长催征。其诸需用夫役供给杂费等项，皆由里甲派出，名曰日生。康熙三十年日生奉裁，粮税皆归官收票，着图差催纳，而粮里、民里之设尽罢。[①]

顺治《潮州府志》记载澄海有94图，这里说的是从78图减为58图，说明图之裁革一直在进行中，直到康熙三十年（1691）粮税征收改为收票制，粮图、民图才全部取消。这里将“里长”即“粮长”职能解释为“收粮”，将“民长”即“税长”职能解释为“催征”，意思是“民长”将“催征”得来的田粮交到“里长”即“粮长”处。其意远不及上引嘉靖《潮州府志》卷4《祠祀志》给出的解释清晰明确。

“迁斥展复”所指应当是康熙三年至康熙八年的迁海与展界，迁界以后出现“白图”的说法是不对的，因为，早在顺治《潮州府志》卷2中，就已经有了“白图”。虽然将“白图”解释为“乡里散失逃亡，所以有白图之名”非常勉强，但既然有之，就一定与“粮里”“民里”不同。兹统计潮州府各县的“粮里”、“民里”与“白图”（见表9）。表9显示，有“白图”的两县分别为饶平与澄海，且分别有39图与35

① 嘉庆《澄海县志》卷8《都图》，嘉庆二十年（1815）刻本，第6a页。

图。饶平“白图”占全县图数的59.1%，澄海“白图”占全县图数的37.2%，令人联想起被革除的夏岭24村，不赋不役，一片空白。事实上，饶平与澄海并没有如此多的被革除之里，因此，令人推测“白图”可能是纳商税之里，其里民既不纳田赋，也不服力役。只是至清代，“白图”的这一性质被人遗忘了。

表9　潮州府各县的粮里、民里与白图

县名	总里数（个）	粮里（个）	民里（个）	白图（个）	粮里比值	民里比值	白图比值
海阳	68	43	25		0.632	0.368	
潮阳	118	43	75		0.364	0.636	
揭阳	80	20	60		0.250	0.750	
程乡	13	13			1		
饶平	66	13	14	39	0.197	0.212	0.591
惠来	30	30			1		
大埔	20	20			1		
平远	4	4			1		
澄海	94	14	45	35	0.149	0.479	0.372
普宁	14	14			1		
镇平	4	4			1		
合计	511	218	219	74	0.427	0.429	0.145

注：揭阳县梅冈都共9里，分项统计时却有10里，本表减去1个“粮里”。另外，海阳、潮阳两县之“城坊”，均计入“粮里”。

资料来源：顺治《潮州府志》卷2《赋役部》。

5. 小结

滨海居民因农业资源匮乏，便有渔业与海外商业之补助，他们除了交纳田赋之外，还可能交纳渔税与商税，甚至有可能出现专门的只交商税之图。在这个意义上，他们不是“化外之民”，而是编户齐民。

五　氏族中的移民史

在新修地方志或氏族类著作中，迄今为止，找到新修《平远县志》、

《惠来县志》与《大埔县氏族志》三种。由于《大埔县氏族志》的记载特别复杂，留待将来论述，本节只讨论平远、惠来两县的移民史。

1. 平远的人口迁入

新修《平远县志》中记载了 20 个姓氏共 38 个氏族的源流及人口(见表 10)。其特点之一，在记迁入朝代的同时，还记载代数；也有许多只记代数者，不记朝代。其特点之二，在记载各支氏族人口的同时，还记载该姓氏全县人口。

表 10 平远县 38 个氏族源流与人口

时代	福建（个）		广东（个）		江西（个）	不详（个）	合计（个）	1988 年人口*（人）	比例（%）
	宁化及汀州	其他	梅县	其他					
南宋	1		1		1		3	17060	10.4
元代			1	3	1	1	6	23000	14.0
元末明初		1		2			3	13500	8.2
洪武年间	3				1		4	32600	19.9
明中叶	6	1	7	1		1	16	46700	28.5
明后期	1		1		2		4	30900	18.9
清初			2				2		
合计	11	2	12	6	5	2	38	163760	100.0

* 指左列各时代迁入氏族在 1988 年的人口数。

注：“宋末元初”迁入的丘氏，作“南宋”末处理。“明初”迁入的吴氏与王氏，作“洪武”处理。“清初”迁入的 2 个氏族无人口数据，弃之。

资料来源：《平远县志》，第 683—689 页。

关于“代”数。这是依据族谱所载，依字辈算出的结果。一般情况下，代数越多，时间越长。但也有例外，如陈氏将明正统年间迁入的记为 25—26 代，将清乾隆年间迁入台湾者记为 23 代。笔者怀疑迁入台湾的已是第 12 代，而迁入台湾后只传了 11 代。如上举乡虎踞村陈氏，“于清朝初年从梅县古塘坪迁来，始祖为 13 世启达，已传至 24 世”，实际上，迁入以后只传了 11 代（24-13）。于是，表 10 主要依朝代确定时间，对于仅记代数的，则进行了规范化处理。兹将传至25—28代者视为明初迁入，20—24代者视为明代中期迁入，18—23代者视为明代后期迁入。

关于氏族人口，本文的处理方式可以林、刘、谢、姚、张等五姓为例说明之。如林氏，《平远县志》记曰：

> 林有两大系，一为始祖彦英、彦常兄弟，于明朝洪武年间，自福建上杭县仙水塘迁来平远东石，已传至26世。彦英后裔聚居于东石镇中心地带和茅坪乡扁坑、中心坑、锅笃、白水礤等村和泗水乡，其中东石2000余户1万余人，占东石镇总人口的43%；茅坪1000余人，传至24世；泗水860余人，传至29世。彦常后裔在东石者分居于东石圩后的钩镰形和石岩前偏东的龙头石，另一部分居河头乡，分布于河清、双溪等村及田心村青山寨，已传至24世。
>
> 另一系为始祖旺绪，由本省电白县迁来大柘，已传至28世，有3000余人，分居于天褒楼、径门口、梅东、车上、黄沙等村。另一部分居仁居塔下、坝头河陂水，均四五百人。
>
> 超竹林姓始祖厚，从蕉岭县迁来，居住于坪里村，已传至27世，有600余人。
>
> 全县林姓2.12万人，占总人口的9.5%。①

平远县的林氏其实有三大系，一为从福建上杭迁入之彦英、彦常兄弟，一为从电白县迁入之林氏，一为从蕉岭县迁入之林氏。林氏各支中，唯有彦常的后裔没有统计数据。1988年各支合计人口16360人（10000+1000+860+3000+900+600），距离全县林氏2.21万人差5740人，这一数据应当是彦常之后裔。故将彦英、彦常之后统计为17300人。

① 《平远县志》，第684页。

如刘氏五支，5 支合计人口 14860 人（4200+2300+2800+2200+360+2000+1000），1988 年全县姚氏为 1.92 万人，余 4340 人（19200-14860）不知出自何支，表 10 不予统计。

如谢氏三支，第一支开基祖乐粤，从汀州迁入差干乡，24 代，1988 年有 7040 人，占全乡人口的 94%。乐粤之孙分迁上举乡，传 23 代，但未记人数。第二支自丰顺县迁入，传 21 代，有近千人。第三支由梅县迁蕉岭再迁平远，传 23 代，有 800 余人。谢姓三支合计人口 8840 人，缺了上举乡谢氏人口。《平远县志》又记全县谢氏 1.52 万人，将繁衍了 23 代的上举乡谢氏定为 6360 人（15200-8840），是合适的。

如姚氏，元代初年致仕居程乡，原籍不明，传 28 代，散居于大柘、超竹、中行、河头、石正等乡。大柘为姚氏最集中之乡，1988 年有人口 8200 余人。超竹乡传至 28 代，有 3200 余人。全县姚姓 1.52 万人，实际上包括了居住在中行、河头、石正等乡的姚氏。姚氏人口统计为 1.52 万人。

如张氏三支，前两支分别自福建龙岩与江西白埠迁入。从龙岩传入者，号称明代中叶，却有 29 代。明末从蕉岭县迁入者，号称 28 世。世代与朝代明显不符，估计调查者已经将调查时这两支的最晚出生世代计入，而对于其他姓氏，则可能记载成年人之辈分。表 10 采纳其朝代，对于记为迁入 26 代的第二支，亦以"明末"迁入处理。1988 年两支人口合计 1.21 万人，第三支未记人口，全县张氏 1.51 万人，姑且将第三支人口定为 3000 人（15100-12100）。

在兴宁，明代中后期迁入的人口后裔占 1949 年人口不足 10%，[①] 而在平远，则占到了 47.4%。很显然，明代中后期大量人口迁入平远，与嘉靖四十三年（1564）析置平远县一事有关。

在梅县的 33 个氏族中，除 1 族北宋迁入，7 族南宋迁入外，其余皆

① 曹树基：《客家移民的国内迁移》第三章。

自称宋末元初迁入。在兴宁县，全部氏族的45.6%迁自北宋及元代，35.3%迁自元末明初及洪武年间。而在平远县，明中后期迁入的氏族占全部氏族的47.4%。由此可见，明代中叶人口的迁入促成了平远县的建县。

1949年平远县人口10.6万，1988年22.3万；[①] 1949年人口是1988年人口的47.5%。以此比例，可以将表10中的1988年人口转化为1949年人口，并设各氏族迁入人口户均5人，计算得出各氏族从迁入时间至1949年的人口年平均增长率，详见表11。

表11 平远县36个氏族人口的增长

迁入年份	时代	始迁人口（人）	1949年人口（人）	经历时间（年）	年平均增长率（‰）
1270	南宋	15	8104	679	9.3
1320	元代	30	10925	629	9.4
1368	元末明初	15	6413	581	10.5
1393	洪武年间	20	15485	556	12.0
1500	明中叶	80	22183	449	12.6
1580	明后期	20	14678	369	18.0

资料来源：《平远县志》，第683—689页。

对兴宁县数据也进行了同样的处理，[②] 并排除明代后期4个人口奇少的氏族后，兹将兴宁与平远两县的氏族年平均增长率的变化展示如图2。

在这两个县中，迁入时间越晚的氏族，其人口年平均增长率越高。这说明，迁入时间越晚的氏族，其人口发展过程中所遭遇的战争、灾荒、瘟疫与对外移民越少，其人口的增长速度越快。将两县相互比较，平远县建县时间晚，其氏族人口的年平均增长率较高。

这一结论，本来也是笔者对湖南人口变动的基本归纳。唯有一点不

① 《平远县志》，第94页。

② 1949年兴宁县人口48.5万，1985年94.4万，1949年人口为1985年人口的51.4%（48.5/94.4），见《兴宁县志》，第137—138页。

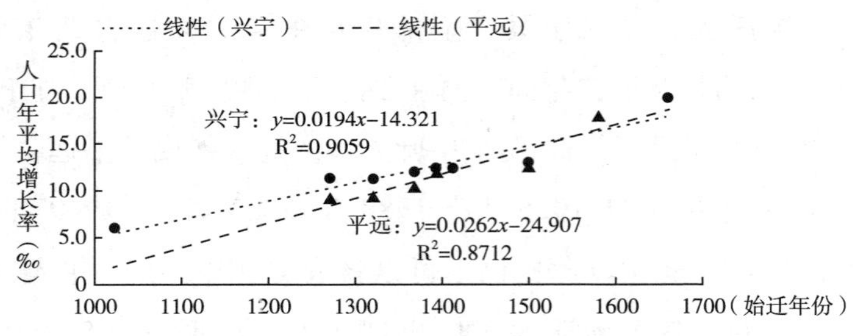

图 2　兴宁、平远两县氏族人口变动比较

资料来源：《平远县志》，第 683—689 页；《兴宁县志》，第 137—138 页。

同的是，在兴宁与平远，影响氏族人口增长的因素还要增加人口的对外迁移。在兴宁与平远两县，越是迁入时间早的氏族，对外迁移的人口越多；越是迁入时间晚的氏族，对外迁移的人口越少。

将两县的数据进行比较，从图 2 来看，似乎兴宁的氏族人口增长速度稍快于平远。其实不然。这是因为，兴宁的数据是以全县姓氏为单位的，而平远的数据则是以氏族人口为单位的。兴宁的数据有可能忽略掉一些氏族，从而导致人口增长率偏高。笔者更相信两个县不同时代迁入的氏族自始迁年份至 1949 年的人口增长速度是相同的。

2. 惠来的人口迁入

新修《惠来县志》以村为单位，详述姓氏之由来，取其可靠者，共计 100 个氏族。此外，由于有些数据涉及两个姓氏于不同时期迁入一个村庄，且人数上未做区分，故排除不用。又因康熙及康熙以后的 5 条数据存在问题，亦弃之不用，最后得到 95 个氏族的数据。

每个氏族始迁人口设为 5 人；如有两个姓氏同时迁入，则设为 10 人，依此类推。《惠来县志》记载了各氏族 1986 年人口，已知从 1949 年至 1987 年，惠来人口增加了 1.53 倍，① 由此获得各氏族 1949 年人口。设经历年份 = 1949 年 - 始迁年份，可求得从始迁年份至 1949 年人

① 《惠来县志》，第 113 页。

口年平均增长率。

新修《惠来县志》记载的氏族迁入时间，要么定位于某年，要么定位于某帝之年号，较之以前所读类似资料，过于准确。如谢氏从潮安（即海阳）迁入，时间为北宋大中祥符六年（1013）；如吴氏，南宋嘉定年间从莆田迁来。此类文献一般记为北宋或南宋，或记为迁入某某代。笔者怀疑该时间是调查者根据族谱中的代数推算得出的，而不是族谱记载的具体年份。由于不知《惠来县志》作者代数转换原则，所以无法做进一步的数据处理与加工。

对于这一套数据，笔者心生好奇，尝试计算各个氏族的人口年增长速度，以检验这一数据的可靠性。图 3A 排除了 8 个人口不满 200 人的氏族，这是因为，小氏族因人口数量少，其人口增长速度的偏快与偏慢会导致方程的失真。图 3B 则将所有同一年份的数据合并，共有 7 个小族并入大族，余一小族不予排除。两图显现之人口增长规律相差不大，比较而言，图 3B 更为准确。

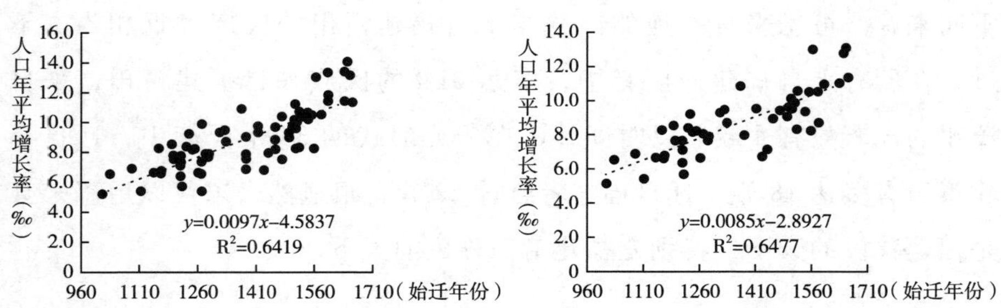

图 3A　惠来各氏族人口的增长速度　图 3B　惠来各氏族人口的增长速度（合并数据）

资料来源：笔者自制。

图 3A 与图 3B 显示出这样一个规律，一个氏族的迁入时间或定居时间越早，至 1949 年的人口年平均增长率越低。这是因为，一个氏族迁入或定居的时间越长，所经历的灾难越多，人口的年平均增长速度就越低。

表12统计了不同时代迁入的氏族以及各个时代迁入氏族1949年的人口及其比例，可见惠来县的人口主体是南宋时代迁入或定居的，其次则为明代。明代迁入或定居的氏族并不集中于某一时段，故不展开。

表12　不同时代惠来县氏族迁入数及1949年人口

时代	氏族数（个）	1949年人口（人）	1949年人口占总人口的比例（%）
北宋	4	5893	6.5
南宋	24	44032	48.5
元代	6	9730	10.7
明代	57	27626	30.4
清代	9	3583	3.9
合计	100	90864	100.0

资料来源：《惠来县志》，第104—109页。

表12显示，惠来县的100个氏族，1949年共有人口约9.1万，是年全县人口29.3万，表中统计的100个氏族人口占全县人口31.1%（9.1/29.3），已有足够的代表性。此外，表13统计了不同时代氏族的不同来源。可见来自本地的氏族与来自福建莆田的氏族大抵相当。不过，在所有来自福建地区者中，多达61%的氏族来自福建莆田，来自漳州的氏族只有4族。以时间计，在宋元时代的34个氏族中，迁自福建莆田者多达18族，迁自福建者合计22族，很显然，宋代以后惠来县是福建移民的天下，特别是福建莆田移民的天下。

表13　惠来县氏族的来源

单位：个

时代	本地	福建			其他或不详	合计
		莆田	漳州	其他		
北宋	1	3				4
南宋	4	13	2	2	3	24
元代	3	2			1	6

续表

时代	本地	福建			其他或不详	合计
		莆田	漳州	其他		
明代	21	18	2	14	2	57
清代	6			3		9
合计	35	36	4	19	6	100

资料来源：《惠来县志》，第104—109页。

宋元时代来自福建莆田的移民已经构成惠来县居民之主体。这样一来，我们就可以理解表8中所揭嘉靖四十一年（1562）惠来高达71.1%（21.6/30.4）的田亩饱和度。鉴于明代移民迁入的渐进性，所以，惠来析县并不意味着一个新的垦殖时代的到来。

3. 小结

本文的第一作者曾以氏族志分析湖南相关县份的氏族迁移，将氏族迁移转化为人口迁移。①这一方法论在潮州府得到了新的论证。比较兴宁与平远两县，越是迁入时间早的氏族，对外迁移的人口越多；越是迁入时间晚的氏族，对外迁移的人口越少。潮州地区的氏族人口分析，进一步证明了氏族迁移记忆与文献记录的可靠性。迁入时间越晚的氏族，其人口发展过程中所遭遇的战争、灾荒、瘟疫与对外移民越少，其人口的增长速度也越快。同时，基于氏族志的人口分析，能与基于纳税田亩的田亩饱和度相互印证。在惠来的例子中，宋元时代来自福建莆田的移民构成了惠来县的人口主体，因此到嘉靖年惠来析县时田亩饱和度已经高达71.1%，说明此前惠来的移民开发进程已经接近尾声。

结　论

本文通过对潮州府各县县域、户口、田亩、田赋等一系列数据的重

① 曹树基：《湖南人由来新考》，《历史地理》第9辑，上海人民出版社，1990，第114—129页。

建与计算，求出明代初期各县的人均田亩与田亩饱和度。从洪武时期的户口、人均田亩与田亩饱和度，可以推断出真实的人口、赋役与真实人口的关系，以及移民迁入的时间。

本文证明除程乡县析置的平远、镇平，以及从海阳县（饶平）析置的大埔县外，明代的其他各县并不存在大规模接纳外来移民的可能性。明代中期滨海地区的大量析县，并不是移民迁入的结果，而是战乱之后政府加强控制所致。普宁的情况说明，过低的田赋也可能是政府析县的缘由，因为析县可以增加田赋的收入。

从平远、普宁两县情况看，潮州府北边山区人口的主体来自宋元时代的闽西山区，而普宁及滨海地区，其人口主体则应来自宋元以来的漳州沿海地区。

潮州沿海地区一直存在农业、渔业与外贸等三种主要产业。“贼巢”中的居民，如果不缴纳田赋，就可能缴纳渔税或商税，或者一人身兼多种身份，同时缴纳多项税收。在潮州沿海，甚至有可能出现专门缴纳商税的社区。类似的情况也出现在福建沿海。在制度层面上，从明初开始，就不存在不纳赋税、不服徭役的“化外之民”。

晚清徽州农工中的性别与身份*

——以黟县汪氏账簿为核心的研究

彭凯翔　陈甜甜**

摘　要　本文以晚清黟县四都汪氏文书中的工账为核心材料，对传统农村的农工雇佣进行分析。首先，考证该账为兼营农业与养殖业的经营地主汪佛金所记，并能与汪氏的苗猪账、石灰发单、书信等一系列文书相匹配。其次，基于账簿中的工种记录考察了当地农业生产的节律及相应的雇佣活动，并通过分类统计说明女性在各种农工的雇佣中都占有相当高的比例，而且男女雇工的工资并无明显差别。凡此均大大突破了现有文献的认识。同时，本文也表明，租佃等稳定的社会经济关系和亲友对汪氏开展日常雇佣活动具有重要的意义，商业化和互惠关系在汪氏的经营里是统一的。

关键词　农业雇佣　身份　性别　商业化　农业工资

引　言

传统农业生产中的劳动是如何组织的？这是理解传统农业经济的一个基本问题，也是讨论农家经营模式的出发点之一。对于清代至近代的

*　本文系国家社会科学基金项目（21&ZD078、20&ZD064）阶段性成果。感谢刘伯山、徐斌等先生的指正。

**　彭凯翔，武汉大学经济与管理学院教授；陈甜甜，河南大学经济学院硕士研究生。

中国农村，一个粗略的答案或许是南方租佃较多，北方自耕较多。[①] 然而，无论租佃还是自耕，都不能完全解决农业的劳动配置问题。在华北，规模达到一二百亩的经营式农场即不能不主要依赖雇佣劳动，尽管因为雇工经营农场的利润抵不过“与高利贷和商业结合的地主制”，这种经营式农场被认为与资本主义经营的理想还有相当距离。[②] 即使是小规模的农户，也需要通过换工、搭套等方式来应对季节性的劳动投入波动、牲畜及农具的共用等问题。[③] 在南方，亦有不少地主的经营规模超过了自耕的限制。以徽州为例，以劳役方式为特征的佃仆制就曾被用于山场开发等经济活动，商业发达的徽州甚至也因佃仆制的残存而被称为“坚持落后生产关系的顽固的封建堡垒”。[④] 近代苏南则存在一些“种田大户”，他们既租入土地，也适当雇佣农工，来实现较优规模的土地和劳动组合。然而，这类农户的比例较低，又引发对租佃与雇佣这两类要素市场之效率的怀疑，甚至和华北类似，把人们重新拉回到对社会性质及阶级分化的讨论中去了。[⑤]

与此同时，对雇佣及租佃活动本身的研究却不太支持在社会性质上下过强的结论。罗仑、景甦对晚清山东农工雇佣习惯的调查提供了农工雇佣程序方面的宝贵资料，所反映出来的雇佣关系基本上可认为是一种合约关系。[⑥] 赵冈、陈钟毅则进一步论称，中国历史上的雇佣劳动者素来就享有高度的自由，并以此为中西历史的一大分别。[⑦] 基于工资的实证研究更发现，在20世纪30年代的东北，工资作为配置农业劳动力的

① 〔美〕卜凯：《中国土地利用》，台北：台湾学生书局，1985，第236页。

② 黄宗智：《华北的小农经济与社会变迁》，中华书局，1986，第177—187页。

③ 〔日〕内山雅生：《二十世纪华北农村社会经济研究》，李恩民、邢丽荃译，中国社会科学出版社，2001，第125—148页。

④ 叶显恩：《明清徽州农村社会与佃仆制》，安徽人民出版社，1983，第106—111、299页。

⑤ 曹幸穗：《旧中国苏南农家经济研究》，中央编译出版社，1996，第160—162、232—233页。

⑥ 罗仑、景甦：《清代山东经营地主经济研究》，齐鲁书社，1985，第130—159页。

⑦ 赵冈、陈钟毅：《中国经济制度史论》，新星出版社，2006，第216页。

价格机制是有效的,[①] 近代北京则存在跨部门、跨城乡的雇佣市场整合,[②] 清后期浙江石仓农村内部不同工种的工资亦是趋于一致的。[③] 另外，关于租佃，近年的研究亦表明，包括租佃在内的地权交易可以在产权合约的逻辑下得到解释，而不必借助于阶级的逻辑。[④] 可能的修正只是在于，道义经济的权衡或交易方经济水平的差异在一定程度上会制约地权交易的自由。[⑤]

家庭内部的劳动配置问题同样引起了众多的探讨。在人地比例不断降低的背景下，更重要的是采用劳动更加密集的生产方式，让边际生产率已经下降至糊口线下的家庭劳动力能用更多的劳动来弥补生产率的降低。对于这种“内卷化”的劳动模式，发展经济学的“二元经济”理论有一个相似但更加形式化的阐述。“二元经济”中的传统部门本质上是一种马尔萨斯式经济体系，即劳动力的边际产出不足以维生，只能留在实行平均分配的家庭内部劳动，以获取糊口水平的平均产出。[⑥] 具体到明清以后的历史进程，家庭内部劳动中最重要的变化恰好发生在被认

① Dwayne Benjamin and Loren Brandt, “Markets, Discrimination, and the Economic Contribution of Women in China: Historical Evidence,” *Economic Development and Cultural Change* 44 (1) (1995): 63-104.

② 彭凯翔:《从交易到市场：传统中国民间经济脉络试探》，浙江大学出版社，2015，第301—313页。

③ 蒋勤、王泽堃:《清代石仓的雇工与工资（1836—1870）》,《中国经济史研究》2020年第5期。

④ 参见曹树基、刘诗古《传统中国地权结构及其演变》，上海交通大学出版社，2014；龙登高《中国传统地权制度及其变迁》，中国社会科学出版社，2018；林展、彭凯翔《风险规避、交易成本与租佃合约的选择——基于“满铁”调查的分析》,《中国经济史研究》2022年第6期。

⑤ Taisu Zhang, *The Laws and Economics of Confucianism: Kinship and Property in Preindustrial China and England* (Cambridge: Cambridge University Press, 2017)；黄天宇、李楠:《农户经营农场规模、租佃制度与农业生产率——基于历史视角的实证考察》,《经济评论》2021年第5期。

⑥ 〔日〕南亮进:《经济发展的转折点：日本经验》，关权译，社会科学文献出版社，2008，第28页；〔美〕费景汉、古斯塔夫·拉尼斯:《增长和发展——演进的观点》，洪银兴等译，商务印书馆，2014，第111页。

为不便外出的女性身上。以江南为核心的区域经济史研究反映了棉纺织业对增加女性劳动机会和提高家庭收入具有重要意义，[①] 而在徽州，茶叶采摘与加工也为女性就业开辟了渠道，[②] 它对女性经济地位的影响甚至直到改革开放初期仍不可忽视。[③] 然而，女性劳动的增长是否带来了经济上的真正改善，是否足以突破“内卷化”或马尔萨斯陷阱的限制，是否构成了全球史视野下发展道路分歧的来源，则是黄宗智、彭慕兰等人一系列争论的焦点。[④]

总之，无论是通过阶级身份还是通过性别或人口建立起来的农家“理想型”，都为一些具有早期近代或近代意义的变化所松动，更重要的是，它们无助于理解这些变化——包括变化的不同可能性。对于后一点，更有意义的是超越“理想型”，来看身份、性别、市场等不同的社会力量是如何结合在一起的。当然，如果要真正跳出各种“理想型”，就需要借助更为系统的微观资料，进入劳动的组织与配置过程进行具体的考察。以往的研究虽然也用到了农家调查这样的微观资料，但它是截面的，而且缺乏雇工以及劳动过程方面的信息，后者因此只能借助于对农书、访谈等描述性史料的解读。尤为缺乏的又当数女性劳动的史料。即使是在史料相对系统的劳动收入或工资上，在近代之前，也主要是男性的史料，女性的情况则只能以近代的一点调查来“冒险”倒推。幸

① 李伯重：《江南农业的发展（1620—1850）》，王湘云译，上海古籍出版社，2007，第147—171页。

② 邹怡：《明清以来的徽州茶业与地方社会（1368—1949）》，复旦大学出版社，2012，第228—289页。

③ Nancy Qian, “Missing Women and the Price of Tea in China: The Effect of Sex-Specific Earnings on Sex Imbalance,” *The Quarterly Journal of Economics* 123（3）（2008）：1251-1285.

④ 参见 Philip C. C. Huang, “Review: Development or Involution in Eighteenth-Century Britain and China? A Review of Kenneth Pomeranz's ‘The Great Divergence: China, Europe, and the Making of the Modern World Economy’,” *The Journal of Asian Studies* 61（2）（2002）：501-538；Kenneth Pomeranz, “Beyond the East-West Binary: Resituating Development Paths in the Eighteenth-Century World,” *The Journal of Asian Studies* 61（2）（2002）：539-590。

运的是，在徽州黟县的汪氏文书中，我们发现了较为系统的农工账，记录了一个家庭30多年的农工雇佣情形，特别难得的是其中相当比例农工为女性。它所揭示的农家经营情况，既有别于现有的各种“理想型”，也可修正文献中对徽州区域社会经济的某些认识，在这两个方面都呈现了独特的价值。

下面首先对这批材料的基本情况进行介绍，考证它所归属的农户及其家庭状况，然后对账簿所记载的农工、人物及其工资进行定量与定性考察，在此基础上讨论性别、身份是如何影响农家雇佣的。

一 工账及其背景介绍

本文所据的核心材料为《徽州文书》第1辑第2册所收黟县四都汪氏文书中的账簿。其中专门的《工账》有二，最主要者题为《光绪七年［吉］日立工账》，除去封面及留空者，凡79个页面，记录了光绪七年（1881）至光绪二十二年的农业用工情形。另一种题为《光绪十五年十二月初一日启工账》，除去封面及留空者，仅5个页面，主要记录了光绪十五年底至次年初的一次木作用工情形。它们大致上可归入所谓“工夫账”的类别，所特别者，在于工钱的支付、结算记录比一般的工夫账为详。上述《工账》之外，汪氏文书中的一份《收支账册》残件也包含了光绪二十三年至宣统三年（1911）雇工及对应收支的记录。在未特别说明时，后文所称的“工账”泛指这三种账簿。[①] 此外，在散件的账单等文书中，也有零星的雇工记录，更载有可与账簿记录对

① 它们分别见于刘伯山主编《徽州文书》第一辑（2）《黟县四都汪氏文书·清光绪七年〈工账〉》，广西师范大学出版社，2005，第288—328页；刘伯山主编《徽州文书》第一辑（2）《黟县四都汪氏文书·清光绪十五年十一月立〈启工账〉》，第392—396页；刘伯山主编《徽州文书》第一辑（2）《黟县四都汪氏文书·清光绪二十三年至宣统三年收支账册》，第460—484页。为准确起见，当文书自带的题名与编者所拟题名不一致时，正文中采用前者。后文如果只是一般性地总述上述文书时，不再赘述出处。

读的丰富信息，展现出乡土社会中人物与钱物往来的网络。凡此均增加了汪氏文书对研究农家雇工问题的价值，故俱在本文的考察范围内。

（一）记账主体

首要的问题是，谁在记账。尽管这对于理解账簿记录的性质有莫大关系，但在常见的农家账簿史料中，我们很难确定记账的人，亦难以了解其背景。幸运的是，前述工账均可断为汪佛金所记。汪佛金在该辑文书中最早出现于同治年间,[①] 是光宣年间各种具名文书中出现最频繁者。其中，数量颇多的代办苗猪结单、石灰发单以及一份银洋兑换结单,[②] 除个别例外，所开戴的收方均是佛金（除一份代办苗猪结单是开给汪佛有的）。该辑又含佛金所收的书信七通，一通为其甥王鹤龄的来信,[③] 其余六通为其子来寿的来信。[④] 另外，该辑还收有“清光绪六年至九年余棠控朱庆春、汪佛金案文书”，包括诉讼过程中的各种草状、抄呈、讼费清单等，亦当为佛金自存者。除佛金外，还有少量同时期文书的收执人为汪佛有、汪佛松等。他们看起来是兄弟，但各自经营，应已分家。颇疑在文书的收藏过程中，汪佛金家是最主要的来源，而汪氏其他家庭的文书则被零星夹带了进来。

不过，光宣年间尚有颇多账册、账单是未载明文书归属人的，又如何判断《工账》《收支账册》为佛金所记呢？一是笔迹。在一张以佛金为收方的石灰发单中，有批字“共收到六百七十三斤”，与发方笔迹迥

① 刘伯山主编《徽州文书》第一辑（2）《黟县四都汪氏文书·清同治二年桂月汪佛金立杜断典田约》，第266页。

② 刘伯山主编《徽州文书》第一辑（2）《黟县四都汪氏文书·清光绪丁亥年同丰钱号收汪佛金贷款结单》，第378页。

③ 刘伯山主编《徽州文书》第一辑（2）《黟县四都汪氏文书·清光绪年间甥王鹤龄致舅汪佛金函》，第419页。

④ 刘伯山主编《徽州文书》第一辑（2）《黟县四都汪氏文书·清末民初汪来寿致其父汪佛金书信》，第485—490页。

然不同，显为收方佛金自批。[①] 又存石灰结单一张，为收方对灰业铺户王灶喜所发石灰的小结账单，与王灶喜对汪佛金之发单恰可呼应，字迹与前述发单批字亦相类，可定为佛金自记。[②] 佛金的笔迹确定后，再将它与《工账》《收支账册》《苗猪账单》等的笔迹相比较，它们虽在墨色、粗细等方面微异，但结体、运笔等方面却基本一致，包括“嫂”作“叟”等特定写法也是一贯的，宜出于一人之笔（见图 1）。

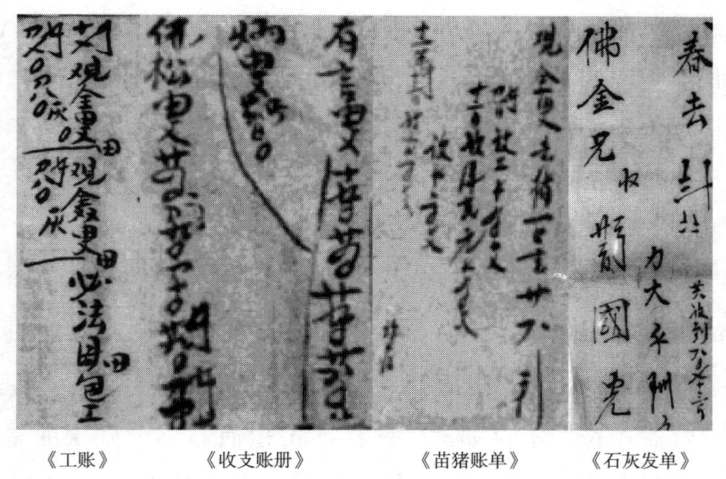

《工账》　　《收支账册》　　《苗猪账单》　　《石灰发单》

图 1　不同文书的比对示例

资料来源：刘伯山主编《徽州文书》第一辑（2）《黟县四都汪氏文书》，第 302、464、367、539 页。

二是人物关系。《工账》《收支账册》均提到了佛松嫂等人，则记账人与佛松为同辈。又，光绪七年《工账》中有多处“寿田”“寿手”

① 刘伯山主编《徽州文书》第一辑（2）《黟县四都汪氏文书·清末民初国光发石灰票十一》，第 539 页。

② 刘伯山主编《徽州文书》第一辑（2）《黟县四都汪氏文书·清末民初买王灶喜石灰结单》，第 556 页。

“寿”等批字，可见“寿”虽有自己田产，但为记账人之家庭成员，田产可一起耕种，收支亦可由“寿”经手。既由书信可知佛金与来寿的父子关系，则将“寿”解为来寿，记账人解为佛金，最为允当。《收支账册》中亦有多处来寿名下的记载，涉及代为收付银洋、寄来银信、存洋买田等，可见来寿为家庭内部成员。又，来寿的银信有由兰英自收者，[①] 兰英与来寿对记账人的存欠在一起合计，[②] 可推测来寿、兰英为夫妻。他们与父母已分家，但来寿在外，兰英居乡，故来寿所寄银信由家里转达。来寿致其父佛金的信中提到“信外另有黑线一纸，回里望室人查收”，[③] 亦与此相符。另，据一份残存的礼单知来寿弟为来取，[④] 光绪七年《工账》中练字夹页题有“汪来取”之名，《收支账册》更多次涉及来取，光绪十六年还有来取二月十二日遂安买猪、廿五日回家的记录，[⑤] 均能与佛金、来取的父子关系相对应。

三是经济关系。由苗猪结单及其甥王鹤龄来信索猪可知，养猪是佛金经营的重要业务。《工账》《收支账册》中有一些工钱批明“入猪算”或以“亥”（猪肉）相抵等，《收支账册》还有买卖猪的记录，正与佛金的营业相符。不仅如此，汪氏文书中尚有不少残缺的猪账或清单，不仅笔迹与《工账》等一致，其中还可找到与《工账》中某些“猪算”所对应的记录。如，光绪十一年立的苗猪账[⑥]载有观全嫂以工

① 刘伯山主编《徽州文书》第一辑（2）《黟县四都汪氏文书·清光绪二十三年至宣统三年收支账册之二十》，第470页。

② 刘伯山主编《徽州文书》第一辑（2）《黟县四都汪氏文书·清光绪二十四年至宣统三年收支账册之二十七》，第473页。

③ 刘伯山主编《徽州文书》第一辑（2）《黟县四都汪氏文书·清末民初汪来寿致其父汪佛金书信四》，第490页。

④ 刘伯山主编《徽州文书》第一辑（2）《黟县四都汪氏文书·清末民初礼单四》，第515页。

⑤ 刘伯山主编《徽州文书》第一辑（2）《黟县四都汪氏文书·清光绪二十三年至宣统三年收支账册之八》，第464页。

⑥ 刘伯山主编《徽州文书》第一辑（2）《黟县四都汪氏文书·清光绪十一年卖苗猪账单之一》，第367页。又，苗猪账由横幅长条折叠成册，形制上属于比较简陋的民间账折。原件并无题名，在汪氏文书内一般简称为“猪账”。

钱抵付的记录，日期、工数与光绪七年《工账》均能吻合。此外，《工账》光绪二十二年的记载[①]、《收支账册》光绪二十四年的记载，[②]均表明割谷工金粉为雇主佃户，在耕田租20砠中扣算工钱，亦可印证《工账》与《收支账册》为同一户所记。由此可以推断，猪账和苗猪结单都是佛金养猪业务的遗存，而《工账》《收支账册》亦是与之匹配的同源文书。

（二）汪佛金的家庭状况

至此，不仅可知前述账册为汪佛金所记，还可知其是既从事农业，也从事养殖业的多种经营农户。在余棠控朱庆春、汪佛金土地纠纷案里，朱庆春的呈文在提及对方当事人或“外贸不家”或为“恶吏”时，刻意强调己方的农民本色，称“现届农耕，遭冤累害”，恳请县太爷“安农保祖”。[③]至少按“士农工商”的阶层定位，朱、汪二氏应该是属于“农”的。当然，佛金的农业与养殖业规模都不小，颇合“养猪乃种田之要务”一语。[④]其田场的规模将于后文估计，其养殖则以苗猪流通为主。由苗猪结单可知，佛金经常需要通过猪行代买苗猪，一次可达三四十口甚至更多。从苗猪账单来看，这些苗猪边饲养，边转卖给乡民。以苗猪账单保存较为完整的光绪十一年为例，卖出苗猪达一百七十余口，而绝大多数买者只是买入一口，最多者也不过四口。[⑤]可见，佛金虽是最基层的苗猪经销商，可规模并不小，在当地具

① 刘伯山主编《徽州文书》第一辑（2）《黟县四都汪氏文书·清光绪七年〈工账〉之四十一》，第328页。

② 刘伯山主编《徽州文书》第一辑（2）《黟县四都汪氏文书·清光绪二十三年至宣统三年收支账册之二》，第461页。

③ 刘伯山主编《徽州文书》第一辑（2）《黟县四都汪氏文书·清光绪六年至九年余棠控朱庆春、汪佛金案文书之二十二》，第353页。

④ 姜皋：《浦泖农咨》，《续修四库全书》第976册，上海古籍出版社，2002，第217页。

⑤ 刘伯山主编《徽州文书》第一辑（2）《黟县四都汪氏文书·清光绪十一年卖苗猪账单》，第367—371页。

有堪称垄断的地位。另外，从《收支账册》来看，佛金还曾一次卖出“黄牛母子两条”，[①] 但大抵是偶一为之，并未形成规模。由于猪的饲养，佛金不时需买入糠，而在苗猪销售过程中，又因一次性现结的情形较少，导致了购销双方持续的资金往来。所以，佛金虽然是乡居的农户，却通过多种经营，与众多的乡民形成了经常性的经济联系。

不过，徽州是商贾辈出、科甲鼎盛之地，汪佛金虽然在农副业经营上颇有声色，但在徽州算不上多起眼。只要看看佛金所记的账册，就可一眼辨出他与专业商人间的差距。常见的商业账簿书写较工整，但佛金只能算粗通文墨，字迹甚至比存世徽州文书中的不少家计账还要草率，也劣于佛松等自家兄弟。唯其数字、金额的书写较熟练，简写、连笔的方式与存世徽州账簿中较精致者基本一致，亦能使用苏州码，尚可满足其经营的需要。[②] 不仅佛金如此，其子来寿的信件书写也较稚拙，别字屡出，文法多有不通，足见父子的文化水平相仿。关于晚清徽州地区民众的文化程度，绩溪县的调查言之较详，称“受学以识字为衡，而识字亦有广狭二义。以广义言之，能认识不必能解释即为受学，绩民百人中当有九十人；以狭义言之，必解识字义或能阅俗话报纸而后为受学，则绩民百人中仅有六十人”。黟县的情形与之相似，“黟之能受学者大约百人中有六七十人以上之谱，此科举时代然也”。[③] 佛金父子应该是在受学者中较靠近百分之九十那端的普通人。另可注意者，来寿以木匠为其职业之一种，[④] 而手工业者在徽州的社会

① 刘伯山主编《徽州文书》第一辑（2）《黟县四都汪氏文书·清光绪二十四年至宣统三年收支账册之二十三》，第471页。

② 汪氏文书中尚收有佚名抄珠算单，笔迹有与佛金类似处。参见刘伯山编《徽州文书》第一辑（2）《黟县四都汪氏文书·清末民初抄珠算口诀》，第499页。

③《徽州府六县民情风俗绅士办事习惯报告册》，邱志红主编、点校《清末社会调查资料丛编·初编·习惯卷》，广西师范大学出版社，2022，第617、623页。

④ 刘伯山主编《徽州文书》第一辑（2）《黟县四都汪氏文书·清末民初汪来寿致其父汪佛金书信之一》，第485页。该信中提到来寿之子在纠纷中死亡的惨剧，“身自做木匠之斧头”成为官方认定的证据，可见木匠至少是来寿的职业之一。

地位是较低的,[①] 亦证明佛金父子远未达到地方精英的标准。因此，他们的文书颇能反映徽州农村的一般情形，这在手写文献中是较为难得的。

(三)账簿形制

正因为佛金的前述背景，无论是《工账》还是《收支账册》，形制都较简陋。它们均为自制，由无栏粗纸裁作窄幅，再装订成册。记录的体例则更称不上严谨。以《光绪七年［吉］日立工账》为例，试做说明。该账是从当年的割谷雇工记起的，从闰七月初九日启工开始，逐日记载各人名下的工数，直至八月初六日停工。到八月十一日种麦启工，又如法记至八月二十八日，但其中夹有其他工种，故旁批以“牛粪”“粟”等字。到了光绪八年以后，工账不再按工种编排，改以人名为纲户，试图按首次做工的先后设立人名纲目，再在人名下记录各人在本年的历次做工，工种则在旁批注。光绪七年的记账较类似流水账，光绪八年以后则采取了商业账簿中的客户账方式,[②] 更便于给各人结算工钱。可见，在立账之初，佛金并无全盘规划，或许只是因割谷用工较多，临时起意，次年才形成较明确的记账方法。

即便如此，在具体的记录上，仍存在一些不规则之处。对于后文的分析，有如下几点是特别相关的。

第一，光绪八年以后的记账虽欲以人名为纲户，但并不彻底。由于雇工之间往往有亲友关系，有的人受雇后又由他人代工，也有数人合在一起受雇及结算工钱的，故难以按人分开。还有的人只是偶尔受雇，所

① 许骥:《徽州传统村落社会——许村》，复旦大学出版社，2013，第 183 页。据其记述，在歙县许村，“手工业者社会地位要低人一等。尽管宗族也没有明确规定不许学习手艺，但人们顾及社会舆论的压力，一般人家也不愿自己的孩子去学手艺，要学也不愿意在本地学习，也就不愿在本地从业了”。这一情形，直到民国末年才有改观。

② 苗猪账即采用客户账的形式，可见佛金是有此知识的。

以又有接在他人名下流水记录以省篇幅的情形。光绪八年更在按人记后，又专门记割谷、种麦用工，前后出现个别重复的记录。光绪十七年甚至未在该年记录开始时写明年份，这虽然不致影响记账人自己的理解，但的确是各年都未出现过的疏忽。

第二，工账对用工的记录包括人名、工数、工种、工钱各要素，唯不同要素的记录完整度不一。工种的批注主要是辅助记账人记忆，并非必备要素，时批时不批，缺载者不少。工钱收付应该有很重要的凭证意义，可是双方有时直接结清了，或记在猪账等其他文书里，就未必记在工账上。相反，有的租钱收付并不涉及工钱的抵算，与用工关系不大，但出于备忘，也随手记在工账上了。相比之下，工账中的工数登记当为可备主雇双方核对的根本证据，记录也比较严格。除个别地方的工数以数值记录外，工账采用了工夫账常见的登记方式，一工画“○”，半工则画“⊖”，一目了然。即使是在一次性包下了数十工时，也会在后面按人名、日期列表，逐日画“○”登记，具有“双方注账”的意味。①

第三，尽管工账中的工数登记较为严谨，然而工账中并不包括各年的所有用工。如光绪十一年苗猪账中记载佛顺二月做了8工，但在当年的工账中缺载。后文提到各年的用工情况颇为悬殊，亦与此有关。一种可能是有些用工当时就结清了，或者随手在散页上登记，未记入工账。另一种可能是有些年份的工账前后有残缺，只是事后装订在一起，形式上看起来是连续的。就《光绪七年［吉］日立工账》而言，光绪十二年后即为订在一起的另册，上一册的末尾很可能有缺失。至于《收支账册》，本为残本，且并非专门的工夫账，除个别年份，用工的缺载更为严重。

总之，农家账簿处理的经济关系较商业账簿简单，也较少具有长期

① 前南京国民政府司法行政部编《民事习惯调查报告录》，胡旭晟等点校，中国政法大学出版社，2005，第352、110页。其中提到黑龙江胪滨县“买卖动产，则双方注帐，并不立契”，“双方注帐”的表述甚为恰切。工账中的工数登记显然也有类似的意味。

的证据作用，故而在记录上并不如后者严格。这是在解读该类账簿时所需留意的。

二　农工的基本情形

(一)雇工时间的分布

光绪七年及光绪十五年所立《工账》记载的光绪七年至光绪二十二年雇工总数为 1457 工，其中农工（含舂米、担灰等相关的工种）1404.5 工，占绝大多数。图 2 绘示了各年所载用工的逐月（已转换为公历）分布，并标注了各年总工数。由图可见，农工的分布有很强的季节性，忙季主要为 5—6 月和 9—10 月，其他月份的工数寥寥无几，甚至有不少月份的用工数为 0。这并不算意外：工账所载为雇佣用工，由于闲季的工作可以更多地由家庭劳力来完成，雇工的季节性会相对较强。为了比较，图中还据《收支账册》绘示了光绪二十五年（1899）的用工情形。雇工开支是《收支账册》中的一部分，尽管其记录并不完整，但不限于农工，颇能一窥农工与其他用工在季节性上的区别。光绪二十五年的用工记录是《收支账册》中相对完整的，可以看到它的季节性较农工要弱很多。虽然《收支账册》的工种批注缺略太多，但 9 月的用工高峰无疑是与农工有关的，而农业淡季的月份（如 12 月）仍出现了不少雇工，则应是农业之外的木瓦等工所致。无独有偶，光绪十六年（1890）的木作亦发生在淡季的 2—3 月，均反映了非农业用工在平滑劳动季节性上的倾向。

与此同时，工账中各年的记录数极不均匀，某些年份存在很明显的数据缺失。如，光绪十九年（1893）、光绪二十年（1894），9—10 月的忙季雇工数竟然也接近于 0，可以肯定是缺载。另外，季节性并不是完全固定的。由于十多年里的气候、农业安排、地块等均有可能发生变化

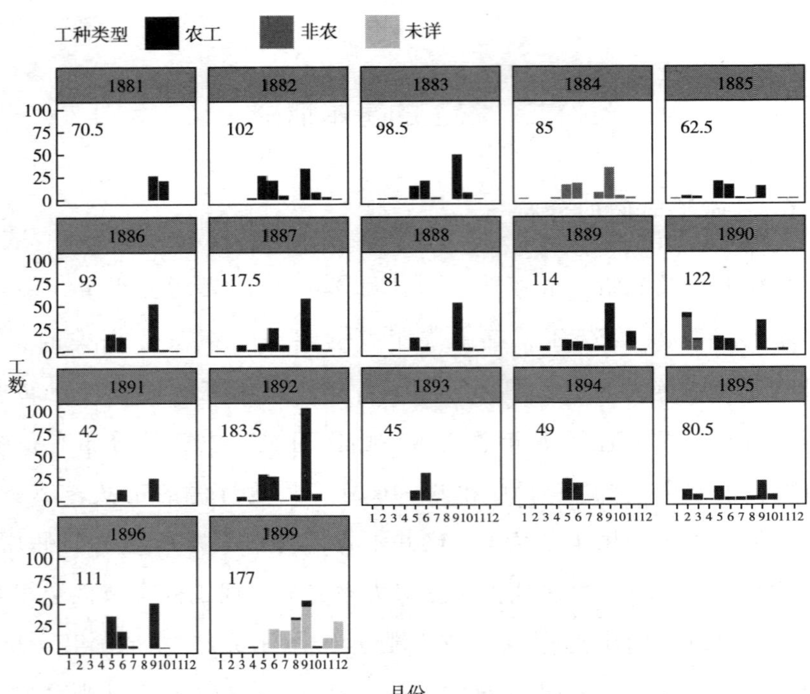

图2　各年雇工数的分布

说明：（1）为标注方便，图中的年月均已转换为公历；（2）每个框图中的数字为该年记载的总工数。

资料来源：1881—1896年数据来自《光绪七年［吉］日立工账》及《光绪十五年十二月初一日启工账》，1899年数据来自《收支账册》（光绪二十三年至宣统三年）。

或调整，不同年份的季节性用工难免有参差，有时在月度分布上表现出较大差异。以9—10月的忙季为例，主要对应于前后相连的稻谷收割（“割谷”）和种麦两道工序，它们有时跨越两月，有时则集中在9月。

（二）农工种类的分布

为了明确季节性背后具体的农业安排，图3绘示了一年里每一天不同工种的用工数量。由于数据缺失以及相当部分的用工并未注明工种，这里只是简单地将光绪七年至光绪二十二年每一日期的用工量加总，以此来反映不同日期出现的农工种类及用工量的大致量级。由图 3 可见，汪氏主要种植的农作物为晚稻，雇工最密集的工种为割谷，时间以 9 月至 10 月上旬为主。割谷之后的最重要农活即是种麦，与《易见杂字》“收割晚禾类”里“拾稗稭穑，雇人割刈……种大小麦，锄捊壅浇，盦翻冬田，农务事了”的描述一致。[①] 皖南的文献有强调一熟制者，但稻麦轮作制在黟县四都是不可忽视的。[②] 唯种麦的雇工量通常不到割谷的 1/3，尽管存在工种批注的部分缺失，仍可判断汪氏只是在部分条件合适的田地上采取了稻麦轮作制。[③] 除了麦外，菜子亦可与晚稻轮作，兼种者则有粟和豆。

稻谷不仅在收获时用工较多，初夏的插秧环节也存在较大的雇工需求。徽州当地称插秧为“莳田”，插秧前又有耕田的准备工作，插秧后则有耘田之工。[④] 工账中的批注并不严谨，有时明确为“莳田”，有时则仅批注“田”。这里因此将插秧前后的“莳田”“耕田”等大田作业以及割谷后的“犁田”“耕田”者合并为“耕田”类，以求简便，而其中最主要的工作则为“莳田”。“莳田”之际的农活，尚有麦和菜子

---

① 戴元枝：《明清徽州杂字研究》，上海教育出版社，2017，第 220 页。

② 关于南方晚稻—麦轮作的种植制度，参见韩茂莉《中国历史农业地理》，北京大学出版社，2012，第 433—443 页。但该书据方志记载，认为“皖南山区植稻基本为一年一熟”，以区别于淮北的稻麦两熟制，则与此处记载不尽相符。

③ 〔美〕卜凯：《中国农家经济》，张履鸾译，商务印书馆，1937，第 356—357 页。其中对武进等稻麦轮作制地区用工的调查表明，稻收比此后的种麦在用工上虽略高，但还是比较接近的。

④ 许骥：《徽州传统村落社会——许村》，第 158 页。关于插秧前后的农工，该书提供了较细致的描述：“每年农历的四月二十日开始就要着手耕田，耕田还包括犁田、耙田、再犁田、耖田等四步。另外，还要割田坝、油田塍、打隔坝。这些事做好后，才可以插秧。每年农历的五月中下旬到六月初，这个阶段是莳田（即插秧）。插秧时，打底的肥料是草木灰和菜籽枯。过上二七（十四天）就要开始耘田，耘时要撒石灰，除了达到杀虫、除草的目的以外，还有中和酸性土壤（本地为红壤，属酸性土壤）的作用。六月底第一遍田耘好后，再过二七（十四天），也就是在七月初就要着手耨田（耘第二遍田）。”记述时间与图 3 有别，但顺序类似，或四都地处盆地所致。

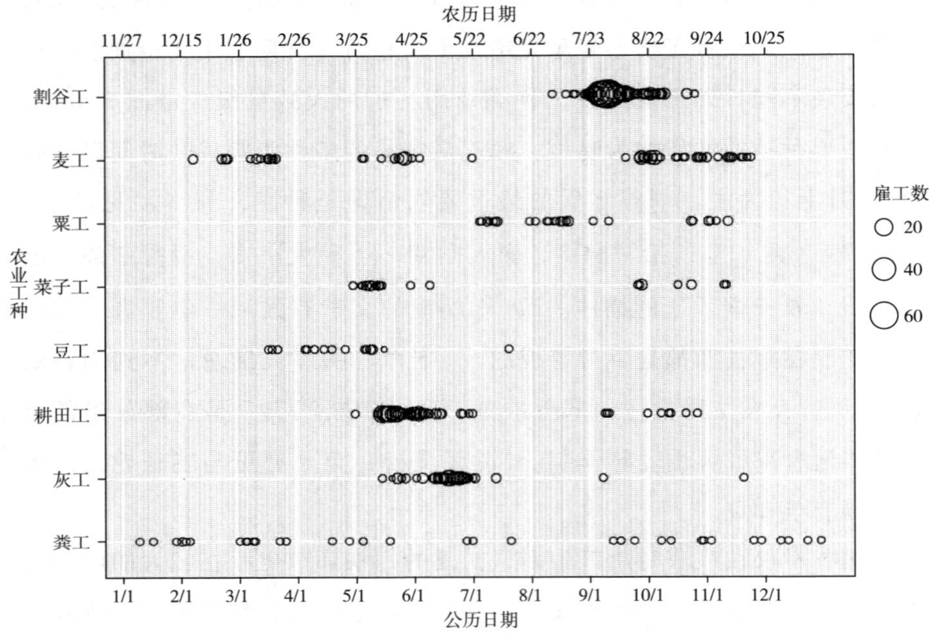

图3 各类农工的季节性分布

说明：(1) 本图统计了1881—1911年每一公历日期上不同农工的雇工数（n），以圈点的大小表示雇工数的多少；(2) 为方便对照，兹据1881—1911年公历日期所对应农历日期的中位数（不区分闰月），绘出示意性的农历日期轴；(3) 图中只绘示了主要的8种工种，其他工种只有零星记录，为省篇幅，不一一列出。

资料来源：《光绪七年［吉］日立工账》《光绪十五年十二月初一日启工账》。

的收获以及灰肥的担撒等，所以5—6月也构成了一个忙季。不过，在汪氏的农工中，春夏之际的忙季尚比不上秋季，这与一般的印象有所不同。相比于文献中讨论较多的江南，徽州地区缺乏蚕桑、棉纺之利，而采桑、摘花的劳动投入都集中于春夏之际。[①] 与徽州地区常见的农家经营情形亦不同，汪氏工账中并无茶叶种植、采摘及加工方面的雇工记

① 王加华：《被结构的时间：农事节律与传统中国乡村民众年度时间生活——以江南地区为中心的研究》，上海古籍出版社，2015，第49—52、336—337页。

录，从汪氏的其他文书中也看不出其有茶叶的产出。少了茶业雇工，上半年的忙季也就进一步削弱了。所以，虽然汪氏从事多种经营，但在种植业上却以粮为本，再以糠等粮副产品养猪，并非直接通过经济作物种植来实现商品化。这是文献中关注甚少的农家类型，但对于反映粮食种植业仍占绝对主导地位的时期内更一般的农业生产情形而言，无疑有重要的意义。

值得注意的是，在粮食的生产过程中，同样存在相当程度的商业化。以图 3 中的“灰”为例，它指的是石灰。石灰在徽州既为建筑材料，也为重要的商品肥，有杀虫、除草、防病、中和酸性土壤、提高水温等作用。[①] 现存的汪氏文书中有不少为灰行开给佛金的石灰发单，每次发灰数担至十来二十担不等，按担计算力钱。民国时期的歙县岔口村调查曾提到：“村中农人，多能肩重至远，故无事之时，为人挑担，亦颇获利。盖担夫工价之高，为他种劳工所不及也。”[②] 担灰亦属此类。光绪八年五月，佛金曾自挑灰 3 担，每担重达 130—170 斤，超过他人不少，可见其劳动能力之强。[③] 对应的，在工账中也有若干“挑石灰”、“挑灰”及“结欠灰钱”等记录，但更多的情况下只是简单地批以“灰”，按工而非担登记，属于将运来的灰施于田中的作业。王振忠发现的婺源龙尾社文书中录有康熙四十六年（1707）《酌议买灰禁帖》，描述了当地石灰多需“出境买办”的情形，并且约定于农历六月小暑后有序购买，以防“抢先争买”或“垫价争攘”。[④] 汪氏文书印证了徽州农业生产所伴随的石灰流通，不过，发单显示的买灰时间覆盖了农历正月至六月，工账中的大田施灰则集中于农历四五月。至少就佛金所处

① 王振忠：《明清以来徽州村落社会史研究：以新发现的民间珍稀文献为中心》，上海人民出版社，2011，第 73—74、101 页；许骥：《徽州传统村落社会——许村》，第 158 页。

② 吴景超：《皖歙岔口村风土志略》，《癸亥级刊》1919 年 6 月卷，第 20 页。

③ 刘伯山主编《徽州文书》第一辑（2）《黟县四都汪氏文书・清光绪八年付石灰款账单》，第 329 页。

④ 王振忠：《明清以来徽州村落社会史研究：以新发现的民间珍稀文献为中心》，第 73—74 页。

的晚清黟县四都而言，石灰流通并未受制于统一的规约，一些文献中记载的六月挑灰或施灰时间似也难以反映徽州地区的一般情形。

另一项农工“粪”也与肥料有关。除了个别为“大粪”外，基本上注为“牛粪”，此外当还有不少自给的猪粪未记账。与“灰”工不同，“粪”工中即使明确批注为挑粪工者，也是以工计，而非以担计的。这说明粪肥虽然不完全自给，但当地即可供应，经济价值不高，所以只对粪的挑施这一又脏又重的劳动计价，不单独对粪本身计价。“粪”工基本上没有季节性，冬春闲季皆有投入。这些时节的劳动力并不紧张，之所以还雇佣“粪”工，一方面是对方可能刚好有粪肥供应，另一方面恐怕也是劳动强度相对较大，家庭成员虽可偶为之，未必总能胜任。工账中还记录了一些零星的工作，如耘田时的轧草、秋收之际的车水、秋收后的挑禾草等，但均为数甚少，应是由家庭成员分任了部分。至于修理陂碣等灌溉设施，偶尔小修可自己从事，正式的兴工则应如木作之类，另有专门记录，所以在两种《工账》中并无体现，仅在《收支账册》中偶尔提到“挑石披（陂）”。[①]

（三）雇佣形式

从记录上来看，这些农工按工计数，一般每日为一工，属于临时雇请的短工。长工不需要按工计值，未必会在《工账》登记，但《收支账册》中同样没有按年或按月结算工钱的记录，所以，佛金家大概是没专门雇长工。[②] 当然，有的雇工会在一段时间频繁做工或连续工作数天，有的则是数人一起受雇。《工账》多有将若干人的数次做工合在一起结算者（勾销则以线条圈出，见图4），如果将此结算的起数作为雇

① 刘伯山主编《徽州文书》第一辑（2）《黟县四都汪氏文书·清光绪二十三年至宣统三年收支账册之八》，第464页。

② 一个例外是，光绪二十九年，雇老杨兄开荒，为按地包工，不是短工，不过也不属于按年计价的长工。参见刘伯山编《徽州文书》第一辑（2）《黟县四都汪氏文书·清光绪二十三年至宣统三年收支账册之二十三》，第471页。

佣的起数，则光绪七年至光绪二十二年的1457工实可分为294起雇佣。其中，每起内只涉及一人者为231起，另有63起兼涉多人，包括父子、母女等家庭成员一起出工，若干人结伙受雇以及做工者之间相互抵工等情形。在一起出工或受雇的情形下，工账中通常只写首人姓名，如“号朝四人”“顶恒母女”“芝清父子”之类，或者只是简单地批以“祁门二人”“江西人”等。这样，在一个户名下一个日期内的计工（这是计工的最小单位，数据整理时以此为一笔）就不一定是一工，而可能是数工连在一起。

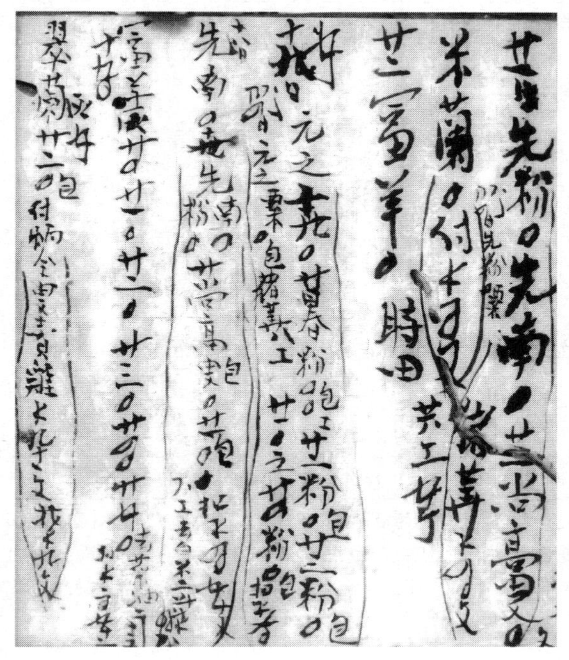

图4　光绪七年《工账》的多人结算示例

资料来源：刘伯山主编《徽州文书》第一辑（2）《黟县四都汪氏文书》，第324页。

表 1 统计了不同农工的每笔人工数。很显然，大多数情况下是单人受雇，多人受雇的情形主要出现在劳动力需求最集中的割谷环节，种麦、莳田等劳动较集中的工种中也偶有所见。在多人受雇中，主要又是亲友二人为伴，成伙雇工的笔数仍有限，但它们表明跨地区、专业化的劳动力流动已在调剂当地季节性的劳动投入中发挥作用，边际上的意义不容忽视。

表 1　各类农工的每笔工数

单位：笔

农业工种	每笔工数										合计
	0.5	1	1.5	2	2.5	3	4	5	6	7	
割谷工	16	342	1	51	1	12	14	2	1	0	440
麦工	0	73	0	2	0	1	1	0	1	0	78
粟工	2	29	0	3	0	0	0	0	0	0	34
菜子工	1	27	0	0	0	0	0	0	0	0	28
豆工	1	13	0	1	0	0	0	0	0	0	15
耕田工	1	163	0	4	0	1	0	0	0	1	170
灰工	2	106	0	6	0	0	0	0	0	0	114
粪工	0	31	0	0	0	0	0	0	0	0	31
车水等工	0	10	0	0	0	0	0	0	0	0	10
其他	3	273	0	32	0	8	5	0	0	0	321
合计	26	1067	1	99	1	22	20	2	2	1	1241

注：(1) 此处的“笔”为计工的最小单位，即一个户名下一个日期内的计工；(2)“其他”中包含未详者，从时间上来看，主要应是割谷工及麦工，所以它的分布和割谷工较类似。

资料来源：《光绪七年［吉］日立工账》《光绪十五年十二月初一日启工账》。

三　劳工构成

佛金的田产有多种产权形态，有的只是购入或典入田租，有的是置入田产再出租，还有的是自耕或佃耕（仅购入或典入田皮）的田产。

无论是自耕还是佃耕的田产，都构成了佛金自己经营的田场。不妨由割谷工数来大致推断这一田场的规模。在记录相对完整的年份，割谷工为二三十工至五十余工不等。在割谷工数较大的年份，有部分批注了“寿”“寿田”字样，应属于佛金之子来寿田上的雇工。假如一工能割谷一亩，则佛金自己经营的田场面积可达30亩。这一田场规模相比近代华北研究中的经营式田场并不算大，但略高于江南研究中“种田大户”的一般水平。按每亩每年需投入15—20工计，[①] 佛金的农场年共需工500个左右，加之忙季需集中投入，已然超出了自耕所能调配的范围，所以需要采取雇工经营的方式。同时，文书中提及的出租土地及买入的田租（相当于“田底权”）有百来砠，折成面积亦有十来亩。[②] 如不考虑产权形态，其总的田产面积接近50亩，超过土改前黟县地主30多亩的户均占有土地面积。部分是出于规模的考虑，部分是受制于置入田产的地权形态，因此佛金的土地经营是将租佃制与雇佣制相结合的。

（一）雇工中的性别

那么，佛金的田场雇工从何而来呢?《工账》中“××兄”“××嫂”“××妈”之类称谓触目皆是，则亲友熟人在其中占了相当比重。尤以女性的活跃超出了现有研究的估计，值得特别说明。表2对农工中的性别比例进行了初步估计，发现女性占比能达到1/3，而且，即使是割谷、种麦、耕田等大田作业的农工，亦基本在这一比例上下浮动。[③] 仅在粪工中，女性参与甚罕。图5进一步比较了男女雇工的季节性分布，

① 以江南的农工投入为参照，参见李伯重《中国的早期近代经济——1820年代华亭—娄县地区GDP研究》，中华书局，2010，第208页。

② 根据《明清徽州社会经济资料丛编》等所辑的土地契约，每亩载租约为10砠略低。又据《黟县志》，每亩租谷通常为100公斤左右，汪氏文书1砠约20斤，亦与每亩载租10砠相符。参见安徽省博物馆编《明清徽州社会经济资料丛编》，中国社会科学出版社，1988；黟县地方志编纂委员会编《黟县志》，光明日报出版社，1989，第150页。

③ 这里采用称谓及姓名来区分性别，在难以区分时，为保守计，按男性来统计。见表2注。

可见它们几乎是完全一致的。这再次证明女性对农工的参与度与男性是基本一致的。

表 2　雇工的结构

单位：工

农工种类	性别		身份			合计
	男	女	租佃户	非熟人	亲友	
割谷工	351 (66.98%)	173 (33.02%)	48.5 (8.60%)	133.5 (23.67%)	382 (67.73%)	564 (40.16%)
麦工	46 (51.11%)	44 (48.89%)	45 (50.00%)	0 (0.00%)	45 (50.00%)	90 (6.41%)
粟工	19 (52.78%)	17 (47.22%)	19.5 (54.17%)	0 (0.00%)	16.5 (45.83%)	36 (2.56%)
菜子工	22.5 (81.82%)	5 (18.18%)	20 (72.73%)	0 (0.00%)	7.5 (27.27%)	27.5 (1.96%)
豆工	11 (70.97%)	4.5 (29.03%)	10 (64.52%)	0 (0.00%)	5.5 (35.48%)	15.5 (1.10%)
耕田工	123.5 (70.77%)	51 (29.23%)	66.5 (36.64%)	7 (3.86%)	108 (59.50%)	181.5 (12.92%)
灰工	78.5 (65.97%)	40.5 (34.03%)	48.5 (40.76%)	0 (0.00%)	70.5 (59.24%)	119 (8.47%)
粪工	30 (96.77%)	1 (3.23%)	26 (83.87%)	0 (0.00%)	5 (16.13%)	31 (2.21%)
其他	201 (59.29%)	138 (40.71%)	66 (19.41%)	10 (2.94%)	264 (77.65%)	340 (24.21%)
合计	882.5 (65.06%)	474 (34.94%)	350 (24.92%)	150.5 (10.72%)	904 (64.36%)	1404.5 (100.00%)

注：(1) 本表统计不同类别的累计工数及其比例。工数下的括号内为对应的百分比，合计栏的比例为各工种的工数占比，其他栏的比例为每工种内不同属性的占比。(2) 性别据称谓与姓名区分。称谓含有“嫂”“妈”“母女”等女性属性者，姓名明显具有女性色彩者，定为女性，其余定为男性。对于姓名的认定，采取保守的原则，如“金女”等有女性色彩但也可能为民间忌讳等因用于男性者，以及两可者，均默认为男性。(3) 租佃户的认定据账簿中的交租记录，详见正文。(4) 农工种类“其他”中包含未详者，从时间上来看，应主要是割谷及种麦。(5) 由于伙雇者无法按性别分类，按性别加总的工数较小，右侧合计栏为按身份加总者。(6) 租佃户与亲友有交叉，这里突出特殊的经济关系，表中的亲友栏仅指无租佃关系者。

资料来源：《光绪七年［吉］日立工账》《光绪十五年十二月初一日启工账》。

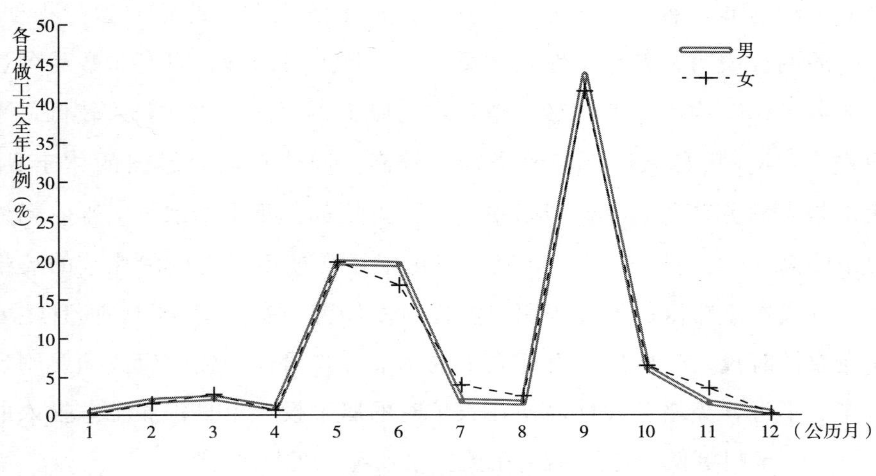

图 5　男女雇工的季节性

说明：（1）性别的认定同表 2。（2）各月的工数按 1881—1896 年分月样本数累计得到。由于伙雇者无法界定性别，所以这里的统计未包括伙雇样本。

资料来源：《光绪七年［吉］日立工账》《光绪十五年十二月初一日启工账》。

现有文献中，以江南为中心的区域史研究所呈现的是“男耕女织”的分工模式。虽然女性也参与采桑、摘花等田间劳动，但需要强调的是男性在大田劳动中的主导地位。甚至在农忙时期，女性的主要任务也只是“馌饷”之类的家务劳动。男女劳动的季节分布自然也因主副业的分流而大相径庭。① 即使是徽州地区的一些调查资料，亦对女性参与耕作的估计不高。如《皖歙岔口村风土志略》记有妇女从事的六业：择茶、养蚕、制扇、做鞋、锄草、卖菜。其中，勉强属于大田劳动的只有锄草，系“农事忙碌之时，田多之家，多雇女子为除杂草”，工价亦较他业为廉。② 已有文献中关于近代女性劳动最重要的定量资料来自 20

① 王加华：《被结构的时间：农事节律与传统中国乡村民众年度时间生活——以江南地区为中心的研究》，第 194—198 页。

② 吴景超：《皖歙岔口村风土志略》，《癸亥级刊》1919 年 6 月，第 20 页。

世纪30年代卜凯领导的农场劳动调查，被广泛用来讨论近代及之前的农业劳动情形。然而，它也可能不足以揭示清代女性的农业参与程度。卜凯的调查表明，各地女性在农场家工占比上较悬殊，只有少数县可达三成以上，平均不过14.1%。至于农场雇工中女性占比则普遍较低，平均才5.8%，只有福建惠安等个别县较高。即使在同处徽州的休宁县，无论是家庭劳动还是雇佣劳动中，女性占比都低于平均水平，唯农场外担茶略高。[①] 另外，在“大分流”讨论中经常被用来与中国比较的英格兰，近代农家账簿的研究表明，女性对农场劳动有一定参与，而且主要是在农忙时投入，所以，女性农工的季节性与男性一致，但波动要剧烈得多。不过，英格兰女性即使在农忙时的雇工投入也只占雇工总投入的17%，全年则更低，亦远不到汪氏文书所显示的水平。[②]

从这些比较来看，汪氏文书所呈现的农工性别分布是独特的，也是以往的区域史或比较史研究中未曾注意到的。对此当如何解释呢？当然，清代徽州的一个特殊性在于男性较多外出从事工商业，这使得女性需要承担更多的农业劳动。[③] 例如，黟县附近的歙县许村，许长远在东升村开有一家杂货店，他的妻子和长媳即在家中耕田种地。[④] 无独有偶，佛金之子来寿在外从事木作，其妻兰英则较多参与家中的农活。在这一风气下，女性可以承担的劳动并无太多限制，甚至包括一些重活。如汪大顺提到其“妻子作田塍，屯水存为莳秧”，[⑤] 来寿妻兰英偶尔担

① 〔美〕卜凯主编《中国土地利用统计资料》，南京金陵大学，1937，第305页；胡浩、钟甫宁、周应恒编著《卜凯农户调查数据汇编（1929—1933）（安徽篇）》，科学出版社，2020，第74—82页。

② Joyce Burnette, “The Seasonality of English Agricultural Employment: Evidence from Farm Accounts, 1740 - 1850,” in Richard Hoyle, ed., *The Farmer in England, 1650 - 1980* (Farnham, Surrey: Ashgate, 2013), p. 143.

③ 土地买卖中的类似情形已引起了学者讨论。参见阿风《明清时代妇女的地位与权利——以明清契约文书、诉讼档案为中心》，社会科学文献出版社，2009，第99—102页。

④ 许骥：《徽州传统村落社会——许村》，第148页。

⑤ 刘伯山主编《徽州文书》第一辑（2）《黟县四都汪氏文书·清道光年间禀状等抄件》，第254页。

粪亦是一例。《歙县志》中"虽女妇亦事鑁锄"的记载，应不虚。[①]

不过，汪氏工账所体现的不仅是女性对农业劳动的参与，而且是女性在雇佣劳动中的活跃。换言之，女性并不仅是因家内需要而被动劳作，也可主动到家外去获取工资收入。特别是在自家农地不足的情形下，女性可以到农地有余的家庭受雇，而非在自家农地上"过密"地投入。一个典型的例子是汪得意的妻子"得意嫂"。得意夫妇租有佛金田 28 砠，[②] 劳动力当有富余。所以，虽然得意本人仅于光绪十八年在佛金处做过几工，但"得意嫂"则常年出现在工账上。从汪氏文书来看，女性不仅雇佣超越家庭而活动，她们也在收租、做会、买苗猪等更一般的经济活动中代表家庭行事。"双全嫂""社松嫂"等出现在工账中的女性，也与佛金存在田产上的"合业"，作为产业管理者一起监分租谷。[③] 显然，她们亦非因为经济地位或家庭地位上的劣势被迫卷入雇佣劳动之中。这些不仅反映了徽州因男性外出带来的区域特殊性，更揭示了劳动力等要素的配置可以在需要时跨越家庭进行，从而减少了女性家庭成员的劳动力陷于"过剩"的可能。后者突破了"内卷化"模式下的过密配置，对理解传统农家经济是具有一般性意义的。[④] 正因此，我们在其他地区也可看到类似情形。如安徽潜山一带，"礼谓妇主中馈，潜之农妇则不然，烹调、浣衣、灌园、治蔬、绩麻、纺棉、养蚕而

① 乾隆《歙县志》卷一《风土》，《中国方志丛书·华中地方》第 232 号，台北：成文出版社，1975 年影印本，第 124 页。

② 刘伯山主编《徽州文书》第一辑（2）《黟县四都汪氏文书·清光绪七年〈工账〉之三十三》，第 320 页。

③ 刘伯山主编《徽州文书》第一辑（2）《黟县四都汪氏文书·清光绪甲辰年收支谷物账单》，第 415 页。

④ 事实上，将女性受限于家内劳动视为中国性别模式的一部分，是论战各方的普遍认识。参见 Kenneth Pomeranz，"Women's Work，Family，and Economic Development in Europe and East Asia，" in G. Arrighi et al.，eds.，*The Resurgence of East Asia*：*500*，*150 and 50 Year Perspectives*（London：Routledge Curzon，2003），p. 134。

外，荷锄耨地，不让男子，旱时且车水灌田，毫无倦色”。[①] 光绪《江浦埤乘》则引明代旧志称“俗贵男贱女，农妇荷担相望，先男力作，克任勤劳”。[②] 所谓“贵男贱女”，实是作者对女性任劳的感慨。即使是江南，也有《浦泖农咨》中“田家妇女最苦馌饷，外耘、获、车、灌，率与夫男共事，暇复纺木棉为纱以做布，皆足以自食”这样的经典描述。[③] 汪氏文书以翔实的记载说明了这些描述的真正含义，它们是不应作为特例被轻易忽视的。

（二）雇工中的身份

在以身份为别的雇工构成中，佃户占了重要的比例。徽州有佃仆制的传统，但清中期后已衰微，出现了一种人身依附性更弱的形式——劳役地租制。据《黟县志》，黟县地租的主要形式为粮食，但可折为劳动或货币交纳。劳动抵偿者，佃户按每一自然亩为业主做工约 20 天。工账中的佃户做工比这一描述又更为灵活。从账簿记录来看，佃户的租额包括冬春两季耕田租若干砠以及每季点心若干斤，[④] 它们大抵已折为固定的钱数，可以做工或以粮食、鸡蛋、柴等实物抵偿，但并没有成为固定的劳役。其法乃于佃户做工后，再根据实际工数结算工钱，以此扣抵租额。如金女光绪十三年的田租为 15 砠，扣钱 900 文，另有点心钱 300 文，旧年欠钱 560 文，做了 4.5 工后，业主面结收钱 600 文，再除去工钱抵扣，仍欠钱 685 文。[⑤] 可见，佃户的做工并非租额派生出来的义务，

---

① 王清彬等编辑《第一次中国劳动年鉴》第一编，陶孟和校订，北平社会调查部，1928，第 535 页。

② 光绪《江浦埤乘》卷 1《疆域》，《中国地方志集成·江苏府县志辑》第 5 册，江苏古籍出版社，1991 年影印本，第 27 页。

③ 姜皋：《浦泖农咨》，《续修四库全书》第 976 册，第 219 页。

④ 刘伯山主编《徽州文书》第一辑（2）《黟县四都汪氏文书·清光绪二十四年至宣统三年收支账册之二十四》，第 472 页。

⑤ 刘伯山主编《徽州文书》第一辑（2）《黟县四都汪氏文书·清光绪七年〈工账〉之二十三》，第 310 页。

而是实际工作多少就抵扣多少租钱，体现的是雇佣劳动的性质。类似的还有租户。佛金不仅出租田地，也出租房屋。租户灶贵即光绪十六年前的重要雇工。以光绪九年为例，他的屋租为1400文/年，做工11工，交柴180斤，共折钱856文，净欠544文。① 事实上，在佃仆制下，“住主屋”是和“种主田”并列的佃仆定例，② 所以屋租也是建立双方经济联系的重要渠道。考虑到佃户和租户的相似性，这里把他们合称为“租佃户”。账簿中并不会注明谁是租佃户，但采取了以工抵租结算方式的肯定是租佃户。工账中也偶尔有交租钱或实物抵租的记录，从中可以补充若干租佃户的信息。根据这些不完全的统计，表2显示，租佃户做工数约占农工总数的1/4。

在雇工中尚有缺乏明确称谓，仅代以地名、人数若干者，这些在表2归入“非熟人”。既非租佃户，又有明确称谓的，表2里均归为“亲友”。这当然只是很粗泛的划分，不过却依然揭示出各身份组别在工数结构上的一个重要差异，即租佃户在割谷上的参与程度远低于其他组别。“非熟人”集中于割谷是易于理解的，因为他们本身就是为割谷时节较大量的劳动需求吸引来的。如光绪十四年，就有祁门人4工，连续干了10多天。③ 租佃户中颇有些能担粪、挑柴的强劳动力，但他们反而较少参与业主的割谷，只能说明他们要优先考虑自己佃耕地上的收割，所以他们更倾向于在劳动需求不那么集中的时节出来做各种散工。对于经营土地规模还不如租佃户的家庭，则更有可能在割谷时释放出劳动力。

佛金的农工雇佣所涉人数在30多年里超过了260名，图6选择了做工数量较多的20位，具体考察他们受雇的情况，以与表2相印证。

① 刘伯山主编《徽州文书》第一辑（2）《黟县四都汪氏文书·清光绪七年〈工账〉之十》，第297页。

② 叶显恩：《明清徽州农村社会与佃仆制》，第244—248页。

③ 刘伯山主编《徽州文书》第一辑（2）《黟县四都汪氏文书·清光绪七年〈工账〉之二十九》，第316页。

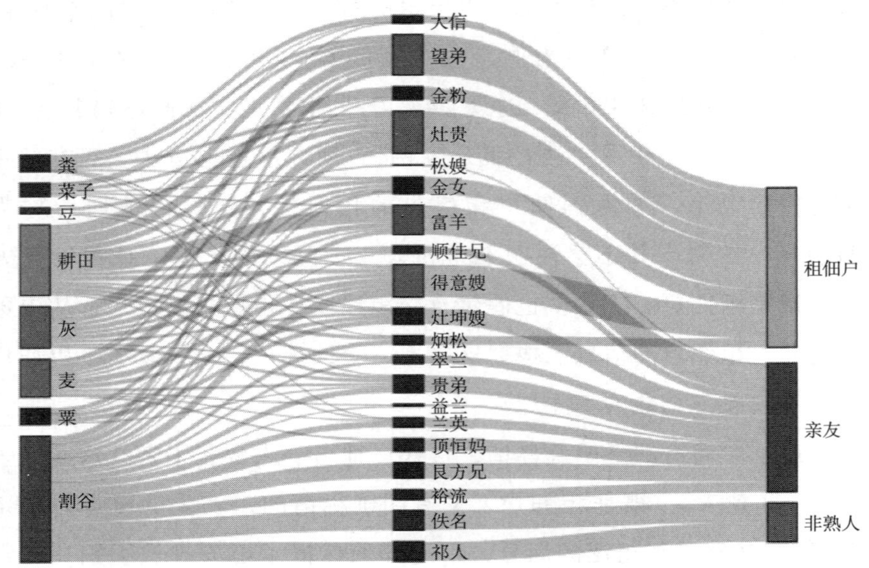

图 6　活跃雇工的做工情况

说明：(1)"活跃雇工"是指按有工种属性的累计工数统计，排名前 20 位者。(2) 本图采用桑基图（Sankey diagram）来呈现人物的做工情况，包括工种、人物称谓、身份三个属性节点。节点框的长短代表该属性累计工数的多少，节点间连线的粗细代表同时满足两个属性之累计工数的多少。(3) 人物称谓中"祁人"为账簿中批以"祁门"或"祁人"者，"佚名"为账簿中仅写人数或仅写为首人名字且无亲友称谓者。

资料来源：《光绪七年［吉］日立工账》、《光绪十五年十二月初一日启工账》及《收支账册》(光绪二十三年至宣统三年)。

其中，集中参加割谷的除了非熟人，还有裕流、艮方兄、顶恒妈几位有具体称谓的熟人。除此之外，各人与工种间并无特定的关系。无论男女，都可以参加多种农工。至于单人做工总数较多的主要还是租佃户，如排在前几位的望弟、灶贵、得意嫂等。这进一步表明，租佃户的劳动能力是比较强的，与业主的关系也比较密切，所以他们是业主有劳动需求时经常转向的对象。建立与业主间稳定的经济关系，这是租佃超出其合约本身的主要意义之所在。他们在割谷时较不积极，则恰恰表明租佃并无附加的依附关系。至于众多零星受雇亲友的存在，则表明无论是那种曾活跃于各地农村的雇佣市场，[①] 还是小农户间的数家约定换工，[②] 都不是佛金日常所依赖的雇佣组织方式，更经常的当是嵌入于熟人往来内的“搜寻”过程。这也从反面说明了租佃这类稳定的经济关系所具有的意义。

（三）雇工的流动

值得注意的是，由雇佣反映出来的经济关系也并不是停滞的。在工账覆盖的数十年里，有人退出，又有新的人进入。图 7 通过 20 名做工较多者的历年工数，呈现了这一变化。割谷市场是流动性最强的。如图所示，非熟人往往只是在某些年份集中提供一次性的割谷劳动。然而，租佃户或亲友的受雇工数也处于经常性的波动中。可以说，几乎没有人始终保持类似的积极程度，正因此佛金的雇工所涉人数才会如此之多。从图 7 来看，长期较为稳定地提供劳动者只有富羊和金粉，后者一直是租了 20 砠田的租佃户，前者也有租佃户的“嫌疑”。租佃户灶贵、望弟、得意嫂、金女在 19 世纪 80 年代一度是比较重要和可靠的雇工来源，但他们随后就消失了。代之而起的重要租佃户是炳松。他每年的屋租是英洋 2 元，光绪二十八年还因为娶亲借了英洋 17 元，做工抵偿在所难免。在人物变化的背后，自然发生了一系列社会流动或经济状况的变化。不再受雇的租佃户可能是像佛金之子来寿那样改从他业，也可能是自家的劳动供应变得更加紧张。无论如何，尽管佛金与他的雇工可能仍保持着稳定的熟人关系，但这并未造成一种习俗化的经济关系，也未妨碍雇佣关系以更加富有弹性的方式发生调整。

在泛指的“亲友”中，又存在关系的亲疏之别。例如，佛金的儿

① 参见陈正谟编著《各省农工雇佣习惯及需供状况》，中山文化教育馆，1935，第 2—5 页。

② 参见〔日〕内山雅生《二十世纪华北农村社会经济研究》，李恩民等译，第 125—148 页。

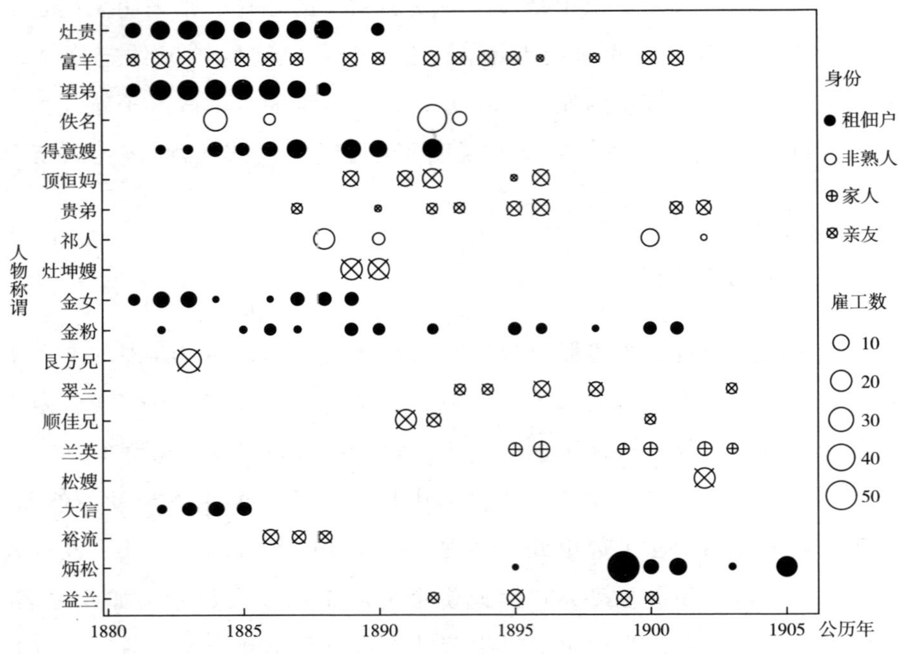

图 7 活跃雇工的时间分布

说明：(1)"活跃雇工"的界定，人物称谓中"祁人""佚名"的界定，均同图 4；(2) 标识符的大小反映当年累计工数的多少，标识符填充颜色的深浅代表不同的身份属性；(3)"家人"的界定见正文。

资料来源：《光绪七年［吉］日立工账》、《光绪十五年十二月初一日启工账》及《收支账册》(光绪二十三年至宣统三年)。

子来寿、来取及女儿爱兰等，都不是泛泛的亲友，而应该算是家人。只是他们应该都已分家，因此账簿中不仅将佛金与他们各家间的往来一并清楚记录，而且对他们的做工也都作价计算，以便往来抵算。另如(佛)松嫂，为佛金的亲嫂，与其他泛称的"嫂"当有所不同。为了有所区别，这里将佛金儿女及其儿媳归为"家人"，从"亲友"中独立出来。在家人中，做工比较频繁的是来寿的妻子兰英，进入了做工较多的

20名之列。当然，兰英是在光绪二十一年后才出现在账簿中的，很可能是这一年发生了家庭关系的调整，如分家。诸如家庭组织的调整、个人的生命周期之类，可以说是雇工变化的自然原因。

四 工资及其解读

与常见的工夫账不同，汪氏工账中有较丰富的工钱记录。无论是对于雇佣关系的理解，还是对于雇工收入水平的评估，都具有宝贵的参考价值。

（一）工资的计算与口径

工账中对工钱的记录有以下情形：第一，在雇工名下登记工数的同时，批注历次所付的钱、物，最后注明付讫，并予以勾销；第二，在登记工数后也批明付讫，但并未批注具体支付的钱、物，或批注并不完整，或只是简单注明在其他账里抵算；第三，对于雇工为租佃户的，在登记工数的同时，也批注双方的钱物往来，最后合计当年可抵扣的租额，得出租佃户净欠的金额。对于情形一和三，可以直接推算出工钱收支背后的工资率。略为棘手的是，工账的货币单位基本上为铜钱，但涉及实物或洋元往来时，工账中对它们的钱计折价记载有时并不完整。不过，从有记载的折价来看，相近年份间波动甚微，所以，在折价缺失时，这里直接取时间接近的折价为代替，进行工钱的换算。对于情形二，工账中没有完整的工钱结算额，但有少数可以在残存的苗猪等账中找到对应的记录，从而查出工钱所抵的金额并算出所据的工资率。如，光绪十一年立的苗猪账记载观全嫂去猪一口，重廿六斤半，此后除陆续以洋、钱支付外，还有两次是以工钱抵付：当年五月初一日收工钱四百文，十二年四月十三日收工钱一百文。[①] 而工账显示，观全嫂光绪十一

① 刘伯山主编《徽州文书》第一辑（2）《黟县四都汪氏文书·清光绪十一年卖猪苗账单之一》，第367页。

年四月至五月做了四工，十二年四月十三日做了一工。尽管工账对这两笔做工均未批注“猪账算”之类字眼，但它与猪账完全能对上，所以可认定猪账中的金额即这两次做工的工钱。

根据上述方法，本文得到光绪七年至宣统三年的工资记录989笔，单位均统一为“文/工”。其中只有51笔为木、砖等手工业的工资，其余基本上是农业工资（包括和农业有关的挑灰、舂磨等工）。这些农业工资大致可分为两个很悬殊的档次：一档是50文/工左右，另一档是100文/工左右。[①] 个别情形下因为童工的存在，存在半工左右的折扣。[②] 在对实物进行折价时，也会引入某些参差。但总体上，这两档工资是相当稳定的，也是整个工资样本的主流。它们在徽州的其他材料中也比较常见，有惯例的意味。以歙县许村为例，许骥据当地账簿辑出了若干道光年间的工价资料，颇为难得。[③] 其中，木匠、挑工等100文/工，竹匠、割麦、耕田、莳田等50文/工，挑粪则两种工价都有。许骥的解释是当时的工资与技术关系不大，主要是看劳动轻重：100文/工者对应于重体力劳动，50文/工者对应于轻体力劳动。不过，割麦、莳田等很难算是轻活，竹匠、木匠间也不应如此悬殊，同一工种出现不同工价则更难解释。汪氏工账的资料更为系统，它表明不仅同一工种，而且同一雇工，都既有50文/工者，也有100文/工者。所以，无论活计的轻重还是劳动力的强弱，都难以解释两种工价的并行。

仔细梳理工账，会发现工钱的计价与两种口径有关。在工账中，有159笔做工记录旁批了“包”字。图8进一步表明，无论男工、女工，凡是批了“包”的，工价几乎都在100文/工这档，个别略高些。考虑到工账中批注时有缺省，一个合理的猜测就是“包”的口径对应于100

① 后期的工价略高一些，但两个档次的区别仍很明显。关于后期工价的调整，见后文的讨论。

② 如广元嫂母女的平均工价不到40文，应该是其女未按全工算；芝清父子一起做工，子只算0.5工。见刘伯山编《徽州文书》第一辑（2）《黟县四都汪氏文书·清光绪七年〈工账〉》，第312、326页。

③ 许骥：《徽州传统村落社会——许村》，第186—189页。

文/工档的工价，所以，50 文/工者概未批“包”字，批“包”字者概在 100 文/工档。未批“包”字而工价在 100 文/工档者，则是“包”的批注存在大量缺省所致。事实上，在传统的工价计价方式中，往往有含饭钱和不含饭钱两种口径，含饭钱的工饭合计价一般是不含饭钱之净工价的二倍左右。[①] 按此类推，工账中批“包”的工价应该就是包含饭钱的总价，而 50 文/工者则为净工价。从一些蛛丝马迹来看，当地的饭钱每工可按两餐扣钱，每餐的折钱有定例。如光绪二十六年可爱做一工，后付钱 75 文，并批“内早法钱 25 文”，而同时做工的毛车嫂、心嫂等的工价均是按 50 文/工支付。[②] 显然，可爱的净工价也是 50 文/工，但因其当天没有在业主家吃早餐，所以多得了“早法钱”25 文。又，在汪氏文书中，各种“法”及“法钱”的表述屡有出现。田租的正租钱额可称为“耕田法”，田租附加的点心钱可称为“点心法”，在一桩控案交涉的账单中甚至把给差役的酒肉钱、茶钱分别称为“法亥酒钱”“茶法”。[③] 它们无非是表明一些收支项目上已经形成了例规，有约定俗成的金额。则，“早法钱”的表述证明了饭钱是一种特定金额的工价名目，“包”和未包两档工价亦由此形成。

（二）缺乏变化的工资

如果 50 文/工和 100 文/工两档工资的差异源自计价口径，而不反映工资水平的真实差异，那就意味着大多数工价其实是在同一水平上，既不随雇工发生变化，也不受工种的影响。图 9 分别忙闲季，比较了男

① 参见彭凯翔《从交易到市场：传统中国民间经济脉络试探》，第 91—96 页、第 304 页；蒋勤、王泽堃《清代石仓的雇工与工资（1836—1870）》，《中国经济史研究》2020 年第 5 期；陈正谟编著《各省农工雇佣习惯及需供状况》，第 9 页。

② 刘伯山主编《徽州文书》第一辑（2）《黟县四都汪氏文书·清光绪二十三年至宣统三年收支账册之十一》，第 465 页。

③ 刘伯山主编《徽州文书》第一辑（2）《黟县四都汪氏文书·清光绪六年至九年余棠控朱庆春、汪佛金案文书之二十六》，第 357 页。

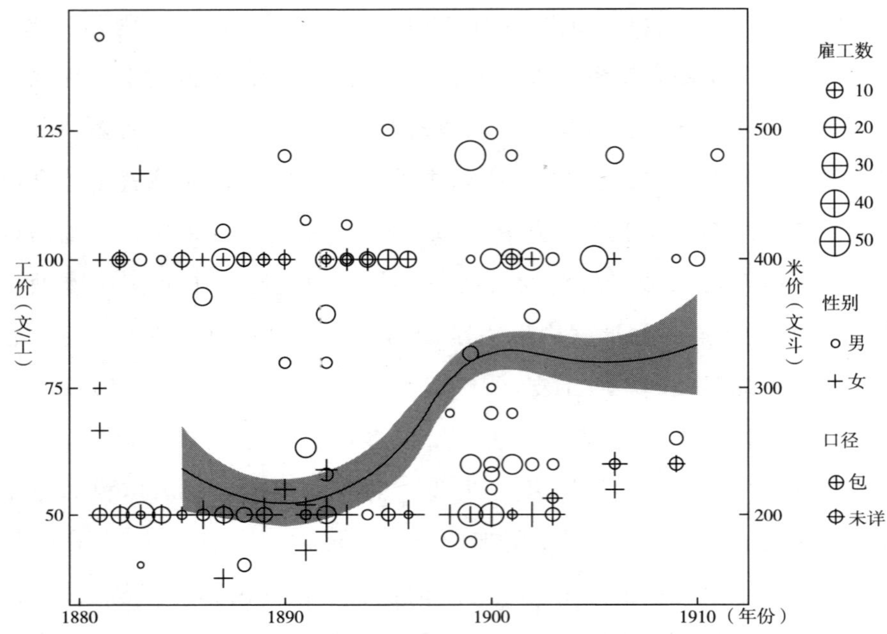

图8 不同口径工资的逐年分布

说明：(1) 图中标识符的大小表示对应工价水平与年份、口径、性别诸属性上的累计工数多少。(2) 为了方便比较，图中据账簿的记录绘示了米价的变化趋势。实线代表米价的平滑趋势线，趋势线两侧的阴影代表95%置信区间。

资料来源：《光绪七年［吉］日立工账》、《光绪十五年十二月初一日启工账》及《收支账册》（光绪二十三年至宣统三年）。

性和女性雇工的工资分布。在忙季，无论男工还是女工，工价都是分50文/工和100文/工两档，而且绝大多数样本就是落在50文/工、100文/工两条水平线上。而在闲季，绝大多数样本则落在50文/工的水平线上。所以，如果都看净工钱口径，无论男女和忙闲，工价都是以50文/工为主。忙闲季的差别主要在于忙季有更多雇工拿的是包饭钱口径的工钱，尤其是男工。如果是100文的工钱到手更划算的话，雇工大都会趁机转向这一口径，但实际上仍有相当多的雇工在忙季还是只拿50

文的净工钱。所以，很可能只是忙季雇工较多，业主家里人手又紧张，难以为大家都提供伙食，也可能忙季的非熟人雇工对伙食标准不如伙食钱那么容易形成认同。

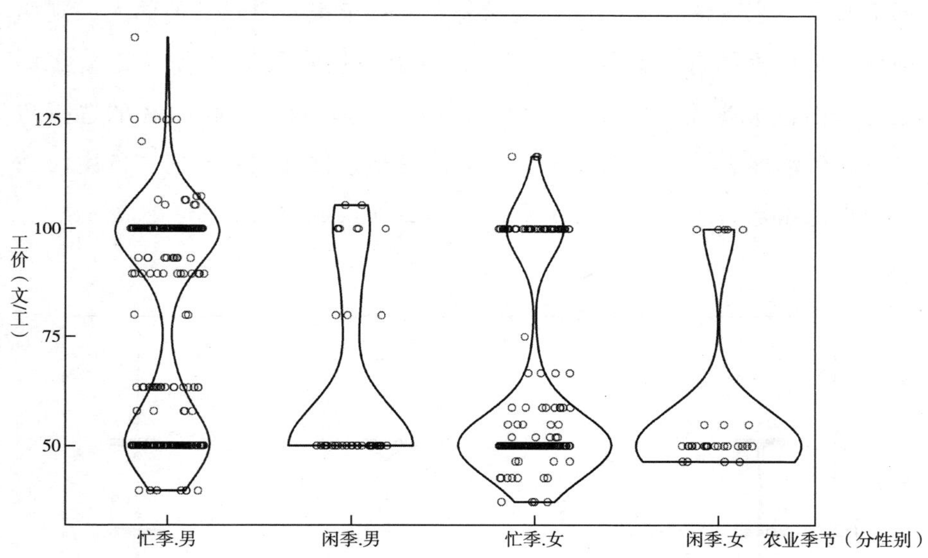

图 9　不同季节男女雇工工价的分布（1881—1896）

说明：（1）兹采提琴图来绘示工价的分布，每一属性的“提琴”在某一工资水平越“胖”即代表该处的样本点越密集。同时，作为辅助，亦将每一工资水平上的样本点以圆点绘出。（2）此处的“忙季”取公历 5—6 月与 9—10 月，其余月份为“闲季”。

资料来源：《光绪七年［吉］日立工账》《光绪十五年十二月初一日启工账》。

区分身份的工价分布为此提供了印证。在图 10 中，笔者保留了“非熟人”的更原始信息，分为“祁人”、“江西人”和背景信息不详的“佚名”三类。同时，与图 7 类似，将“家人”从“亲友”中拆出。如图 10 所示，非熟人的工价均在 100 文/工以上，为包伙食钱的口径，家人的工钱则基本上是 50 文/工。是家人间共同生活较便，所以在做工时通常一起伙食，还是家人之间存在情让，所以算的工价较低？如前文所述，佛金对家人间的往来也都一一登账，工钱是其中一项。这些收支平时乃由佛金自己折价入账，最后再一起进行全年款项的冲抵结算，所以，双方在做工时并不会就工钱发生讨价还价，实不存在儿女对家长情让的问题。这时，处于主动位置的家长，一个很自然的选择就是无论对哪个儿女，都按惯例来折价，以示公平。对于租佃户和其他熟人，则两种口径的工价都有。就租佃户而言，有以包伙食钱为主者（如金女），也有以不包伙食钱为主者（如灶贵、得意嫂）。可见工价口径的选择与身份、劳动能力等的关系亦不大，只能说不包伙食钱者与雇主的生活关系应更加密切，所以他们的工资口径也更加接近家人。

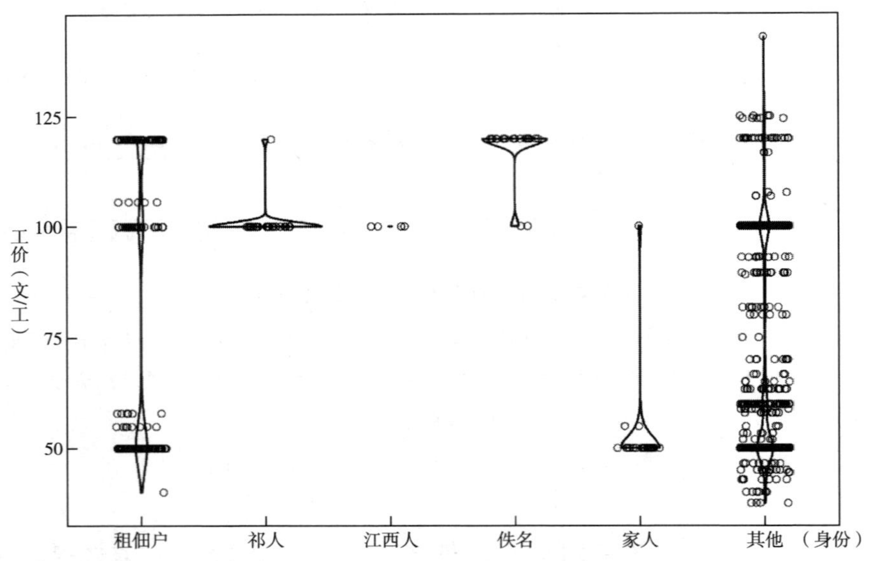

图10 不同身份雇工的工价分布（1881—1911年）

说明：（1）本图为提琴图，图例说明见图9。（2）由于“家人”的样本光绪二十三年后较多，此图的样本范围是光绪二十三年至宣统三年《收支账册》，工价在120文/工左右的样本因此较图7为多。

资料来源：《光绪七年［吉］日立工账》、《光绪十五年十二月初一日启工账》及《收支账册》（光绪二十三年至宣统三年）。

然而，不同工种的劳动强度必然是有差别的，忙闲季节的劳动供求状况也很不一样，不变的工资如何保证劳动的供应？由于忙季的割谷工是跨地区流动的，这些非熟人能被吸引到佛金的农场上，至少说明账簿中的工资在忙季是有竞争力的。而且当地的割谷时跨中秋，无论是亲友还是外地人，均有中秋未休者，而亦未见另有津贴。[①] 所以，尽管劳动技能较强者或有自营田场者（如匠工师傅、租佃户中的男性等），尚难以在忙季被吸引过来，但这一工资水平在用工竞争较为激烈的忙季仍能维持下去，说明它还是能反映忙季较高的劳动边际生产率的。如此说来，则对于农闲时的一些活计，该工资应该是高于理想的竞争均衡水平的。这时，劳动供给将超过劳动需求，会出现雇佣的“配给”。当由业主决定雇佣机会的分配时，他自然会倾向于熟识的亲友，非熟人将难以进入这个市场。同时，闲季的市场是比较“稀薄”的，即使潜在的劳动供给相对较多，业主亦不可能在田头一招呼就获得人手，势需借助一些经常性的往来关系来互通信息、协调用工安排。这些关系可以通过租佃来建立，也可以在苗猪的赊买中形成，当然更可以是以亲缘为基础的。于是，无论是租佃户用做工来抵偿租额，还是亲友用工钱偿还苗猪欠款，所用的工价都和正常水平是完全一致的，更不用说扣除利息等经济成本了。这和以往我们所熟悉的“买青苗”等制造价格差异、暗施“高利贷”的商业“剥削”手法完全不同。[②] 看来，佛金尽管是一个比周边亲友有一定经济优势的经营地主，但他对熟人的雇佣“配给”既是惠及亲友，也包含互惠的含义，至少是借助了互惠的形式来节约交易成本，以在市场组织仍较薄弱的乡村推进其商业化经营。

① 刘伯山主编《徽州文书》第一辑（2）《黟县四都汪氏文书·清光绪七年〈工账〉》，第308、316页。

② 参见李金铮《民国乡村借贷关系研究——以长江中下游地区为中心》，人民出版社，2003，第132—135页。

(三)工资的实际水平及其调整

如果按照总工价100文/工的水平和1890年以前200余文/斗的米价水平，日工资折实可得4—5升米。这一水平与清代其他地区的实际工资水平相吻合，所不同的是，以往的工资资料针对的通常是手工业中的成年男性劳动力，一般认为女性的劳动生产率及收入水平应更低。[①]以江南为例，尽管棉纺织业大大提高了女性的经济地位，但19世纪中期松江棉纺织业的每劳动日收入仅有不到50文，最终女性年收入仍仅为农夫及其他工商业劳动者的1/4左右。[②] 对于徽州地区茶工的研究，也认为包含相当多女性就业者在内的茶工，其工价大多在温饱线以下。[③] 然而，汪氏工账表明，不仅女性广泛参与劳动生产率更高的农业活动，而且她们的工资水平与男性是一致的。这意味着按男性劳动力收入进行折扣来估计女性收入，进而估计家庭收入或人均收入的方法，对该类地区将会产生严重的低估。同时，汪氏工账中不仅男女农工的每日实际工资可达4—5升米，手工业工匠的工资还要高出不少。以光绪十四年底启工，至次年二月结束的一次木作为例，三个师傅（当地称“司”）共做了76.5工，每工的净工钱为100文。在净工钱外，每人又扣伙食钱70文，标准亦高于农工。[④] 这样，每名工匠的日总工钱实际上达到了170文，1.7倍于农工。[⑤] 将这些不同类型的工资综合在一起，汪氏工账呈现出的劳动收入状况实际上是高出目前常见收入水平不少的。

---

① 参见Zhiwu Chen and Kaixiang Peng, “18. Production, Consumption, and Living Standards,” in Debin Ma and Richard von Glahn, eds., *Cambridge Economic History of China* (Vol. 1) (Cambridge: Cambridge University Press, 2022), pp. 686-688。

② 李伯重：《中国的早期近代经济——1820年代华亭—娄县地区GDP研究》，第491页。

③ 邹怡：《明清以来的徽州茶业与地方社会（1368—1949）》，第237页。

④ 刘伯山主编《徽州文书》第一辑（2）《黟县四都汪氏文书·清光绪十四年至十六年间收支账单》，第406页。

⑤ 这一工资差距比文献中所研究的其他地区要大不少，如浙江石仓农业、手工业各工种的工资差距非常小，农业短工与木作老司等的含饭工价均为90余文。参见蒋勤、王泽堃《清代石仓的雇工与工资（1836—1870）》，《中国经济史研究》2020年第5期。

当然，劳动者的收入不得不面对物价变化的挑战，特别是在名义工资比较稳定的情形下。如图 8 所示，19 世纪 90 年代米价出现较大幅度上升，至 20 世纪前 10 年已由 200 余文/斗上升至 300 余文/斗。这虽然是账簿中折算所用价格的变化，但衡之以当时徽州乃至江南的一般粮食价格变化，也是基本吻合的。[①] 可以断言，雇佣双方结算时采用的米价反映了当地的行情，也可以用来衡量工资的实际购买力。在米价上升的背景下，从图 8 可以看到，工资也开始松动，可相比米价，工资的调整是局部的、迟缓的。大概从光绪十六年（1890）开始，100 文/工档的工资就有部分上调到 120 文/工，而 50 文/工档迟至光绪二十六年（1900）前后，才比较明显地出现了一波上调至 60 文/工的男性样本，至光绪三十一年（1905）之后，则女性样本亦调高到了 60 文/工。所以，尽管在工资稳定时，不同的雇工群体都接受了几乎统一的惯例工资，但当工资进入一个调整的过程时，不同人群在流动性上的差异就发挥出了作用。

同样可以与手工业工资做一对比。光绪十四年底至次年初木作师傅的净工钱为 100 文/工，光绪十五年底至十六年初又一次类似的木作，净工钱则涨为约 115 文/工；[②] 而至 1902 年底的一次砖木作，算下来砖匠净工钱为 160 文/工，木匠为 180 文/工，实际花费的伙食钱（肉、酒、米等项开支合计）约 100 文/工。[③] 净工钱和伙食钱都有较大的上涨，尤其是净工钱的涨幅，完全可以追上米价。佛金之子来寿改行做木匠，看来在经济上是非常理性的。可来寿之妻兰英就不同了。虽然能做

① 中国近代利率史课题组《“水浅而舟重”：近代中国农村借贷中的市场机制》，刘秋根、〔英〕马德斌主编《中国工商业、金融史的传统与变迁——十至二十世纪中国工商业、金融史国际学术研讨会论文集》，河北大学出版社，2009，第 151 页。

② 刘伯山主编《徽州文书》第一辑（2）《黟县四都汪氏文书·清光绪十五年十一月立〈启工账〉之三》，第 394 页。

③ 刘伯山主编《徽州文书》第一辑（2）《黟县四都汪氏文书·清光绪三年至宣统三年收支账册之二十》，第 470 页。

包括挑粪在内的各项农活，但作为女性，她既不能转到手工业，也难以跨地区流动，在进一步的劳动调整上不能不说是受到限制的，而她50文/工计价的做工在账上也维持到工资调整的最后一波。当一个地区的农工雇佣市场上有如此高比例不便跨部门和跨地区调整的女性时，农工工资调整的迟迟难以到位，就变得不难理解了。相比之下，在另一存在系统的农工工资和手工业工资史料的地区——19世纪至20世纪初的北京京郊，两者却保持了亦步亦趋的关系。[①] 这种地区间的差异如此鲜明，让我们不能不对雇佣市场形态的区域性更为警惕，并在此前提下来解读看似并不复杂的工资史料。

结　语

汪氏文书虽然只提供了一个区域性的个案，但它30多年的原始记录却足以揭示一个乡村社会里农业雇佣是如何开展的；在它所处的村落里似乎没什么有特色的经济作物或家庭副业，但也恰好说明了商业化是如何与最基本的粮食种植业结合在一起的。它反映的可以说是一个典型的南方普通农村的情形，可从中我们却又分明读出了不少有别于以往区域社会经济史研究所呈现的经典印象的地方。

如文献中女性经济地位的上升是与家庭副业或茶业等特种行业联系在一起的。这一通过劳动密集型生产带来的上升不仅在程度上存在是否足以改变“内卷化”宿命的争议，而且，在传统礼制的主导下，它似乎也只能通过为守寡等消极生活方式提供经济条件来维护女性的社会地位。与此相应，将女性大规模参与大田劳作视为20世纪50年代以后新型动员的产物就不足为怪了。[②] 但是，地处宗法秩序素称严密的徽州，

① 彭凯翔：《从交易到市场：传统中国民间经济脉络试探》，第301—313页。

② 王加华：《被结构的时间：农事节律与传统中国乡村民众年度时间生活——以江南地区为中心的研究》，第197页。

汪氏文书中的女性不仅与男性一起组织合会、承佃土地，还超越家庭的范畴，以雇佣劳动的方式积极参与从割谷到耕田的各种大田作业，并获得与男性同样水平的劳动报酬。一旦这种鲜活的场景被揭示出来，再来回顾20世纪50年代的女性生产动员乃至改革开放初期留守女性对农业生产的承担时，恐怕就难以满足于用这些新现象的反面来定义传统，而有必要对可能隐藏其中的历史脉络更为留意。

又如，对传统农村向来有“田园诗”与“狂想曲”式的对立认识。[①] 具体到商业发达的徽州，素有鼠牙雀角相争的健讼之风，今天的研究者则目为“契约社会”。在汪氏文书中，一方面，父子之间“明算账”，儿子、儿媳的劳动亦按雇佣关系来处理，经济理性体现到了极致。但另一方面，无论是收租还是卖猪过程中的赊欠都没有收取利息，可以灵活地用工钱等抵扣。人际网络在经济往来中得到经常性的维持，并借此来组织雇佣活动。所以，在由此形成的雇佣市场里，价格机制的作用反而是不完全的。迟滞的工资调整表明，经济理性和互惠、习俗倒是深刻地结合在一起。这时，对立两极间的争论是缺乏意义的，我们需要回到一个“稀薄”的、嵌入于社会关系并借此来“润滑”的市场形态里，去理解传统农村商业化的经济逻辑。

最后，虽然我们看到了商业化与熟人社会的结合、租佃与雇佣的结合，但它们显然不是一种造成社会停滞的结合，更不是佃仆制式的结合。尽管雇佣市场的工价存在相当程度的习俗化，可劳动力的流动也是难以否认的。这不仅体现在外来的割谷工上，也表现在欠租的佃户仍然可以权衡自己的劳动需求来进行雇佣决策上，以及人们在雇佣关系的进入与退出上。事实上，汪氏家族的变迁本身就是社会流动的一个典型例

① 这里借用秦晖的表达，尽管不同认识间的对立近来显得更为温和。参见秦晖《田园诗与狂想曲：关中模式与前近代社会的再认识》，中央编译出版社，1996。

证。他们本为寄庄小户，只有少量田皮，佛金这代在同治初年还典出过田产，[1] 但到了光绪中后期，以农为本的汪佛金其田产已颇为可观，并仍在不断积累，可以算得上是成功的经营地主了。

① 刘伯山主编《徽州文书》第一辑（2）《黟县四都汪氏文书·清同治二年桂月汪佛金立杜断典田约》，第266页。

地方财政中的中日“特殊关系”*

——张之洞与清末湖北的对日借款

吉 辰**

摘 要 张之洞督鄂时期，湖北新政的巨大开支导致财政困窘，对外借款成为必然的选择。张之洞起初的借款主要来自英国。从光绪二十四年开始，他几度筹划对日借款，而光绪三十二年的湖北善后局借款成为第一笔筹借成功的日款。此次借款数额虽小，但规定横滨正金银行拥有湖北对日汇款与对外借款的优先权。此后，湖北的对日借款皆来自正金。从甲午战后直至清朝灭亡的十余年中，湖北对外借款中来自正金的数额已经超过了以往中国对外借款的主要来源汇丰银行，体现了该省与日本的特殊关系。

关键词 张之洞 湖北 日本 借款 横滨正金银行

清末湖北各项近代化事业的基础，多为张之洞督鄂时所奠定。而在他大兴新政的同时，湖北的地方财政也随之捉襟见肘。其后出任鄂督的陈夔龙晚年评论道：“张文襄公督鄂垂二十年，百废具举，规模宏肆。第鄂系中省，财赋只有此数，取锱铢而用泥沙，不无积盛难继之虑。”① 宣统元年（1909），陈氏曾在上奏中表示：“（湖北）历经前督臣（指张之洞——笔者注）积年擘画，百务具兴。维新之政，每视各省为较先；

---

* 本文承蒙华东师范大学历史学系李文杰教授、复旦大学历史学系周健副教授惠赐宝贵意见，谨表谢忱。

** 吉辰，中山大学历史学系（珠海）副教授。

① 陈夔龙：《梦蕉亭杂记》，中华书局，2007，第117页。

需用之财，自比各省为尤钜。”[①] 苏云峰先生也指出：“在庚子（1900）以前，鄂省新政建设，尚在起步阶段，如早期的矿、铁工业投资，又多来自户部，故存留虽少，尚能维持。然自 1900 年以后，新政之发展加急，尤其是军事及教育之开支愈来愈多。”[②] 湖北的收入在全国尚属较丰，但地方各项兴工加之中央种种摊派，令财政渐渐不堪重负。以张之洞卸任鄂督一职的次年即光绪三十四年（1908）为例，湖北岁入 1654.5 万两，次于广东、江苏（江宁布政使）、直隶和江苏（苏州布政使）；而财政赤字亦高达 197.6 万两，位居全国第二。[③] 鉴于中央财政无法拨款，地方财源难以罗掘，国债制度又尚未发展成熟，对外借款于是成为张之洞势所必然的选择。

张之洞此前督粤时四次向汇丰银行借款，甲午战时在署理江督任上又向德国瑞记洋行与英国麦加利银行借款。[④] 而在督鄂期间，他同样为湖北举借了多笔外债。有所不同的是，其中有相当比重来自日本。学界熟知，从光绪二十四年初开始，由于日本的多方运作，他与日本的关系日益密切。[⑤] 借款正是这一关系的重要体现之一。关于张之洞的对日借

---

① 《遵设清理财政局折》（宣统元年四月初二日），李立朴等编校《陈夔龙全集》下册，贵州民族出版社，2014，第 290 页。

② 苏云峰：《中国现代化的区域研究：湖北省（1860—1916）》，台北：中研院近代史研究所，1987，第 220 页。

③ 周育民：《晚清财政与社会变迁》，上海人民出版社，2000，第 385 页。

④ 徐义生编《中国近代外债史统计资料（1853—1927）》，中华书局，1962，第 8—9、28—29 页。

⑤ 参见〔日〕伊原泽周《张之洞的联日制俄政策与日本》，河北省炎黄文化研究会、河北省社会科学院编，苑书义、秦进才主编《张之洞与中国近代化》，中华书局，1999；陶德民《戊戌变法前夜日本参谋本部的张之洞工作》，王晓秋主编《戊戌维新与近代中国的改革——戊戌维新一百周年国际学术讨论会论文集》，社会科学文献出版社，2000；李廷江「日本軍事顧問と張之洞——1898～1907——」『アジア研究所紀要』第 29 号、2002；孔祥吉、〔日〕村田雄二郎《戊戌维新前后的康、梁、张之洞与日本》，氏著《罕为人知的中日结盟及其他——晚清中日关系史新探》，巴蜀书社，2004；吉辰《张之洞与甲午战后的中日关系（1895—1907）》，博士学位论文，华东师范大学，2019；陶祺谌《张之洞与日本关系研究》，中国社会科学出版社，2020。

款，若干研究已有论及，但基本上较为简略。[①] 目前学界对此研究较为全面深入者，当推陶祺谌《张之洞与日本关系研究》。该书第三章第三节“张之洞与日本的经济交往”对张之洞的对日借款做了比较全面的梳理，唯将不少笔墨用于论述“失败的直接借款”与“间接借款”，使得“成功的直接借款”部分反而论述稍欠深入，史料与视角也有再拓展的余地。[②] 本文拟以日本外务省外交史料馆藏档案为主，继续发掘中日新史料，探讨张之洞督鄂期间的对日借款及其后续影响，并分析其在财政史与政治史上的意义。

一　张之洞对日借款的开端

张之洞对外借款的对象，起初主要是汇丰银行。除前述督粤时期的四笔借款外，张之洞督鄂之后又于光绪十六年为兴建湖北织布局借款16万两，[③] 光绪二十六年为筹措军费借款7.5万镑（约合50万两），[④] 均向汇丰借用。作为头号列强专营对华业务的老牌银行，汇丰在当时中国的对外借款中居于独一无二的地位。甲午战争期间，清政府首次举借的两笔中央借款都来自该行。其时总税务司赫德曾经设想，此后的借款皆通过总理衙门、总税务司在汇丰办理。有论者据此指出：“当时中英所共同注重的，正是汇丰银行在英国对华借款中的募款中介人作用，而

① 如王国华《清末地方政府借款》，许毅等《清代外债史论》，中国财政经济出版社，1996，第563—570页；马陵合《晚清外债史研究》，复旦大学出版社，2005，第337—342页；朱从兵《张之洞与粤汉铁路：铁路与近代社会力量的成长》，合肥工业大学出版社，2011，第394—397页。

② 陶祺谌：《张之洞与日本关系研究》，第165—182页。

③ 严中平：《中国棉纺织史稿（1289—1937）：从棉纺织工业史看中国资本主义的发生与发展过程》，科学出版社，1955，第109页。按，该书称织布局借款年息5%，但这是张之洞所希望的利率，银行的最终报价为5.5%，见《王藩司来电》（光绪十六年四月十七日巳刻到），苑书义等主编《张之洞全集》第7册，河北人民出版社，1998，第5498页。

④ 戴海斌：《湖广总督与汇丰银行借款合同——东南互保的一个注脚》，朱诚如、王天有主编《明清论丛》第8辑，紫禁城出版社，2008，第315—322页。

绝不是直接供款；双方都意识到，汇丰的特殊作用是任何具体的投资者所无法替代的。”①

而在与日本走近之后，张之洞立即设想借用日资发展湖北实业。光绪二十四年六月，他拟出一套与日本合作的全面计划，其中包括向日本借款 100 余万两扩建湖北枪炮厂，并由日商垫资新建造纸厂与制革厂。但由于戊戌政变后时局大变，这两项内容均未实践。②

时至光绪三十年，张之洞再次将对外借款的视线投向日本。当年十月二十四日（11 月 30 日），日本驻汉口领事永泷久吉电告外务大臣小村寿太郎，张之洞希望以筹饷局的税收（每年约 30 万两）为担保，向日方借款 80 万两，条件是年利在 8%以内，十年还清。永泷提议，可以考虑由日本兴业银行出借。次日，永泷又致函小村报告此事，叙述稍详。据称，张之洞派幕僚汪凤瀛与他密商此事，表示此次借款是为了“补充本年末清国应向外国支付之北清事变赔偿金中湖北省分担额之金银差价”。③ 这指的是湖北承担的庚子赔款镑亏。列强当时要求以金镑结算偿还，由于金贵银贱，中国吃亏甚大。当年秋天清政府议付镑亏，约需 1000 万两。④ 一个月前，外务部、户部曾致电各省督抚商议此事，表示镑亏难筹，“惟有借款一法”。张之洞十月十七日（11 月 23 日）表示湖北所摊派的 120 万两无法承担，只能认摊 60 万两，款项“惟有由鄂省自借洋款一法”。⑤ 十一月初一日（12 月 7 日），小村复电永泷，表示已与银行家商谈，对方表示难以办理。值得注意的是，小村复电的

① 吴景平：《政商博弈视野下的近代中国金融》，上海远东出版社，2016，第 148 页。

② 吉辰：《张之洞与甲午战后的中日关系（1895—1907）》，博士学位论文，华东师范大学，第 109—113 页。

③ JACAR（アジア歴史資料センター）Ref. B04010735500、对支借款関係雑件/湖北省ノ部（外務省外交史料館）。

④ 王树槐：《庚子赔款》，台北：中研院近代史研究所，1974，第 231—232 页。

⑤ 《外务部、户部来电（并致各省）》（光绪三十年九月十一日未刻到）、《致外务部、户部，天津袁宫保，江宁端制台，桂林岑制台，成都锡制台，福州魏制台，安庆诚抚台，太原张抚台，上海新任两江周制台、袁道台》（光绪三十年十月十七日申刻发），苑书义等主编《张之洞全集》第 11 册，第 9215—9216、9229—9230 页。

草稿中有一段被划去的内容。其中透露，兴业银行不愿借款，一大原因是鉴于前次盛宣怀借款时曾以大冶铁矿采矿权为担保，而对普通担保的借款兴趣不大。[①] 于是，这一动议就此作罢。

光绪三十二年，张之洞再次提出对日借款。当年闰四月二十五日（6月16日），日本驻汉口领事水野幸吉致电外务大臣林董，报告张之洞为了筹措“汉口支那市街道路修筑费”，准备以汉口地皮为担保向日方借款30万两，五年还款。[②] 所谓的道路修筑费，应指上年动工的后城马路（今中山大道）所需经费。该路是当时汉口最长的一条道路，工程不小。[③] 张之洞原本打算向日本大财阀三井会社借款，但由于对方要求的利息过高，遂请求水野从中斡旋。三井的开价是年息8.4%，而且与兴业银行一样，希望从中获得特殊利权，不太看得上普通借款。水野向林董表示，此次借款似乎不易提供涉及利权的担保，难以成为政治借款。但他同时认为，横滨正金银行最近将在汉口开设分行，[④] 如果该行能够提供年息7.5%以下的借款，对于日后的业务将大有好处。

横滨正金银行是一家半官半民性质、主营国际汇兑的银行。甲午战后，其业务得到了很大的发展。[⑤] 特别值得注意的是，光绪三十一年，

① JACAR Ref. B04010735500、对支借款関係雑件/湖北省ノ部（外務省外交史料館）。关于兴业银行对盛宣怀的借款，参见徐义生编《中国近代外债史统计资料（1853—1927）》，第36—37页。

② JACAR Ref. B04010785800、対張之洞正金銀行借款雑件（外務省外交史料館）。关于本次借款，以下未注出处者皆来自本件。其中有一件报告与一件合同已被摘译，但译文有不确之处。参见中华人民共和国财政部、中国人民银行总行编印《清代外债史资料（1853—1911）》中册，1988，第269—273页。

③ 李风华：《后城马路的兴筑、发展与近代汉口城市社会发展》，《江汉论坛》2012年第5期，第17—18页。

④ 正金银行于当年8月在汉口设立“出张所”（办事处），1911年4月升格为“支店”（分行），参见傅文龄主编《日本横滨正金银行在华活动史料》，中国金融出版社，1992，第23页。

⑤ 参见菊池道男「日本資本主義の帝国主義化と横浜正金銀行の対外業務——通貨・信用制度の改変・調整と横浜正金銀行の対外・『植民地』金融機関化——」『中央学院大学商経論叢』第21巻第1・2号、2007；白鳥圭志「産業革命期の横浜正金銀行：中国大陸におけるビジネスの拡大と組織的経営管理体制の成立」『地方金融史研究』第51号、2020。

长期担任日本驻上海总领事的小田切万寿之助卸任，随即被正金聘为顾问。就在张之洞此次提出对日借款的不久之前，小田切于光绪三十二年二月十六日（3月10日）被选为正金董事，四天后又兼任“满洲总辖店”监理。[①] 小田切是当时日本对华外交中的重要操作者，尤其与张之洞的关系非常密切。[②] 他转而进入金融界，是由于外务大臣小村寿太郎、元老井上馨、财界巨头涩泽荣一、益田孝等人计划重点通过正金进行对华资本输出，因而决定让这名手段出众的“中国通”前去协助，小田切在小村的恳切劝说下不得已从命。[③] 可以想见，小田切的相关经验与人脉，对正金而言必然是不可小视的帮助。

林董接到水野前述来电之后，复电表示正金方面虽对借款条件不够满意，但已派出上海分行主任武内金平前往武昌准备谈判。与此同时，张之洞又在试图压价。水野于五月初二日（6月23日）报告，张之洞希望将年息降至6.5%以下。而他援引三井会社对汉阳铁政局、大仓组对萍乡煤矿两次借款先例，表示年息难以低于7.5%。[④] 五月二十日（7月11日）水野又称，英、德两国银行加入竞争，德方提出了6%的年息。因此，张之洞仍然坚持6.5%的报价。但水野认为，张之洞断然不愿向德方借款，若不得已可能会转向英方。他向林征询，可否将借款数额增为40万两，年息定为7%。对方同意了这一提议。随即水野又得知，英方也提出了6%年息的条件，但要求外务部在借款合同上签字，张之洞无法接受。

---

① JACAR Ref. A11114257800（第15-16画像目）、叙位裁可書・昭和九年・叙位巻二十九（国立公文書館）。

② 参见于乃明「小田切万寿之助研究：明治大正期中日関係史の一側面」、筑波大学博士論文、1998；戴海斌《义和团事变中的日本在华外交官——以驻上海代理总领事小田切万寿之助为例》，《抗日战争研究》2012年第3期。

③ 对支功労者伝記編纂会编『対支回顧録』下巻、原書房、1968、417頁。

④ 光绪三十一年盛宣怀为萍乡煤矿向大仓组借款30万日元，年息7.5%，2年还款；次年盛宣怀又为汉阳铁厂向三井借款100万日元，年息7.5%，3年11个月还款。参见徐义生编《中国近代外债史统计资料（1853—1927）》，第38—39页。

不久，武内抵达武昌，在水野的协助下与张之洞展开谈判。谈判进展得相当顺利，六月初五日（7 月 25 日）双方签订了合同。日方签字人为水野和武内，中方则由湖北善后局出面，签字人为奏补施鹤道桑宝、盐法武昌道童德璋、湖北布政使李岷深、署湖北按察使梁鼎芬、署汉黄德道陈夔麟与湖北补用道高松如。张之洞虽未签字，但合同上盖用了他的总督关防。据水野说，“以四十万两之小额借款，特钤总督之官印，颇为异例”。签字之时，借款用途已改为在武昌修筑炮兵军营与扩建陆军小学堂。

合同规定借洋例银 40 万两，年息 7%，五年还款（三年内偿还 20 万两，五年内偿还其余 20 万两）。作为担保的是汉口堡垣城内萧家垸一带及城外宗关两处地皮，共计 427 亩有余。按照中方原定条款，一旦不能按时还款，正金可立即将地皮收归己有。但日方考虑到持有土地对银行来说过于麻烦，而且涉及地价变动，于是在合同中增加了这样的条款：正金有权出售地皮，“如变价不敷本利，应由善后局立时设法补偿”。

更加值得注意的是，合同最后写明：“再，此次借款议定交清以后，湖北善后局即与正金银行彼此存欠流水往来。如有东洋汇款及需用款项，可随时向正金银行商办，不限数目，但汇水息金总以公道为准。如正金银行开价比别家昂贵，不必同正金商办。”也就是说，在同等条件下，正金拥有湖北对日汇款与对外借款的优先权。这无疑为该行在湖北开展业务开辟了一条捷径。据水野说，这是因为湖北官员认为正金尚未在汉口设立分行便提供借款，是为“异例”，所以接受了这样的条款。

根据张之洞的要求，合同应当保密。水野联系这一态度，敏锐地指出：

近来各国人士与张总督交涉商议各种合作事业或借款问题，起初皆进展迅速，最终却每每归于破裂。即如本次借款，渣打银行及德国银行（可能指德华银行——笔者注）皆愿以年息六厘提供，而年息七厘之正金银行借款竟至成立。其原因之一在于，张总督平素较之西洋诸国，更倾向于尽量依赖日本。更大之原因，乃是各国人士诸事皆要求需得清国中央政府之承认，而以张总督之主张，以湖广总督之地位，自己经营之纯粹地方事务，无须经过中央政府之承认，是以结果终归破裂。窃以为此点今后大有参考价值。

可见，较之英德等国，日方对于张之洞的心态有着更加深入的把握。按照清朝惯例，地方官员办理借款应当首先取得朝廷的许可。[①] 光绪十七年，户部与总理衙门片奏声称，“从前各省督抚，或因军国要需借用洋款，皆须先行奏明，请旨办理，并由总理各国事务衙门，照会驻京使臣以为证据”，并提议朝廷重申对借款的约束，“嗣后中国大小官员，如有借用洋商银两，须令该商先行禀报驻京大臣，问明总理各国事务衙门，果系奏明有案方可借给”，奏准。[②] 随后，总理衙门与驻外公使向各国通报了这一内容。[③] 光绪二十九年，外务部还曾行文各省将军督抚，声称前述光绪十七年片奏内容“业经通行各省钦遵”，但“现在各省筹款仍或借用洋款，并不先行奏咨”，因而再次强调。[④] 在这种情况下，外国银行与清朝地方官员谈判借款事宜时往往看重有无中央政府的保证。但张之洞为了顺利贯彻自己的意志，希望绕开这一官方程序，使相关交涉“每每归于破裂”。而日方顺应了他的心态，因此在利息更

① 参见张侃《中国近代外债制度的本土化与国际化》，厦门大学出版社，2017，第 95—100 页。

② 《清代外债史资料（1853—1911）》上册，第 229 页。按，该片因与正折脱离，不易确定上奏者，《清代外债史资料》整理者称为“户部等片”。根据下文所引外务部档案，可确定该片系户部与总理衙门会奏。

③ 皇甫峥峥整理《晚清驻英使馆照会档案》第 3 册，上海古籍出版社，2020，第 640 页。

④ 《各省借用洋款须奏明请旨早经通行在案兹再声明由》，外务部档案，台北：中研院近代史研究所，档案号：02-24-004-02-057。

高的情况下反而拿下了借款合同。另外，张之洞“平素较之西洋诸国，更倾向于尽量依赖日本”的政治态度对借款也有着不容忽视的影响。

在此需要指出的是，本次借款之前，湖北的财政状况尚可。而正是在光绪三十二年，由于铸造铜元与土膏捐两项收入剧减，湖北骤然出现200万两以上的财政赤字。[①] 在这一情况下，为了维系各项事业，张之洞势必更加依赖借款。

二 张之洞进京与湖北官钱局借款

首次对日借款的合同签订不到一年，张之洞又开始筹划向日本借款，用于粤汉、川汉铁路湖北段工程。这笔借款原定高达2000万两，由正金与英国银行联合发行债券。但由于英国政府企图独占对华铁路借款，计划最终流产。对此，笔者拟另文讨论，在此不加赘述。铁路借款虽然未能成立，但张之洞仍然希望继续向日方借款用于湖北新政。光绪三十三年四月十六日（1907年5月27日）会见水野幸吉与小田切万寿之助时，他提出以大冶铁矿为担保借款300万日元（约合200万两），与光绪三十年盛宣怀与兴业银行所订借款金额、条件相同（该次借款年息6%，30年还清）。日方答应在小田切归国后再做商议。[②]

此事一时未有进展。到了七月初二日（8月10日），有电指令张之洞“迅速来京陛见，有面询事件”。[③] 张之洞接到此电后，立即派幕僚向日方表示希望从正金借款200万两。如果正金同意商谈，可以告知借

---

① 参见黒田明伸「清末湖北省財政の分権的展開——辛亥革命の財政史的前提——」『史林』第66巻第6号、1983、17—19頁。

② 「五月二十七日 在漢口水野領事ヨリ林外務大臣宛（電報）」、外務省編纂『日本外交文書』明治期第40巻第2冊、日本国際連合協会、1961、594—595頁。关于盛宣怀该次借款，参见易惠莉《盛宣怀在汉冶萍公司成立前的日本借款论析》，上海中山学社编《近代中国》第11辑，上海社会科学院出版社，2001，第92—96页。

③ 中国第一历史档案馆编《清代军机处电报档汇编》第3册，中国人民大学出版社，2005，第178页。

款的条件与用途。正金总行表示同意，并提出年息为 8%。而中方急于用款，立即同意了这一高息。中方提议以湖北盐厘作为担保，而水野要求由官钱局做出保证，并将湖北所管大冶矿山列入担保。中方则表示张之洞即将进京，若以矿山担保，容易惹起物议。对于这一争执，林权助指示水野尽力而为，但不要致使谈判破裂。结果，在水野的坚持下，中方同意在合同中加上“如到期不能照付本息，以归湖北所管之大冶矿山并保”一条内容，但要求同时声明外国人不得自行开采，将来湖北如果自行开采，正金不得干预。对此，水野又要求正金在借款还清前对大冶矿石有优先购买权，或规定矿石不得卖给正金以外的买主，双方于是再度争执不下。一方面，当时在大连的小田切电告水野，英国“华中铁路公司”代表濮兰德（John Otway Percy Bland）不日将赴北京活动，可能对日方有所竞争，建议他稍做让步，赶在张之洞出发前达成借款。另一方面，正金总行也倾向于尽早签订合同。于是，水野决定放弃优先购买大冶矿石的要求，向中方妥协，以免其他银行插手。①

这笔借款由官钱局出面，一般称为官钱局借款。其合同于七月二十七日（9 月 4 日）签订，主要内容如下：第一，借款 200 万两，年息 8%；第二，还款期限 10 年，前三年只偿付利息；第三，由湖北盐厘担保，不敷偿还时再以大冶矿山担保，但日方不得擅自开采。②

合同签订的同一天，清廷任命张之洞为军机大臣，这意味着他将彻底离开经营多年的湖北。③ 他先前接到进京之旨时，曾向军机处表示“本月二十日可当起程”，但行期一拖再拖，直至合同订立后的八月初二日（9 月 9 日）方才动身。对外陈述的理由，一是患病需要调养，一

① 「九月五日 在漢口水野領事ヨリ林外務大臣宛」『日本外交文書』明治期第 40 巻第 2 冊、649—650 頁。林权助致水野电见「八月三十一日 林外務大臣ヨリ在漢口水野領事宛」『日本外交文書』明治期第 40 巻第 2 冊、648 頁。

② 「九月五日 在漢口水野領事ヨリ林外務大臣宛」『日本外交文書』明治期第 40 巻第 2 冊、651—652 頁。

③ 中国第一历史档案馆编《光绪朝上谕档》第 33 册，广西师范大学出版社，1996，第 176 页。

是清理经手要政。[1] 但笔者揣测，其中应当也有等待借款成立的因素（参见下文）。

关于此次借款的用途，合同中写明“款准归四厂用，不归铁路用”，但没有具体说明。在谈判期间，正金总行曾于七月十五日（8月23日）指示刚成立的汉口办事处调查借款的用途。对方三天后回电，称借款将用于新建机器厂、造纸厂和罗纱厂。但据官钱局总办高松如透露，张之洞实际上想用这笔款项支付新造军舰与进京的费用。[2] 水野的报告对此说得更加清楚：

> 关于借款之用途，若用于铁路事业，因与英国之关系，容易惹起麻烦，故于合同中写明用于新设机械、罗沙［纱］、针、钉四处工厂，不用于铁路。至其实际用途，下官首先私下打听，莫非因总督此次进京，以清国向来惯习，其将于权贵之门有所馈赠耶？据称，按张总督之人格，决不至供此用途。另据探查之结果，目下湖北兵工厂所购煤炭等物之价，约有四十万两未付，须在总督出发前迅速结清。此外，前述四厂之费计六十万两。此外一百万两，乃为若有调任之命，则备作交代时一旦有事之预备费。另，于川崎造船所订炮舰、鱼雷艇之价款，向来自湖北固定公款中支出。此次总督进京之后，万一留在北京，前述炮舰、鱼雷艇自然由湖北之手移作中央政府直辖。不惟如此，其已付之款自不必说，未付之款亦将依然由湖北继续负担。倘若如此，于湖北甚属不妙，则提出此次借款

① 《致军机处》（光绪三十三年七月初四日发、七月二十三日发）、《鹿中堂来电》（光绪三十三年七月二十二日酉刻到），苑书义等主编《张之洞全集》第11册，第9662—9663、9670—9671页；《致京电局探送新任湖广制台赵次帅鉴》（光绪三十三年八月初四日辰刻发），《张之洞电稿丙编》第23函第2册，中国社会科学院近代史研究所，档案号：甲182-102。

② JACAR Ref. B04010786100（第20-21画像目）、対張之洞正金銀行借款雑件（外務省外交史料館）。

以为抵制之策。以目下之情势，二百万两上下之款，自可在官钱局资金中通融。然而特意向外国银行交涉，更指名正金银行，并接受年息八厘之高利。由此观之，似可窥知此中情状之几分矣。①

水野曾询问中方官员，这一借款是否将用于张之洞进京后对权贵的馈赠。对方的说法与前述高松如所言不同，予以否认。不过，此说恐怕不能轻易否定。当时外官进京时对京官例有馈赠，不仅需要打点权贵而已。就张之洞的私德而论，他是当时罕有的清官。但在清末官场风气日益败坏的情况下，他也不得不随波逐流，平常对京官多有赠银，为宫廷与权贵置办贡品、礼品时更是不惜重金。② 此次进京，必然又有大笔开销，对不蓄私财的张之洞来说是一大负担。时人对此也看得很清楚。一个月后，受命继任鄂督的赵尔巽曾私下向张之洞传话，表示愿意供应进京费用："中堂清节寰海共知，此次入都如有因公费用必当供给。"③

除馈赠京官外，这笔借款的第二项用途是合同中载明的四厂费用。根据1913年湖北民政长关于湖北应还外债情况致财政部的咨文，所谓四厂当为正在筹建的面粉、毡呢、造纸、针钉四厂。④ 参照前述正金汉口办事处和水野的说法，也可以加以印证。建厂花销自然不赀，借款亦是意料中事。

第三项用途是若奉命调任，则用以弥补亏空。亏空问题向来是清代地方官员办理交接时的一大难关。上年张之洞曾听闻中枢有意调他进京入宪政编查馆，立即致电时任军机大臣的姐夫鹿传霖力拒，抱怨"债

① 「九月五日 在漢口水野領事ヨリ林外務大臣宛」『日本外交文書』明治期第40巻第2冊、650—651頁。

② 茅海建：《张之洞的别敬、礼物与贡品》，《中华文史论丛》2012年第6期，第13—20、34—98页。

③ 《丁未八月初一邹道自京来电》，转引自邓红洲《张之洞"从缓""从速"立宪论》，金东吉主编《张海鹏先生七秩初度纪念文集》，社会科学文献出版社，2008，第357页。

④ 财政科学研究所、中国第二历史档案馆编《民国外债档案史料》第3册，档案出版社，1991，第336页。

累至数万金，如何能到京当差”。这里的“数万金”说的大约是私债，公家亏空必然远大于这个数目（如水野报告提到的湖北兵工厂欠款40万两）。事实上，他在湖北的亏空始终没有还清，幸好新任鄂督陈夔龙在他去世后大笔一挥，予以勾销。[①]

第四项用途则是湖北在日本川崎造船所订购的炮舰与鱼雷艇的建造费用。[②] 按张之洞的预测，如果他陛见之后留京任用（自然是入阁入枢），湖北舰艇将会被划归中央所有，而已付、未付的船款则会继续由湖北支付。在湖北看来，这自然是极不公平的做法。但在当时清政府加强中央集权的情况下，如此料想也是很正常的。所谓“提出此次借款以为抵制之策”，大约指要求清政府代为偿还这一借款，作为收编舰艇的补偿。结果如他所料，湖北的10艘日制舰艇皆被编入长江舰队，本息合计312.4万余两的船款仍由湖北支付（宣统元年还清尾款）。[③] 而正金借款依然归湖北偿还，不过在1915年改由北京政府财政部动用善后大借款，代还所余本金185万两与利息33万余两。[④]

另外，虽然日方报告中未曾提及，但根据前引湖北民政长咨文，借款目的还包括“赎回比国租界”。[⑤] 比利时于光绪二十五年在汉口私购民地600亩，企图设立租界。张之洞对此极力反对，双方交涉经年，最终于光绪三十二年议定中方以81.8万余两赎回比方所购地皮。[⑥] 张之洞“以巨款咄嗟难办，暂行息借华洋商款垫付”。在官钱局借款合同签订的前一天，他刚刚奏报此事，表示“现因地甫收清，息借之款已另

---

① 茅海建：《张之洞的别敬、礼物与贡品》，《中华文史论丛》2012年第6期，第4页。

② 相关情况参见吉辰《张之洞督鄂时期的军械购买、制造与日本因素》，《近代史研究》2020年第5期，第123页。

③ 《舰艇价目付清请奖筹款无误各员折》（宣统元年七月二十三日），李立朴等编校《陈夔龙全集》下册，第311—312页。

④ 《民国外债档案史料》第3册，第334—335页；第4册，第441页。

⑤ 《民国外债档案史料》第3册，第336页。

⑥ 《汉口租界志》编辑委员会编《汉口租界志》，武汉出版社，2003，第39—40页。

行筹款归还”。[①] 由此观之，赎地费用确实可能从这笔借款中支出。

此次借款与上年的湖北善后局借款一样，没有告知清政府。不过，合同签订之后不到半个月便走漏了风声。当年八月初十日（9 月 17 日），广州出版的杂志《振华五日大事记》刊登了一篇题为《张之洞之遗殃》的短文，严厉抨击此次借款：“今度支部方饬各省不得再借外债，未及旬日，而张之洞于将解湖广总任之际，又借日本正金银行二百万。夫张之洞故违度支部奏准之旨罪犹小，独将来以债务负累亡国为埃及之续，彼之肉其足食乎！”[②]

所谓度支部禁止各省再借外债，指的是当年六月度支部的上奏。该奏言辞比起前述光绪十九年户部上奏更加严厉，痛陈外债给财政带来的沉重负担，提出“地方要政所需只可就地筹办”，请求“饬下各省督抚，嗣后兴办一切，应就地方筹拨，不得轻易息借外债，以防危害而顾全大局”，奉朱批“依议”。[③] 不过，在各省新政需款甚巨，地方借款又早成风气的情况下，这样的禁令完全无法得到严格执行。事实上，度支部在措辞上也留了一道口子，仅称不得“轻易”借款。至于官钱局借款，虽然早经舆论披露，但也没有引起清政府的干预。

除前文所述湖北善后局、官钱局借款与两笔汇丰借款外，张之洞督鄂时期还于光绪三十一年向港英政府借款以赎回粤汉铁路路权。但这一借款系在清政府授权下办理，而且款项由湘、鄂、粤三省分摊使用、担保与偿还（鄂省分摊 1/7），并非单纯的湖北地方借款，自应另当别论。[④]

综上所述，张之洞督鄂时期所借外债如表 1 所示。可见，从光绪三

① 《收回汉口比国租界片》（光绪三十三年七月二十六日），苑书义等主编《张之洞全集》第 3 册，第 1802—1803 页。

② 《张之洞之遗殃》，《振华五日大事记》第 32 期，1907 年，第 30 页。

③ 王克敏等编《光绪丁未（三十三）年交涉要览》，台北：文海出版社，1976，第 2937—2940 页。

④ 《民国外债档案史料》第 3 册，第 277—279 页。

十二年起，张之洞的借款对象由英国转向日本，正金的借款金额也后来居上，超过了汇丰。这一年也正是正金在华贷款业务快速发展的一年。正金最重要的在华分行——上海分行，该年度的在华贷款总额为549.2万两，虽然不及对手汇丰上海分行（1300万两），但年增长额高达241%，远在该行（年增长额14%）之上。①

表1　张之洞督鄂时期所借外债一览

年份	责任人	借款方	借款数额	利息	年限	担保项*	用途
1890	广东善后局（代张之洞）	汇丰	16万两	年5.5%（?）	不详	广东闱姓捐款	新建湖北织布局
1900	张之洞	汇丰	7.5万镑（约合50万两）	年4.5%	10年	宜昌盐厘+其他税收	军费
1905	张之洞	港英政府	110万镑（约合744万两）	年4.5%	10年	湘、鄂、粤烟土税捐+其他税收	赎回粤汉铁路
1906	湖北善后局	正金	40万两	年7.5%	5年	汉口地皮	新建军营、学堂
1907	湖北官钱局	正金	200万两	年8%（回扣0.5%）	10年	湖北盐厘+大冶矿山	新建四厂等

注：*“A+B”的表述指首先以A项担保，不敷时再追加B项，下同。这一统计不包括张之洞以分期付款形式向日本购买军舰及其炮械所需款项。参见陶祺谌《张之洞与日本关系研究》，第166—170页。

三　张之洞离任后的湖北对外借款

张之洞进京之后，湖北地方政府的对外借款仍在继续，其中日款占有相当比重（包括议而未成者）。在此做一简要归纳，以便综合分析。

光绪三十四年七月初一日（1908年7月28日），陈夔龙为应付本

① 参见蕭文嫻「横浜正金銀行上海支店（一九〇〇～一三年）——香港上海銀行・チャータード銀行との比較を通じて——」『経済史研究』第14号、2010、182—183頁。

年秋操经费，由善后局出面与正金订借洋例银 50 万两，年息 8%，五年偿还，以汉口筹饷烟酒糖税局的烟叶捐、糖捐、酒捐三项担保。[①] 两个多月后有报纸报道，陈夔龙为支付广西、甘肃两省协饷，又向正金续借 15 万两，条件相同。[②] 由于《申报》的报道被广为国内学界利用的《清代外债史资料》一书收录，亦有论者沿袭这一说法。[③] 但是，笔者在日本外务省与民国财政部的相关档案中均未发现这样的记载，因此不予采信。

同年十二月二十七日（1909 年 1 月 18 日），汉口商会向汇丰银行订借洋例银 50 万两，用以维持市面，年息 5%。这笔借款虽由商会出面，但由江汉关出具用印借据，加盖总督关防，并由官钱局作保，因此也带有一定的政府性质。[④]

宣统元年六月十五日（1909 年 7 月 31 日），日本驻汉口领事高桥橘太郎报告外务大臣小村寿太郎，湖北善后局有意向正金借款 100 万两，用于“填埋汉口旧城壁附近之地面”（应指汉口后湖一带的开河筑路工程）。[⑤] 中方提出的借款条件是年息 7%（含回扣 0.5%），五年偿还，以汉阳竹木厘金（年收入 20 万两）担保。据称，汇丰银行与德华银行都试图承揽这笔借款，但善后局由于与正金往来频繁，属意于该行。高桥主张劝说正金接受，小村也知会了总理大臣兼大藏大臣桂太郎。不过，正金拒绝了这笔借款，原因不明。[⑥]

同年六月二十九日（8 月 14 日），陈夔龙为偿还债务，向汇丰银行订借洋例银 50 万两，年息 7%，十年偿还，以宜昌盐厘担保。值得注意

---

① 《清代外债史资料（1853—1911）》中册，第 442 页；JACAR Ref. B04010735800（第 11 画像目）、对支借款関係雑件/湖北省ノ部（外務省外交史料館）。

② 《鄂省又借外债解饷》，《申报》光绪三十四年九月二十四日，第 5 版；《湖北财政之大恐慌》，《时报》光绪三十四年九月二十四日，第 3 版。

③ 《清代外债史资料（1853—1911）》中册，第 477 页。

④ 《民国外债档案史料》第 3 册，第 336 页；第 4 册，第 443 页。

⑤ 吴剑杰主编《湖北咨议局文献资料汇编》，武汉大学出版社，1991，第 636—640 页。

⑥ JACAR Ref. B04010735900、对支借款関係雑件/湖北省ノ部（外務省外交史料館）。

的是，这笔借款事先曾经奏准，并由外务部照会英国驻华公使。[①]

同年八月十一日（9月24日），陈夔龙因“鄂省历年筹办新政，用项浩繁，积欠华洋商款至三百余万两”，奏请仿照光绪三十年直隶公债的先例，发行公债240万两用以还债，六年偿还，第一年年息7%，随后每年递增1%，债券由官钱局发行，布政使加盖印信，九月十三日（10月26日）由度支部议准。这批公债未规定担保，属于较为常见的无担保公债。发行之后，正金持有80万两，华俄道胜银行持有20万两，使之成为外债。[②]

宣统二年十一月初一日（1910年12月2日），日本代理驻汉口总领事来栖三郎报告小村，湖北由于财政困窘，有意以布政使名义向正金借款200万两以维持市面，年息6.5%，十年偿还，以烟、酒、糖捐（与光绪三十四年的正金借款相同）担保。[③] 正金没有接受这笔借款，原因不明。

宣统三年二月初四日（1911年3月4日），正金汉口分行报告总行，湖北度支公所为偿还债务，有意借款200万两，年息6.5%，十年偿还，并将通过谘议局的议决，由湖广总督奏准，并在合同上钤用总督关防。罕见的是，中方提出的条件居然包括不提供借款担保。正金拒绝这笔借款，也是自然而然的。[④]

同年闰六月二十日（8月14日），湖广总督瑞澂为偿还债务，与英国汇丰、德国德华、法国东方汇理、美国花旗四家银行订借洋例银200万两，年息7%，十年偿还，以宜昌盐厘担保（不敷使用时以湖北其他

① 《清代外债史资料（1853—1911）》中册，第506—508页。

② 《财政支绌拟办公债票以资弥补折》（宣统元年八月十一日），李立朴等编校《陈夔龙全集》下册，第314—318页；《清代外债史资料（1853—1911）》中册，第512—514页；《民国外债档案史料》第3册，第337页；第4册，第442页。

③ JACAR Ref. B04010736000、対支借款関係雑件/湖北省ノ部（外務省外交史料館）。

④ JACAR Ref. B04010736100、対支借款関係雑件/湖北省ノ部（外務省外交史料館）。

税收替代）。这笔借款同样经过了奏准。[①]

同年七月二十九日（9 月 21 日），湖北工赈局向华俄道胜银行订借洋例银 10 万两，用于治理汉江的沙洋堤工，日息 0.25‰（一作年息 9.3%，微有出入），半年偿还，合同钤用官钱局关防。[②]

同日，湖北度支公所亦向华俄道胜银行订借洋例银 10 万两。由于该公所案卷在武昌起义后遗失，借款的具体条件与用途目前尚不清楚。据北京政府财政部档案可知，其月息为 7.25‰。[③]

综上所述，可将张之洞离任至辛亥革命前湖北地方政府所借外债撮要列表如下（表 2）。

表 2　张之洞离任至辛亥革命前湖北地方政府所借外债一览

年份	责任人	借款方	借款数额	利息	年限	担保项	用途
1908	陈夔龙	正金	50 万两	年 8%	5 年	烟、酒、糖捐	秋操
1909	汉口商会（官钱局作保）	汇丰	50 万两	年 5%	不详	不详	维持市面
	陈夔龙	汇丰	50 万两	年 7%	10 年	宜昌盐厘	偿还旧债
	湖北官钱局（公债）	正金、道胜	正金 80 万两，道胜 20 万两	年 7%，年增 1%	6 年	无	同上
1911	瑞澂	汇丰、德华、汇理、花旗	200 万两	年 7%	10 年	宜昌盐厘+其他税收	同上
	湖北工赈局	道胜	10 万两	日 0.25‰	半年	不详	沙洋堤工
	湖北度支公所	道胜	10 万两	月 7.25‰	不详	不详	不详

① 《清代外债史资料（1853—1911）》下册，第 228—231 页。

② 《清代外债史资料（1853—1911）》下册，第 247 页；《民国外债档案史料》第 3 册，第 337 页。

③ 《清代外债史资料（1853—1911）》下册，第 248 页。《民国外债档案史料》第 3 册，第 337 页；第 4 册，第 442 页。按，《清代外债史资料（1853—1911）》所收北京政府财政部公债司档案称“月息 7 $\frac{1}{4}$%”（即 7.25%），有误。

可见，张之洞离任之后，湖北所借外债仍有相当数额。两者的一大显著不同，是之后的借款有不少得到奏准，而张之洞的借款从未经过这一程序（粤汉赎路借款除外）。这说明陈夔龙、瑞澂两位鄂督毕竟不似张之洞那样资望隆重、性格强势，因而不敢动辄绕开朝廷借款，更体现出了清季最后几年朝廷对地方财权管控的加强。另一大不同，是张之洞所借款项皆用于湖北地方建设或应急开支，而在陈夔龙、瑞澂任内，由于此前负债过多，借款的主要目的已经转变为借新债还旧债，这是清末民初中央与地方财政的一大通病。不难看出，张之洞在督鄂的最后几年里透支了湖北的财力。在他去世之后，有人尖锐地批评道：“南皮之为人也，好大喜功，造端宏大，而不顾其后。财力不足以供，则乞灵外人，以恣其挥霍。在鄂二十年所借洋款，以千万计。今日督抚之恣借外债，以贻害于国与民，其端实自南皮启之，此则爰书所不能末减者矣。”①

综合表1与表2来看，若不计并非纯为湖北地方借款的粤汉赎路借款，自张之洞督鄂以降，湖北所借外债约计776万两，其中正金借款370万两（此外尚有若干议借未成的案例），约占一半，超过汇丰借款。可以说，前述小村等人通过正金实行资本输出的计划在这里获得了很大的成功。在全国范围内，仅有汉冶萍公司的对日借款总额超过湖北。至于被日本视为势力范围的福建，其对日借款次数虽然比湖北稍多（皆由台湾银行经手），但总额有所不如。② 有论者在比较晚清鄂闽两省外债情况时认为：“与湖北情况不同，福建省地方外债则明显表现出与日本的特殊关系。”③ 其实，以湖北对日借款数额之多，且让正金拥有优先权，何尝没有体现出它与日本的“特殊关系”呢？

① 佚名：《张文襄公事略》，巴蜀书社编印《清代野史》第6辑，1988，第102—103页。

② 对当时日本对华借款的统计，参见加藤隆幹『日本对中国借款ー明治期日本対清国借款実証的考察ー』創英社、2011、311頁；久保田裕次『対中借款の政治経済史ー「開発」から二十一ヵ条要求へー』名古屋大学出版会、2016、19—20頁。

③ 马陵合：《晚清外债史研究》，第342—344页。

结　语

在清朝传统的财政体制中，“地方财政”存在的空间本来并不大。但自太平天国战争以降，地方开支的暴增与疆臣权势的扩张，使财权下移成为大势所趋。素有“屠财”之称的张之洞治下的湖北，便是一个典型的例子。为了应付日益浩繁的开支，张之洞督鄂期间多次对外借款。他早期借款的对象，主要是当时在华地位独大的汇丰银行，这正是英国在华势力的体现。在20世纪的前30年，英国对华资本输出一直稳定在各国总额的1/3左右。与此同时，甲午战后在华势力剧涨的日本也在急起直追，其对华资本输出虽在光绪二十八年（1902）仅占总额的0.1%，微乎其微，但到了1931年已高达35.1%，仅次于英国（36.7%）。[①]

本文涉及的借款是资本输出中的重要一环。对张之洞与湖北对日借款这一个案的考察，有助于认识日本对华资本输出的迅速发展。从光绪二十四年起，张之洞几次试图对日借款，暂未成功，而在光绪三十二年终于向横滨正金银行借到40万两（湖北善后局借款）。此次借款数额虽小，但规定正金拥有湖北对日汇款与对外借款的优先权，便于这家被日方视为对华资本输出主力的银行在湖北迅速开辟局面。其后至辛亥革命为止，正金的对鄂借款总额后来居上，超过了主要竞争对手汇丰银行。

正金在湖北取得这样的进展，原因在很大程度上是超经济的。该行董事小田切万寿之助身为资深“中国通”，其经验与人脉对此自然有着不小的帮助。张之洞“平素较之西洋诸国，更倾向于尽量依赖日本”的态度，对日方而言更是难能可贵的政治资源。在借款交涉中，日本人也体现出了比英国或其他列强对中国国情更深入的认识。在湖北善后局

① 〔美〕雷麦：《外人在华投资》，蒋学楷、赵康节译，商务印书馆，1959，第53—56页。

借款谈判中，日方不拘泥于得到清朝中央政府的保证，在利息更高的条件下反而击败了英、德等国银行。光绪三十三年的湖北官钱局借款同样体现了正金在湖北的优越地位。由于张之洞即将进京，中方迫切希望此次借款尽早成立，因此在条件上对日方尽量让步，却似乎没有考虑其他外国银行。张之洞进京之后，正金在湖北的优越地位或许有所减弱，但依然存在。宣统元年湖北善后局不顾汇丰和德华的主动承揽，打算向正金借款，便是典型例子。总之，湖北虽然不是日本所宣称的势力范围，但在财政方面与日本的特殊关系却是不容忽视的。这一案例，或可提示我们思考晚清财权下移与列强对华扩张的关联。

清代淮南盐业组织生产的基本原理

徐靖捷*

摘　要　清代淮南食盐生产中存在“灶亭”“商亭”“商本灶置”等三种不同生产资料所有制，其内涵反映了淮南盐业组织生产的基本形式。清代淮南制盐以煎烧为主，柴薪和卤水的利用是关键。在荡草日益紧张的前提下，获得荡地成为清代淮盐组织生产的首要前提。灶户、煎丁、场商在生产过程中出资的环节不同，形成了不同的风险承担模式和对应的产品分配方式，是淮南盐业形成包买制经营方式的重要原因，也是传统盐业手工业难以形成工厂化生产的重要原因。

关键词　淮南　盐业　荡地　包买制　生产组织

导　论

清代海盐生产，大多采取“招丁生产”的形式，煎丁领取商本进行生产，产出的食盐由商人按桶价收买。[①] 有清一代，海盐生产始终是“场商散做制”，以一家一灶为单位，难以形成集中的规模化生产。近代实业家张謇于光绪二十九年（1903）在淮南吕四场创办同仁泰盐业

* 徐靖捷，广东财经大学华南商业史研究中心主任、公共管理学院讲师。

① 徐泓：《清代两淮盐场的研究》，台北：嘉新水泥公司文化基金会，1972；王思治、金成基：《清代前期两淮盐商的盛衰》，《中国史研究》1981 年第 2 期，第 66—84 页；薛宗正：《清代前期的盐商》，《江淮论坛》编辑部编《徽商研究论文集》，安徽人民出版社，1985，第 539—561 页。

公司，“就旧法盐整顿，仿新法盐改良”，该公司改良盐业生产管理，设厂聚煎，仿照工厂制管理。然而，到了光绪三十四年就改回“包户”式经营；到了宣统三年（1911），因公司亏损严重，宣布废止雇工聚煎的生产方式，改回招收煎户，领草散煎，向公司交盐付价，即恢复传统的分散生产方式。[①] 对于张謇的盐业改良失败和盐业无法走向工厂化生产的探讨，学界往往从晚清盐政积弊太多、旧专商的窒碍、盐工积极性不高等方面分析同仁泰公司改革失败的原因，[②] 并未见到从盐业生产本身的特点和组织形式展开的分析。

学者们对传统手工业的生产组织形式进行研究，在对纺织业的讨论中，通过对“手工工场”和“大机器工厂”制的梳理，探讨手工业近代化的问题。[③] 邱澎生通过梳理清代前期苏州踹坊的“交易成本”与“法律制度”认为，“放料制”对投入生产事业的商人财产较有保障，在综合因素的影响下，工厂制不必然优于放料制。[④] 科大卫则指出，近代早期的纺织工厂中，承包式的管理方式更加普遍，是由于在没有标准化的会计制度的情况下，要进行有效的逐日成本管理，管理生产者往往比管理实际的所有者更加合适。[⑤] 在盐业生产中，近代化的生产主要发生在井盐区，而井盐和海盐的生产在技术上有诸多不同，尤其以燃料的来源不同为主要区别，天然气井的技术和资本的投入决定了井盐生产需

① 王敦琴主编《张謇研究精讲》，苏州大学出版社，2013，第196—198页。

② 虞和平主编《张謇——中国早期现代化的前驱》，吉林文史出版社，2004，第226—245页；曾凡英：《论张謇的盐业改革实践》，《盐业史研究》2000年第4期，第18—24页；马俊亚：《两淮盐业中的集团博弈与利益分配——张謇盐业改革的实践与困境》，《淮阴师范学院学报》（哲学社会科学版）2007年第1期，第123—129、140页。

③ 童书业：《中国手工业商业发展史》，上海人民出版社，2019，第364—375页；严中平：《中国棉纺织史稿》，商务印书馆，2017，第372—381页；等等。

④ 邱澎生：《由放料到工厂：清代前期苏州棉布字号的经济与法律分析》，《历史研究》2002年第1期，第75—87、191页。

⑤ 〔英〕科大卫：《近代中国商业的发展》，周琳、李旭佳译，浙江大学出版社，2010，第115—133页。

要大量的资本，风险分担的原则促成了早期的股份制合伙。[①] 在广大的海盐区，食盐生产在明清经历了官收官运到商收商运的转变过程，商业的资本进入后，生产组织形式从“官营”转变为“商营”，形成了“商亭”“灶亭”等不同组织形式。有研究则将这类生产组织形式总结为“包买制”，认为这是盐业手工业资本主义萌芽的表现形式。[②] 进一步考察海盐生产的要素、过程和风险，则会发现整个海盐煎烧的过程极难实现过程管理和成本控制。本文希望以淮南盐业的组织生产方式为例，探讨传统海盐生产中的核心要素和基本的组织方式，以及对应的管理和产品分配模式，以解释盐场无法进行工厂化管理的根本原因。

一　清王朝对生产资料的宏观管理

对于清王朝来说，盐课是国家财税收入的重要组成部分，清代有“两淮税课当天下租庸之半”[③]一说。且盐商的“报效”，是朝廷应对不时之需和地方发展公共事业的一个重要财源。[④] 因此，王朝国家对于食盐管制首先要保证盐商足额完课，其次要保证盐商的利润，维持盐务的运作。以往的

① 冉光荣、张学君：《四川井盐业资本主义萌芽的探讨——关于清代富荣盐场经营契约的初步分析》，四川大学学报编辑部、四川大学历史系编辑《四川地方史研究专集》，四川人民出版社，1980，第30—42页；彭泽益：《自贡盐业的发展及井灶经营的特点》，《历史研究》1984年第5期，第142—151页；郭正忠：《宋代井盐业资本主义萌芽的历史命运——关于“筒井风波”的考察》，《社会科学研究》1985年第3期，第63—69页；李伟：《富荣地区盐业经济中资本主义生产关系的萌芽和发展》，曾凡英主编《盐文化研究论丛》第1辑，巴蜀书社，2005，第202—213页。

② 简锐：《清代中期中国盐业的资本主义萌芽》，《盐业史研究》1992年第1期，第8—15页。

③ 嘉庆《两淮盐法志》卷55，碑刻下，扬州书局，同治九年。

④ 黄凯凯：《清代两淮盐商捐输新探》，《清史研究》2022年第2期，第125—137页。

研究对盐课的征纳[①]、盐商的捐输与朝廷的关系[②]、盐业的利润[③]等做了诸多探讨，是本文的重要基础。然而，保障利润的前提是盐场能够持续稳定地提供廉价的食盐。如果盐场供应不足，则盐价上涨，民间出现“淡食”，极易造成社会的不稳定；盐商无利可图，影响王朝岁入。因此，清王朝虽然放弃了直接的生产管理，但是通过“以商养灶”形式，实现了对生产单位的间接控制。[④] 这一过程是通过盐运司对荡地的批给、火伏的控制，还有燃料的限制来实现的。

荡地是盐场中的核心生产要素。荡地指的是盐场中可以提供柴薪的土地，明初盐场建立时，采取“计丁分拨”的形式分配给灶户。[⑤] 淮南由于沿海土地不断淤涨，盐灶需要不断向海边搬迁，称为“移亭就卤”。荡地面积虽然不断扩大，但由于自然的脱盐作用，可供煎烧的“新涨荡地”又是稀缺资源。[⑥] 清王朝非常清楚这些土地的价值，所以从立国之初就开始了对盐场草荡的清理。顺治十三年（1656）粘本盛条议两淮盐政，提到：“荡地荒芜，应听该差御史设法清丈，以均肥瘠。仍造册报部。”[⑦]次年，巡盐御史白尚登回复：“查消长、清乘除、

---

① 陈锋：《清代盐政与盐税》第 2 版，武汉大学出版社，2013。

② 江晓成：《清乾嘉两朝盐商捐输数额新考》，《中国经济史研究》2021 年第 4 期，第 76—92 页；李晓龙：《在物的“生活史”中解读盐商社会——读 *Luxurious Networks: Salt Merchants, Status, and Statecraft in Eighteenth-Century China* 所想》，温春来主编《区域史研究》2021 年第 1 辑，社会科学文献出版社，2021，第 217—228 页；汪崇筼：《乾隆朝两淮盐商输纳的探讨》，《盐业史研究》2003 年第 2 期，第 27—35 页；朱宗宙：《明清时期扬州盐商与封建政府关系》，《盐业史研究》1998 年第 4 期，第 3—16 页。

③ 汪崇筼：《明清徽商在淮盐经营中的获利探讨》，《盐业史研究》2007 年第 4 期，第 3—10 页；汪崇筼：《清代徽州盐商江仲馨获利案例试析》，《清史研究》2002 年第 2 期，第 106—111 页；汪士信：《乾隆时期徽商在两淮盐业经营中应得、实得利润与流向试析》，《中国经济史研究》1989 年第 3 期，第 95—111 页。

④ 李晓龙、徐靖捷：《清代盐政的“节源开流”与盐场管理制度演变》，《清史研究》2019 年第 4 期，第 31—44 页。

⑤ 刘淼：《明清沿海荡地开发研究》，汕头大学出版社，1996。

⑥ 鲍俊林：《明清两淮盐场“移亭就卤”与淮盐兴衰研究》，《中国经济史研究》2016 年第 1 期，第 114—124 页。

⑦ 康熙《两淮盐法志》卷 10《奏议一》，台北：台湾学生书局，1966，第 753 页。

均肥瘠，别无荒残荡地可用，清丈造册也。”[1]于是盐场开始了对荡地的清丈，目的在于清丈出还没有造册的“新涨荡地”。到了顺治十六年，两淮巡盐御史高尔位向皇帝报告了清查的成果，各场都清出了不少新涨沙荡升课。[2] 这些新涨荡地实际上是明代中期以后成陆的，多数已经建亭煎烧。此次清查后，新涨荡地给灶户报升。如伍佑场灶户陈元绘，在乾隆元年六月报升淤荡，“照依该场则例，每亩征银五厘……自乾隆元年始”。[3] 此时在盐场建亭之人，主要为场商而非灶户，如庙湾场“场商自我朝顺治初纪即已建亭招丁办盐供引”。[4] 在新兴场，“其地涨于明季清初，产草已旺，先为场商私占，建置亭场，办煎供引”。[5]这一时期，场商还不能够在法律上获得荡地，他们要么是占有无主地，要么是典买灶户的荡地。

场商对荡地的所有权在乾隆年间逐渐被承认。乾隆十年（1745），两淮盐政吉庆禁止了盐场的荡地典卖，但已经典给商人的荡地则任由商人管业。[6] 乾隆二十一年，当江苏巡抚庄有恭在又一次分派新涨荡地时，特别提出草堰、小海、新兴、庙湾四场为商亭，将这四场的新涨荡地“按见在煎办亭鳖，均匀酌配管业”。[7]庄有恭的改革，首先是承认了上述四场荡地已经被商人占有，其次是通过对新涨荡地的分配达到重新控制场商，继而控制生产的目的。得力的场商可以获得更多的荡地，如在草堰场，新涨荡地被派到了时任两淮总商的罗荣泰等人手上。[8] 至

① 康熙《两淮盐法志》卷 10，奏议一，第 757—758 页。

② 康熙《两淮盐法志》卷 10，奏议一，第 758 页。

③ 光绪《重修两淮盐法志》卷 97，征榷门，《续修四库全书》第 844 册，上海古籍出版社，1996，第 576 页上。

④ 光绪《重修两淮盐法志》卷 26，场灶门，《续修四库全书》第 843 册，第 226 页。

⑤ 民国《续修盐城县志》卷 5，赋税，《中国地方志集成·江苏府县志辑》第 59 号，江苏古籍出版社，1991，第 413 页。

⑥ 光绪《重修两淮盐法志》卷 26，场灶门，《续修四库全书》第 843 册，第 226 页。

⑦ 光绪《重修两淮盐法志》卷 26，场灶门，《续修四库全书》第 843 册，第 226 页。

⑧ 徐靖捷：《清代淮南盐场荡地赋役与地理分层研究》，《中国经济史研究》2020 年第 5 期，第 58—69 页。

此，清王朝对荡地的交易和分配打破了户籍的限制，将荡地真正分配到实际组织生产的商人手中，鼓舞了他们的积极性，商亭盐场规模迅速扩大。

清王朝食盐生产管理的另一个核心是防私。官府对于场私的控制手段有二：一是用火伏法控制食盐的生产时间，二是限制荡草的买卖以控制柴薪。首先我们考察火伏法。雍正六年（1728），盐场实行“火伏法”，规定了灶户起火的时间、方式，防止私煎。[①] 商人在其中充当重要的角色，有巡商、对磨等各类手续，[②] 极为烦琐，管理成本由商人承担。逻辑上，产量控制与商人牟利的本性相违背，而且商人的巡稽需要付出大量的成本，这些导致火伏法在实际运作中难以贯彻，对防止私煎起到的作用甚微。乾隆二十九年，两淮盐政高恒奏请革去各场巡商、对磨，改为在食盐运输的环节进行私盐控制，通过在水陆要隘添设巡快，对往来船只进行稽查，防止私盐出场。[③] 那么，我们应当如何看待火伏法的影响呢？笔者认为，火伏法强调了商人在生产中的管理功能，委任商人为生产的管理者，并且要求灶户所产之盐必须尽收商垣，借此换取商人的管理成本投入。这一方面规定了商人在生产中的管理者作用，促进了商业资本对生产领域的渗透。[④] 另一方面，火伏法使王朝国家能够对官盐的产量定额化。通过对每个盐场的盘鐅数量和每年起火的天数加以规定，达到“向来每场每岁俱有定额”。[⑤]

为了杜绝私盐的生产，官府还对荡草的交易进行了约束。荡草是在

① 乾隆《两淮盐法志》卷18，附火伏，于浩辑《稀见明清经济史料丛刊》第1辑第6册，国家图书馆出版社，2009，第625页。

② 乾隆《两淮盐法志》卷18，附火伏，于浩辑《稀见明清经济史料丛刊》第1辑第6册，第632页。

③ 光绪《重修两淮盐法志》卷26，场灶门，《续修四库全书》第843册，第284页。

④ 李晓龙、徐靖捷：《清代盐政的“节源开流”与盐场管理制度演变》，《清史研究》2019年第4期，第31—44页。

⑤ 嘉庆《两淮盐法志》卷30，场灶四，第7页。

荡地上自然生长出的植物，主要分为红草（盐蒿草）和白草（白茅草），[①] 是煎烧必需的燃料。灶丁煎盐一鐅，需草四十斤，五鐅得盐一桶，因此“每桶的成本以草价之贵贱为衡，加一工食”。[②] 这个是煎盐的实际成本。盐场之内以及盐场之间，可以进行荡草的交易。康熙年间，安丰场的灶户诗人吴嘉纪就曾“贩薪白驹场”。[③] 之后，荡草交易的规定逐渐严格。乾隆六年规定，“灶户赴邻场买草，必须本场填给印票，酌定限期，沿途照验”。[④] 乾隆十九年七月，吉庆奏言“禁止荡草出境贩卖”。[⑤] 第二年又进行修改，将红草之禁免除，但白草仍然禁止售卖。[⑥] 禁售荡草，一方面是保障本场的柴薪供应，另一方面则是防范私煎。然而，由于草卤资源的分布不平衡，有些盐场亭多荡少，[⑦] 需要市场进行调节，因此荡草禁售成为具文，各个盐场都存在贩草的现象，且草价随着市场高低波动。晚清以后，随着盐场荡地的开垦和周边地区经济的发展，草荡的价格越来越高，推高了制盐的成本，但官定桶价却极低。[⑧] 清王朝不得不对草价进行限制，同时规定了盐场最低的收盐价格，[⑨] 以鼓励煎丁继续生产。

考察清王朝对盐场的管理，可以发现，王朝国家虽不直接介入生产组织，但通过控制荡地分配间接地管理着生产资料的拥有者——商人或灶户，从而管理盐场。在生产的过程中，设置了“火伏法”和荡草买

① 鲍俊林：《略论盐作环境变迁之“变”与“不变”——以明清江苏淮南盐场为中心》，《盐业史研究》2014年第1期，第20—27页。

② 民国《南通县图志》卷4，盐业志，《中国地方志集成·江苏府县志辑》第53号，第121页。

③ 杨积庆笺校《吴嘉纪诗笺校》卷2，哭吴雨臣，上海古籍出版社，1980，第50页。

④ 光绪《重修两淮盐法志》卷26，场灶门，《续修四库全书》第843册，第227页。

⑤ 光绪《重修两淮盐法志》卷26，场灶门，《续修四库全书》第843册，第225页。

⑥ 光绪《重修两淮盐法志》卷26，场灶门，《续修四库全书》第843册，第225—226页。

⑦ 《清盐法志》卷107，场产门·垣收下，于浩辑《稀见明清经济史料丛刊》第2辑第5册，国家图书馆出版社，2012，第390页。

⑧ 鲍俊林：《15—20世纪江苏海岸盐作地理与人地关系变迁》，复旦大学出版社，2016，第181—184页。

⑨ 《清盐法志》卷107，场产门·垣收下，于浩辑《稀见明清经济史料丛刊》第2辑第5册，第384—386页。

卖的限制，对盐场的产量进行定额化管理。在清王朝的考虑中，并不希望盐场"广产"，而是由指定的商人在指定的盐场生产指定数量的食盐，从而保证食盐专卖不会被私盐干扰，以维护王朝国家专卖制度。

二 商业资本介入食盐生产的方式

清王朝的系列管理制度，将商人变成盐场生产的实际组织者。[①] 盐场生产的组织不同于明代的"团—总"，而是各自独立的亭灶，一个亭灶由亭场和灶舍组成，[②] 劳动力是煎丁，通常三家合一亭场制盐。[③] 这种生产组织形式被徐泓称为"场商散做制"。[④]

道光年间，魏源注意到了盐场亭灶有"商亭、灶亭、半商半灶之别"。[⑤]前辈学者对此做出过一些讨论，薛宗正认为，商亭是场商资本同制盐生产资料相结合，转化为产业资本，是盐业中资本主义关系的萌芽。[⑥] 李三谋则指出不同性质的亭灶中灶户私售的程度不同，生产资料集中到场商的手中后，收盐价格下降，灶户私售情况增加，最终冲击国家的食盐运销制度。[⑦] 上述研究均注意到了淮南盐场亭灶的性质，但仅从生产资料所有制进行分析，掩盖了盐场经营的复杂性。实际上，"商亭、灶亭、半商半灶"的生产模式从结果上看可以被认为是生产资料

---

① 何炳棣：《扬州盐商：十八世纪中国商业资本的研究》，巫仁恕译，《中国社会经济史研究》1999 年第 2 期，第 59—76 页。

② 民国《南通县图志》卷 4，盐业志，《中国地方志集成·江苏府县志辑》第 53 号，第 124 页。

③ 王幕韩：《江苏盐垦区土地利用问题之研究》，1935，第 45 页，收入萧铮主编《民国二十年代中国大陆土地问题资料》，台北：成文出版社，旧金山：美国中文资料中心，1977 年影印，第 45 册。

④ 徐泓：《清代两淮盐场的研究》，第 57—63 页。

⑤ 魏源：《筹鹾篇》，《古微堂集》外集卷 7，《清代诗文集汇编》编纂委员会编《清代诗文集汇编》第 585 册，上海古籍出版社，2010，第 410 页。

⑥ 薛宗正：《清代前期的盐商》，《徽商研究论文集》，第 548—549 页。

⑦ 李三谋：《明清财经史新探》，山西经济出版社，1990，第 160—161 页。

所有权的区别，[①] 从过程上看，则是商业资本介入生产的程度不同，盐商对煎丁生产出来的食盐享有不同的“包买权”。

亭场是淮南盐场煎盐的基本生产单位。煎盐法是将经过处理的卤水，通过煎烧结晶成盐，其品质控制的核心是对卤水的处理，成本控制的核心是柴薪的利用。淮南盐的制卤方式自宋代以后基本定型，采取刮土淋卤、石莲试卤的方式。[②] 对卤水品质的控制，决定了成盐品质的高低。同治十年（1871），为了减少泥沙混杂，提高盐的洁净度，改土井为砖井，光绪年间淮南各盐场又实行重淋法，进一步去除卤水的杂质。[③] 生产成本则主要取决于柴薪。清初官方规定，淮南盐灶“一灶两鐅”。[④] 其间，曾试验设“品”字形三鐅，但效果不佳。乾隆十年，淮南商人吴永琮请行三鐅暖卤法，于双撇之后，添鐅一口，用于暖卤。这一方法在掘港场试验后取得了成功，至乾隆十九年，请行于各场。[⑤]可见，随着荡草成本的升高，淮盐的生产越来越追求热效能的最大化利用。然而，不管是对卤水洁净度的追求还是对柴薪利用的最大化，主要依靠生产者的经验和精细化管理的程度。在缺乏统一的标准进行监控的情况下，难以在生产过程中对劳动者进行统一的管理和约束。因此，商人大多放弃了对食盐生产的过程管理，而采取“包买制”的形式介入。

1. 灶亭：灶户势力的延续

灶亭指的是“产鐅皆灶丁自置”。清代中期以前，淮南大部分盐场为灶亭，其中安丰、富安、何垛、梁垛、东台规模较大。[⑥] 灶亭中，生产所需的亭场、锅鐅、荡地、耕牛等资料都是由灶户所有，这和本地灶

① 朱冠登：《淮南商灶业荡权之争与亭荡产权关系的变化》，《盐业史研究》1990年第4期，第25—30页。

② 鲍俊林：《中国古代海盐生产技术的发展阶段及地方差异》，《盐业史研究》2021年第3期，第3—14页。

③ 陈锋：《清代盐政与盐税》第2版，第75页。

④ 光绪《重修两淮盐法志》卷28，场灶门，《续修四库全书》第843册，第244页。

⑤ 王方中：《清代前期的盐法、盐商与盐业生产》，《徽商研究论文集》，第502页。

⑥ 徐泓：《清代两淮盐场的研究》，第62页。

户势力较为强大有关。

安丰等五场在明代被定为“上场”,[①] 道里便宜，开中法下盐商多愿中此五场之盐，成化年间，就开始出现雇佣煎烧。[②] 万历以后，官府疏浚了富安、安丰灶河,[③] 进一步优化了交通条件，在明末盐引壅滞，盐商不愿下场支盐之时，两淮三十场中，仅此五场保留了食盐生产和商人活动。[④] 明清鼎革没有中断此五场的生产活动，康熙十六年（1677），御史郝裕指出：“淮南诸商办取给于安丰等五场，而淮北止在板浦等一、二场，其余各场之盐，无人买补。”[⑤]由此，在这几个盐场中，明代中期以后就形成了“豪灶”雇丁生产的局面，清代以后，本地灶户势力依据惯性继续掌控着食盐生产，外地商人资本难以进入，从而形成了灶亭盐场。在这些盐场中，灶户是生产资料的拥有者，但不是实际的生产者。乾隆十三年的一份吉庆的奏折中，称在安丰、富安场，因“米贵盐贱”滋事的犯人“虽附灶下营生，实皆海下无赖……皆民籍土棍，并无灶户在内”。[⑥]说明了灶亭盐场中实际从事生产者仍然是煎丁。

灶亭盐场由于没有形成商业资本的垄断，盐价较高，但是凭借着便利的交通，仍能保持一定的市场优势。一方面，这些盐场垣商众多，竞争激烈。嘉庆《东台县志》记载：“富安场商垣三十所；安丰场商垣一百三十二所；梁垛场商垣三十六所；东台场商垣三十所；何垛场商垣五十二所。”[⑦]

---

① 正统八年（1443），盐运使严贞请依据道里的远近，将两淮二十九盐场分为上、下二等，富安、安丰、梁垛、东台、何垛就被定为五上场，参见《明英宗实录》卷111，正统八年十二月丙申，第4页b—5页a。

② 嘉靖《两淮盐法志》卷6，法制志第六之三，《四库全书存目丛书》，史部274，第245页。

③ 《明神宗实录》卷220，万历十八年二月丁亥，第4页b。

④ 徐靖捷：《水灾、海口与两淮产盐格局变迁》，《盐业史研究》2019年第3期，第52—62页。

⑤ 乾隆《两淮盐法志》卷5，配运，于浩辑《稀见明清经济史料丛刊》第1辑第5册，第35—36页。

⑥ 朱批奏折：《奏为泰州安丰场汤连美等刁棍哄闹生事业经全获交有司审理事》（乾隆十三年六月初七日），中国第一历史档案馆，档案号：04-01-01-0156-015。

⑦ 嘉庆《东台县志》卷18，盐法，《中国方志丛书·华中地方》第27号，台北：成文出版社，1970，第736页。

但另一方面，这些垣商一般只是携资采买，不需要置办固定资产，故而流动性也较强。如在嘉庆十一年（1806），由于泰州分司盐场遭受水患，原其他盐场的盐商听闻安丰盐产较丰，都赶到安丰采买。[①] 这表明，在灶亭盐场中，盐业经营的门槛较低，一般“价高者得”，盐商众多，但通常无法控制整个市场。

2. 商亭：商业资本的进入

商亭是商人置办的亭场，由煎丁负责煎烧。朱冠登认为，商亭的产生有以下三个原因：第一，盐商自行利用闲置的新淤荡滩，雇丁刈草创煎；第二，灶户由于穷困或遇有天灾人祸，将其领升的荡地抵卖给商人，因而灶置亭场转化为商亭；第三，在政府查勘、丈升新淤中，盐商主动向官府请求领升，交纳课税，置亭雇丁，并得到官府许可。[②] 笔者认为，商人置办亭场的核心是荡地的来源，朱氏所讨论的三个原因，恰好对应了三种不同的荡地来源，在制度上也有其变化的过程。

商置亭场需要生产工具和土地。明代的盘铁是官方铸造的，但商人的锅鏊在明代中期就开始进入生产领域，[③] 万历四十五年（1617）灶课折银后，“惟锅鏊则众商自出资本鼓铸”。[④] 乾隆初年的《小海场新志》，记载了当时小海场有鏊80副，为六位商人自铸，招丁煎办。[⑤]

亭场建立的另一个要素是荡地。明清鼎革，淮南盐场受到了一定的冲击。部分盐场生产几乎停滞，灶户逃亡严重。清初，盐场沿海多有新涨荡地尚未登记升科，属于“无主荒滩”，[⑥] 一些商人在此建亭设灶。如庙湾场和新兴场“本场灶不煎盐，皆系商招募煎烧供引，增减

① 光绪《重修两淮盐法志》卷32，场灶门，《续修四库全书》第843册，第293页。

② 朱冠登：《淮南商灶业荡权之争与亭荡产权关系的变化》，《盐业史研究》1990年第4期，第25—30页。

③ 薛宗正：《明代的盐法变革与商人资本》，《盐业史研究》1990年第2期，第12—24页。

④ 雍正《两淮盐法志》卷5，煎造，于浩辑《稀见明清经济史料丛刊》第1辑第2册，第35页。

⑤ 乾隆《小海场新志》卷5，《中国地方志集成·乡镇志专辑》第17号，第212—213页。

⑥ 吴鸿璧、沈云瑞、刘障东译述《淮南新兴场北七灶商灶剧争之索隐》，1918，第6页。

不一”。[①]庙湾场的“场商自我朝顺治初纪即已建亭招丁办盐供引”。[②]对此，乾隆二十五年新兴场大使说：“查新兴一场，自因灶多逃亡，贫乏日多，荒场无力开垦，场商乃出资本以开垦之。”[③]所以，商亭盐场出现的条件之一是本地灶户势力较弱，新涨荡地被商人占有，置灶开煎。

乾隆二十年，庄有恭“按鐅分荡”后，形成了草堰、新兴、小海、庙湾等商亭盐场的保护性制度，商人的每副亭灶获得供煎荡地 200—400 亩。[④] 以草堰场为例，乾隆二十一年，草堰场查勘土地三段，共计 13989 亩，分给了场商程广益和本场灶户陈溯星等人。[⑤] 嘉庆二十三年，复勘新涨荡地 15 万亩，分配给李集庆、柴怡泰、洪修德、罗荣泰、洪豫立、鲍履顺、江立初、江荆发、洪泰来、陈谦质、胡和茂等商人“配煎纳课”。[⑥] 第二年，“草堰场灶户具呈该场续有淤地情愿置亭升科煎办”，泰州分司运判单国壮又将在原分荡地以东勘出新涨荡地 15000 余亩，“听本场灶户置亭办煎，统限一年之内置鐅起煎，倘逾限仍未置鐅起煎，不准分给，仍派煎盐人额之户认升”。[⑦]阔港以东的新涨荡地派给了草堰场灶户 101 户，其中陈氏 52 户，包括陈溯星的后人陈元鼎。[⑧]两次分荡，商人获得了超过 90% 的新涨荡地，灶户仅获得不到 10%，进一步奠定了草堰场商亭盐场的性质。考究这些商人的来源，草堰场的

① 雍正《两淮盐法志》卷 4，场灶，于浩辑《稀见明清经济史料丛刊》第 1 辑第 1 册，第 603、610 页。

② 光绪《重修两淮盐法志》卷 26，场灶门，《续修四库全书》第 843 册，第 226 页。

③ 吴鸿璧、沈云瑞、刘障东译述《淮南新兴场北七灶商灶剧争之索隐》，第 14 页。

④ 林振翰编《淮盐纪要》，商务印书馆，1928，第 36 页。

⑤ 姚恩荣：《清朝中期草堰场土地勘察和利用的情况、原因及其影响——兼论大丰垦区各公司开发历史》，全国政协大丰县委员会文史资料研究委员会、中共大丰县委党史资料征集委员会办公室、大丰县编修县志委员会办公室编印《大丰县文史资料》第 1—2 辑，第 97—115 页。

⑥ 嘉庆《两淮盐法志》卷 27，场灶一，第 20 页。

⑦ 朱批奏折：《奏报场灶荡地新淤勘明照例升科事》（嘉庆二十四年月初九），中国第一历史档案馆，档案号：04-01-35-0497-044。

⑧ 姚恩荣：《清朝中期草堰场土地勘察和利用的情况、原因及其影响——兼论大丰垦区各公司开发历史》，《大丰县文史资料》第 1—2 辑，第 97—115 页。

垣商全部是徽州籍商人，他们在西团建了徽州会馆，该馆后来成为草堰盐课司的公署。[①] 小海场本地米豆商人袁文耀也早在乾隆时期的家族文献中指出："吾乡生业最大者，如鹾商、典商、皆徽西人为之。土著者绝少。"[②]

商人对荡地产权的确立是商亭发展的有力保障。乾隆《两淮盐法志》中，还记载了如石港场"新置锅鐅四十七副，本场废煎日久，雍正十年大使王之正详请复煎，建鐅五副。乾隆六年大使胡作肃募商增置"。[③] 余东场的锅鐅为"场商置就，租给煎丁，破损者缴换，按季申报"。[④]可见，这两场的锅鐅也皆为商置。但由于并不在庄有恭"照鐅给荡"的商鐅盐场中，新涨荡地仍然分拨给灶户，形成了"灶户业荡并不煎盐，煎丁摊晒反无额荡……垣商例向灶户输租，几数倍于应完折价草课……以致商丁交困"[⑤]的局面。由此可见，场商无法在这些盐场拥有荡地，反而受制于灶户，大大限制了这些盐场的发展。因而，商亭盐场出现于清初，甚至可能更早，其发展得益于制度上对草堰等四场荡地分派方式的改变。在确定了荡地产权以后，大商业资本积极进入盐场，并且参与到盐场的公共事务中，为草堰等盐场的发展注入了极大的活力。

3. 商本灶置："商亭灶赎"的影响

前人研究指出，"商本灶置"的出现是由于灶户资本不足，向商人借贷后无力偿还，形成这种"半商半灶"的所有制关系。[⑥] 持这种观点

① 江苏省大丰市盐务管理局编《大丰盐政志》，方志出版社，1999，第92页。

② 《淮南袁氏族谱》，大丰市姚恩荣手抄。

③ 乾隆《两淮盐法志》卷18，灶具，于浩辑《稀见明清经济史料丛刊》第1辑第6册，第650页。

④ 乾隆《两淮盐法志》卷18，灶具，于浩辑《稀见明清经济史料丛刊》第1辑第6册，第654页。

⑤ 光绪《重修两淮盐法志》卷26，场灶门，《续修四库全书》第843册，第229页。

⑥ 〔日〕佐伯富：《清代盐政之研究（续）》，顾南、顾学稼译，《盐业史研究》1993年第3期，第10—24、49页。

的学者，大多受到魏源“半商半灶者，穷灶借垣商工本煎盐”[①]观点的影响。但笔者认为，“商本灶置”与商亭的本质区别，是制度上是否承认商人对荡地的所有权。商人能够拥有荡地，即形成商亭；商人没有荡地的所有权，即形成“商本灶置”。灶户向商人称贷的记载早在明代成、弘年间即已出现，[②] 到了清代已经非常普遍。乾隆元年，大学士朱轼条奏：“凡灶户资本多称贷于商人，至买盐给价，则权衡子母，加倍扣除，又勒短价。”[③] 但此时并未见“商本灶置”的说法。且在产权关系上，灶户典卖荡地后，荡地的业权转移给场商，这正是商亭获得荡地的途径之一。

因此，灶户典当土地并不是“商本灶置”形成的原因。“商本灶置”是清代中期以后的产物，其形成与乾隆时期的“商亭灶赎”制度相关。

乾隆十年，两淮盐运使吉庆“清理盐荡”，要求乾隆十年以后的商灶交易都必须登记在清册中，注明年月、典卖姓名、顷亩数等，由商人管业，但商人再次转卖时，需卖给灶户而不许再转卖给商人。[④] 刘淼认为，这标志着灶户荡地典卖从制度上被禁止。[⑤] 但需要看到，此“禁令”是有限度的。根据吉庆的上奏，荡地典卖给民户与典卖给场商需要区别对待。荡地典给了民户，民户不过图得草薪，如果荡地肥沃，则私垦成田，于煎务有害。场商典买荡地，则会募丁煎樵，于煎务无害。于是，吉庆以乾隆十年为界，乾隆十年以前，商灶交易的荡地，要求灶户回赎，如果灶户无力，仍然任由商人管业；乾隆十年以后，不许灶户

① 魏源：《筹鹾篇》，《古微堂集》外集卷7，《清代诗文集汇编》第585册，第410页。

② 徐泓：《明代后期盐业生产组织与生产形态的变迁》，《沈刚伯先生八秩荣庆论文集》，台北：联经出版公司，1976，第389—432页。

③ 朱轼：《请定盐法疏》，《皇朝经世文编》卷50，《魏源全集》第15册，岳麓书社，2011，第725页。

④ 光绪《重修两淮盐法志》卷26，场灶门，《续修四库全书》第843册，第223—225页。

⑤ 刘淼：《明清沿海荡地开发研究》，第223页。

将荡地典卖给商人。[①] 凭此规定，灶户可以主张赎回荡地，即新兴场在乾隆二十五年发生的“商亭灶赎”案。

乾隆二十五年，新兴场大使卢见曾以乾隆十年“商人例禁典买灶产”为由，要求登记商灶交易年份契价，由灶户“分年酌扣花息还商，全赎归灶”。此事迭经场大使与泰州分司讨论，确定了以下几点：第一，商置亭鐅中，凡是灶户典卖的，令其设法赎回；第二，商置亭鐅中，其供煎之丁是灶籍的，荡地归该丁樵业，该丁负责纳课；第三，遇有丰年，荡草煎余出售获利的，由场官提成一部分，扶持穷灶赎回灶产；第四，现有商亭，荡草限在原亭供煎，煎出盐限卖给原亭盐商。[②]由于民国时期，新兴场因盐垦土地的交易引发了灶丁、垣商和盐垦公司之间的纠纷，当地人刘障东等整理了《淮南新兴场北七灶商灶剧争之索隐》这一材料，讲述新兴场荡地归属的原委。这一珍贵的史料揭示了新兴场转变为“商本灶置”盐场的过程，应引起重视。

首先，新兴场被庄有恭列为商鐅盐场，规定荡地“照鐅分配”。但由于新兴场灶户呈控商人侵占荡地，乾隆二十五年场大使卢见曾进行清查，“灶置者六百三十九户，商置者一千二百四十五户”。[③]在新兴场中，1/3 的亭场归灶户所有，2/3 的亭场为商置。卢见曾依据乾隆十年的规定，认为商亭名下的荡地，应令灶户设法赎回纳课完粮。而对于新淤荡地的分配，则是“商置鐅产分派淤荡，钱粮立煎丁的名完纳”。[④]这是对于“商本灶置”来说非常关键的制度，即荡地登记在灶丁名下。新兴场为此专门“造送商置亭鐅花名清册到司”。[⑤] 在刘障东等人整理的材料中，有一份乾隆二十八年的分淤执照，上书“商人江德升、鐅

---

① 光绪《重修两淮盐法志》卷 26，场灶门，《续修四库全书》第 843 册，第 223—225 页。

② 朱冠登：《淮南商灶业荡权之争与亭荡产权关系的变化》，《盐业史研究》1990 年第 4 期，第 25—30 页。

③ 吴鸿璧、沈云瑞、刘障东译述《淮南新兴场北七灶商灶剧争之索隐》，第 7 页。

④ 吴鸿璧、沈云瑞、刘障东译述《淮南新兴场北七灶商灶剧争之索隐》，第 22 页。

⑤ 吴鸿璧、沈云瑞、刘障东译述《淮南新兴场北七灶商灶剧争之索隐》，第 26 页。

户孙惟国”两人的姓名,[①] 使商、灶共同成为一个生产组织单位。在这一制度下，领荡的煎丁在官府登记纳课，在制度上拥有荡地的业权。在生产上，“其所产之草，尽本商锅鐅煎盐，煎出之盐，照市价买与本商，不准私贩”。[②]也就是说，“商本灶置”的生产组织方式，是在灶丁登记荡地制度下，商人资本与领荡煎丁结合而形成的一种经营方式。类似的情况还有伍祐场。伍祐场在历次官府的清查中，都被明确认定为灶亭。道光二年（1822），两淮盐政曾燠向户部奏报新淤盐场升课事时也特地指出：“伍祐场涨出新淤荡地……该场均系灶鐅，应按现煎盘鐅匀派领升。”[③]在伍祐场，新涨荡地被分给灶户，但文献中一直称之为“商本灶置”的盐场，如同治七年，伍祐场垣商尉宏美等禀称：伍祐场有垣商 40 余名，“向皆商本灶置”。[④]光绪三十三年，知府许景璧详陈通泰各场情形称：“伍祐、何垛二场为商本灶置。”可见，“商本灶置”的核心还是在于灶户是荡地登记的主体。但由于锅鐅的成本较高，如“新兴之锅鐅一付，果需银至百金”，[⑤]依靠煎盐为生的煎丁无力修置亭灶，更别说置办其他生产资料。因此，商人的资本提供和维护生产工具，造成了“商本灶置”的局面。

综上，“商本灶置”是商亭盐场在朝廷荡地政策分配制度下演化出的折中产物。“灶亭”、“商亭”和“商本灶置”的区别主要在于荡地登记在何人名下。“灶亭”即灶户向朝廷领荡纳课，组织生产；“商亭”即商人直接向朝廷领荡纳课，组织生产；“商本灶置”则是在特殊政策下，原本的“商亭”中的荡地强制性地被灶户赎回后形成的生产关系。三者除了在生产资料所有制上的区别，还存在产品分成方式

① 吴鸿璧、沈云瑞、刘障东译述《淮南新兴场北七灶商灶剧争之索隐》，第 72 页。

② 吴鸿璧、沈云瑞、刘障东译述《淮南新兴场北七灶商灶剧争之索隐》，第 36 页。

③ 朱批奏折：《奏为场灶新淤荡地勘明循例升科》（道光二年七月十三日），中国第一历史档案馆，档案号：04-01-35-0501-08。

④ 光绪《重修两淮盐法志》卷 143，优恤门，《续修四库全书》第 844 册，第 506 页。

⑤ 吴鸿璧、沈云瑞、刘障东译述《淮南新兴场北七灶商灶剧争之索隐》，第 35 页。

和风险承担的区别。

三　垣商的经营方式

淮南盐场中垣商的经营方式属于包买。但在“灶亭”“商亭”“商本灶置”不同的产权关系下，垣商出资的份额决定了其对于产品的处置权大小，同时也决定了其在经营中风险承担的高低。

灶亭盐场由于场商无法垄断收购，交易环节较多，收盐价格最高。乾隆十年二月，富安等场食盐每引卖至二两有余，场商叫苦不迭。运使朱续晫的一段奏报，反映了灶亭盐场的交易过程。灶丁生产之盐，先是运到盐市牙人把持的盐仓（被称为地主），垣商在地主处收盐，因而受到地主的盘剥。但由于地主是本地灶户，与灶丁关系密切，成为盐场交易的中介，场商无法直接在各灶零星收买，只能增价收买地主之盐，造成了盐价上涨，侵蚀商本。[①]

朱续晫指出，外来场商在盐场交易也无法离开中介，因此对盐牙只能约束，无法革除：“但许其招盐到垣，即听商灶觌面自相交易，不许伊等经手银两，擅评盐价。”各场发给牙帖，各场大使分四季，每季按照成本进行定价，在各垣中公示，听商灶交易。[②]

同年，泰州分司同知孟贞骥尝试从管理运盐船只和控制食盐交易的数量两方面入手，减少盐牙的影响。由于盐灶一般靠近海边，盐垣一般靠近范公堤，二者之间有灶河相连，需要运盐船进行转运。在盐场中，运盐船有三种性质。一是“商人主顾船”，这种一般是商人的船，商人“主顾”预先付给灶丁订金，灶户煎出食盐后按约由“主顾”收买。二

① 乾隆《两淮盐法志》卷5，配运，于浩辑《稀见明清经济史料丛刊》第1辑第5册，第46—47页。

② 乾隆《两淮盐法志》卷5，配运，于浩辑《稀见明清经济史料丛刊》第1辑第5册，第49页。

是“掌管腹内船”，则是当地人“掌管”的船，从煎丁处收买食盐后再转卖给商人。三是“拨户、灶户散船”，即煎丁自有的船，可以和商人直接交易。孟贞骥建议将所有的船变为“商人主顾船”：“主顾船仍归主顾；掌管船查明投认何商，即分派该商名下；拨户、灶户散船派给无主顾之商。”[①]这一做法，试图承认和保护盐场收盐商人的利益，隔绝了盐牙从中盈利的可能。但在实际的操作中，一方面是存在商人抢买盐货，抬高了“主顾”的订金的问题；另一方面更为重要的是，“中介”掌握着交易信息，是传统商业中难以绕开的角色：

> 彼即虽与此商为主顾，而掌管告彼以某商肯出若干价，诱其将盐装入某商主顾船内，进关入垣，虽有如神之知，亦无术以禁之。[②]

因此，革除盐牙的效果不甚理想。而在富安场和安丰场，孟贞骥则制定了“议设垣总，轮派收买”的办法，将所有盐货先收到盐垣中，商人轮候购买，每次收购其盐引总数的1/10，直到收完为止。这种收盐的方法，在遏制商人抬价抢购的同时，打击了地方“掌管”的利益。由于盐垣是“派商”轮流管理，煎丁直接把盐交到垣中，本地“掌管”居间牟利的空间被大大压缩。乾隆十年十二月，运使朱续晫上奏称此法效果明显：

> 富、丰自轮买以来，商灶相安，实有成效，其梁垛、何垛、东

① 乾隆《两淮盐法志》卷5，配运，于浩辑《稀见明清经济史料丛刊》第1辑第5册，第45—58页。

② 乾隆《两淮盐法志》卷5，配运，于浩辑《稀见明清经济史料丛刊》第1辑第5册，第53页。

台请照此一律永定章程。[①]

此后，富安、安丰、何垛、梁垛、东台五个灶鏊盐场，在制度上规定商人需在公垣轮派收买食盐。不过，“轮买”可能也未成定制。嘉庆十一年，由于泰州分司盐场遭受水患，运使曾燠重申了“乾隆十年之案”，“按垣轮派收买”。[②] 由此可见，乾隆十年到嘉庆十一年，轮买并未一直实行。因此，灶亭盐场的盐价随时涨落。魏源观察到：“灶亭则产鏊皆灶丁自置。其盐任售各垣，其价随时长落，每桶贱则五六百文，贵则二千余文不等，此利在灶丁者。”[③]根据《清盐法志》，同治四年，淮南盐场曾经核定桶价，同治七年酌减桶价。灶亭盐场东台、何垛、梁垛、富安、安丰，减价前的桶价在780—880文，减价后，桶价在720—800文。[④]

而在商亭和商本灶置盐场中，收盐价格低于灶亭。魏源称：“商亭产皆商置，丁皆商招。其所煎之盐，照锹计火归垣，每桶二百斤，两桶成引，每桶给价钱百文至八百文止，盐价例无长落。即有灶丁借欠调剂，通计每桶约加百文而止。半商半灶者，穷灶借垣商工本煎盐，桶价与商亭等，此皆利在场商垣商者。”[⑤]这是因为，这两种盐场中的垣商部分或是全部提供生产资料。笔者找到的一份垣商和煎丁的合同，能很好地呈现垣商和煎丁之间的分配比例。庙湾场垣商张振隆店，大约在乾隆年间开始在庙湾经营盐业，该店与煎丁的合约如下：

具领官鏊煎丁江起高、胞弟成功□亲保韩文礼、周献如说和，

① 乾隆《两淮盐法志》卷5，配运，于浩辑《稀见明清经济史料丛刊》第1辑第5册，第57—58页。
② 光绪《重修两淮盐法志》卷32，场灶门，《续修四库全书》第843册，第293页。
③ 魏源：《筹鹾篇》，《古微堂集》外集卷7，《清代诗文集汇编》第585册，第410页。
④ 《清盐法志》卷107，场产门·垣收下，于浩辑《稀见明清经济史料丛刊》第2辑第5册，第384—386页。
⑤ 魏源：《筹鹾篇》，《古微堂集》外集卷7，《清代诗文集汇编》第585册，第410页。

领到张振隆旗台下官鐅二口、桑坨一张，大牤牛一只、□牛一只、黑黄犍牛一只，并一切应用家伙房厦亭场齐全。自领之后，勤紧办引，小心供养牛只备用物件，照火伏产盐。一半归算店分，一半分身。其盐俱归本店配引，照场例随时给价，不得另售他店。……

乾隆二十二年十二月十一日 具领官鐅煎丁江起高 成功

亲保 韩文礼 周献如

店主执①

在这一份契约里，所有的生产工具和牛只都由垣商提供，煎丁仅出卖劳动力。但是，煎丁并不领取工资，而是与垣商就产品进行分成。在张振隆店嘉庆六年的另一份契约中，煎丁李廷富“自领之后遵照火伏产盐，一半归算店分，一半归身，其盐俱归本店配引，照场例随时给价，不得私售别店”，②可见，五五分成应为“商本灶置”盐场中的惯例。在“商亭”生产关系中，垣商前期的投入包括土地和生产工具，煎丁需要承担柴薪的成本，所以，在产品分成时，垣商可以占有煎出产品的一半，另一半则采取包买的形式。

与“商亭”形成对比，“商本灶置”盐场中，煎丁自有生产资料，商人给予“本金”。新兴场乾隆三十三年灶户领取商本的执照，内容如下：

□□□□□□□李士刚，册名李元文，今领到商人吴恒源名下课本纹银三十两。现有牛轮鐅口齐全，在于潮通港地方煎烧，逐日所产盐斤送入本店包垣交□，不得私煎透漏。今恐无凭，立此领纸存照。所有上手领纸账目检出尽属无用再批。

乾隆三十三年三月初八日立　领课本煎丁李士刚

① 王振忠主编《徽州民间珍稀文献集成》第5册，复旦大学出版社，2018，第11页。

② 王振忠主编《徽州民间珍稀文献集成》第5册，第31页。

恒源店执　　彭念祖　刘可仕同押　张汉仕　卢一凤[①]

恒源店是新兴场垣商吴恒源名下的盐店。在这一契约中，吴恒源预付给煎丁李士刚订金三十两，煎丁自有生产资料，领本以后，垣商与煎丁订立包买关系，不能向别垣售卖产品。

至此可以总结出三种不同产权关系的产品分配方式。灶亭产品由煎丁和中介共同处置，场商没有处置权；商亭产品由垣商占有五成，享有另外五成的包买权；商本灶置亭场的产品，垣商享有包买权。但以上所谈的产品分配主要指的是盐灶所生产出来的在火伏内的额盐。让人感到奇怪的是，制度上，火伏法规定一年的起火时间只有90—120天。[②] 而根据《盐法通志》，淮南“每年正、二、十一、十二四个月为欠产，三月至于十月八个月为旺产，各场皆同”。[③]也就是说，在长达8个月的旺产期中，制度规定最多允许煎烧120日。可见，王朝国家对于场产定额的预算是较为保守的。由此可以推断，火伏之外存在“私盐”。这部分的产品怎么分配？以往限于史料，较少讨论。近年来，随着对淮南盐商文献的挖掘，可以看出一些端倪。首先，乾隆四十三年，盐政伊龄阿向户部奏报的时候就提到了要“委员赴场抽查，如有私增盘鐅，与册不符，即眼同毁弃，并将灶户场官，分别究治”。[④]可以看出，盐场中存在私增锅鐅的情况。在张振隆店的文书中，一份“计呈苇荡煎丁花名清单”文末有陈洪绪的署名，清单登记了“在册煎丁14户，官鐅28口，额亭14面，外朦增并包庇共计私鐅15户，私亭15面”。[⑤] 张振隆店要购买原来的垣商胡祥益的亭场鐅产，因涉及垣产交易的确认，遂有了盐

① 吴鸿璧、沈云瑞、刘障东译述《淮南新兴场北七灶商灶剧争之索隐》，第76页。
② 嘉庆《两淮盐法志》卷30，场灶四，第7页。
③ 《盐法通志》卷37，场产13，于浩辑《稀见明清经济史料丛刊》第2辑第19册，第151页。
④ 光绪《重修两淮盐法志》卷26，场灶门·盘鐅上，《续修四库全书》第843册，第248页。
⑤ 王振忠主编《徽州民间珍稀文献集成》第5册，第14—15页。

场官员对于私增锅鐅的认可。这样的例子再次证明火伏法的关键不在于防私。其次，垣商私增锅鐅似乎也不构成大的危害，反而是垣商盈利的一个重要手段，即在贩卖官盐的同时，夹带私盐，以获取更大利润。

此外，煎丁也会偷漏私盐，因此垣商与煎丁分成的仅为定额内生产的食盐。王振忠教授曾整理扬州盐商宋迪文与伍祐场垣商之间的书信往来，内容是同治十三年九月到十一月，伍祐场盐产情况以及其他盐场经营情况，结合零星的数据可以分析出：

9 月 1—13 日，收盐 214 桶 7 分半；

9 月 23—25 日，收盐 445 桶 9 分半；

9 月 26—30 日，收盐 205 桶 8 分半。[①]

虽然在信件中并未说明垣商吴聚五、宋毓堂拥有的亭鐅数量，仅知道在南灶有煎灶 700 多起，但从上报的盐产数来说，波动非常大。九月一日到十三日，日均收盐 16 桶 5 分，九月二十三日到二十五日，日均收盐 148 桶余，而最后五天日均收盐 41 桶余。因为信件中强调“俱系天气朗晴”，可以排除天气的影响，而回到扬州的宋商反复询问的“其中难免有透漏之处？”“其中是否有弊？”等问题上。[②] 这一事件明显反映了盐灶偷漏私盐的情况还是比较普遍的，垣商对生产的管理势必无法杜绝这一现象。

从价格上看，商亭和商本灶置亭场收盐价格接近。商亭盐场草堰、小海，减价前的桶价在 670—740 文，减价后桶价为 610—680 文。商本灶置的新兴、伍祐等场，减价前桶价为 620—750 文，减价后桶价为

① 王振忠：《清代扬州盐商宋迪文信函汇编之考释》，《东吴历史学报》（台北）第 21 期，2009 年 6 月。

② 王振忠：《清代扬州盐商宋迪文信函汇编之考释》，《东吴历史学报》（台北）第 21 期，2009 年 6 月。

559—680 文。唯一例外的是本属商亭盐场的庙湾场，桶价减价前为 850 文，减价后为 800 文，与灶鐅盐场基本相同。[①] 但此时，庙湾场的经营已经遇到了极大的困难。同治初，庙湾场大使蒋绍镛[②]就向两淮运使丁日昌报告垣商倒闭的情况。[③] 由此推断，庙湾场定价不符合市场的逻辑，可以归为特例。

场盐价格一方面反映了商人和灶丁前期投入成本的高低，另一方面也反映了食盐生产中的风险承担。从成本的角度看，灶亭盐场中，灶户承担了全部生产工具、柴薪的成本，同时也承担了全部的风险，由此可以将产品卖出更高的价格。同时，在交易的中间环节，船户、掌管等从中撮合，因而可以获取利润。所以，盐商在灶亭盐场公垣的收盐价，是不承担任何生产风险的最终价。而在商亭盐场和“商本灶置”盐场中，场商经营的资本投入较大，一旦遇到天灾人祸、资金周转不灵，就有可能造成亏损。场商的成本，一部分来自基础投资。根据丁日昌的计算，“约计新筅一亭，挑塘、筑墩、起建灶屋、买置鐅口，统需成本二百数十千文”。[④] 可见，一副亭场的置办，本身需要大笔的投资。另一部分成本，来自在生产中需要预付给煎丁的工本。张振隆店有一张乾隆四十年的欠条，煎丁孙文退煎以后无法偿还工本三十千零七百六十文。[⑤] 垣商预付的资金包括课本、草本等，本应在煎丁交盐时扣除，但遇到煎丁长期交盐不足，或是退煎，则很难追回。同治七年，有垣商称：“历年付灶计欠有百余万串。各垣认欠收盐，名曰主顾，是为灶亭，则灶欠钱文，即商垣血本，节年修置亭灶，统计续放新欠，又约十余万串。”[⑥]此

① 《清盐法志》卷 107，场产门 · 垣收下，于浩辑《稀见明清经济史料丛刊》第 2 辑第 5 册，第 384—386 页。

② 民国《阜宁县新志》卷 3，内政志，《中国方志丛书 · 华中地方》第 166 号，台北：成文出版社，1975，第 180 页。蒋绍镛于同治元年、同治四年两次担任庙湾场大使。

③ 赵春晨编《丁日昌集》（上），上海古籍出版社，2010，第 338 页。

④ 赵春晨编《丁日昌集》（上），第 338 页。

⑤ 王振忠主编《徽州民间珍稀文献集成》第 5 册，第 18 页。

⑥ 光绪《重修两淮盐法志》卷 143，优恤门，《续修四库全书》第 844 册，第 506 页。

外，运商的挂欠也是一笔不小的资金。道光以后，淮盐销售不如往日。道光元年，有规定“运商随时付价捆盐，不得少有挂欠，以资垣商”。[①]咸丰以后，淮南盐引岸丧失，积引严重，场盐无商收买，影响了资金回笼。同治五年丁日昌计算，“存堆之盐约百万引，占搁成本四五百万串”。[②] 同治七年，曾国藩奏称：“鄂湘两局积压淮盐不下十余万引，存数极多，销数极滞。”[③]同治十年，积在场栈的盐引有五十万引，湘、鄂岸积压的盐引更达到了七十万引。[④] 因此，这一时期场商资本短拙的问题就暴露了出来。同治十年，伍祐场垣商何至华将自有盐灶 200 副用于抵偿其向曾任两淮运使的乔松年所借款项二万两，[⑤] 以银钱计算几乎打了对折，但接手经营的乔家家仆杨澍称：“此项垣产在早年本为累产，垣商坐此穷困者不一而足。”[⑥]可见，资本投入较大，一旦资金周转速率降低，将极大地影响垣商的利润，造成垣商经营困难甚至倒闭。

鲍俊林讨论过，在商亭经营的过程中，生产的成本部分转嫁给了煎丁，如晚清淮南桶价并未随着草价提高，造成煎丁生产获利微薄，制约扩大生产，反而多改垦、贩私、贩草。[⑦] 笔者认为，晚清淮南盐业的衰败，存在多方面的原因。一方面，垣商确实存在包买的特权，各场皆有官方定价，导致收盐价格并不会随着煎烧成本上涨，生产成本不断地向煎丁转移，垣商对于煎丁的剥削加大。另一方面，亭灶移笼、煎丁退煎、运商挂欠等都给垣商造成了不小的资金压力，使其资金周转困难。在这个过程中，王朝国家对盐场的管理仍然以稳定、廉价为原则，采取强制生产、压低定价等方式，体现了清代食盐管理中场商和灶丁“役”的性质。

① 《清盐法志》卷 106，第 3 页。
② 光绪《重修两淮盐法志》卷 157，杂记门，《续修四库全书》第 844 册，第 688 页。
③ 光绪《重修两淮盐法志》卷 55，转运门，《续修四库全书》第 843 册，第 658 页。
④ 光绪《重修两淮盐法志》卷 55，转运门，《续修四库全书》第 843 册，第 663 页。
⑤ 《两淮案牍钞存》卷 2，于浩辑《稀见明清经济史料丛刊》第 1 辑第 16 册，第 186 页。
⑥ 《两淮案牍钞存》卷 2，于浩辑《稀见明清经济史料丛刊》第 1 辑第 16 册，第 206 页。
⑦ 鲍俊林：《15—20 世纪江苏海岸盐作地理与人地关系变迁》，第 180—184 页。

小 结

清代淮盐生产持续采用煎盐法，生产过程的核心是卤水的纯化和热效能的利用，过程管理和成本控制取决于生产者的技术和精细化程度，管理者难以对生产过程进行控制，由此“包买商”制度是比较适应淮盐生产的特色的。淮盐生产的核心生产资料是荡地和生产工具，而场商获得荡地的方式不同，造成了商业资本介入的程度不同，形成了“灶亭”（场商不占有荡地）、“商亭”（场商完全占有荡地）和“商本灶置”（场商占有的荡地登记在灶户名下）的生产组织形式，场商则以“预付资本”“契约分成”等形式以保证低价、足额收买煎丁生产的食盐。经过对淮南食盐生产的基本原理的探索，发现包买制是场商选择的管理成本最优化的形式，且可以对生产成本进行转嫁，是符合场商利益的。但这样的生产组织形式损害了煎丁的利益，使煎丁不断地通过走私、贩草或者私垦进行消极的反抗。在晚清盐务疲敝的大背景下，淮南的地理环境要求盐灶不断地向东“移亭就卤”，垣商由此缺乏继续投入的动力，造成了一种恶性循环，煎丁逃亡越多，垣商的积欠越多，最终亭灶被废弃，生产无以为继。

晚清民初苏州租栈收租活动考论*

——以陆宗篁《补过日新》日记为中心

李寅君**

摘　要　陆宗篁为晚清民初苏州潘丰和栈司账，其日记《补过日新》中留有大量当时苏州地区的收租信息。晚清至民初大部分时间中，苏州租栈与佃户的关系并不紧张，虽有不少抗租、延宕，但基本可视为佃户发挥资本优势的经济理性行为，二者为协商关系，并非过往所认为的单纯压迫与被压迫关系。租栈中催甲与司账关系紧密，且催甲亦可能为租栈所管辖之佃户，在乡村社会中根据不同需求扮演角色，维护租务稳定为其第一要义，而非简单运用暴力催租。晚清至民国，苏州乡村租佃关系存在无数私人关系网络，租栈与佃农都基于自身经济理性活动，阶级分析法则并不适用于此社会经济情境。同时，租栈与政府亦非同盟，内中存有矛盾与摩擦，显现出极强张力。

关键词　苏州　租栈　收租　租佃关系　《补过日新》

近代江南租佃关系与收租活动，历来是江南社会经济史研究之重点，租栈研究又是其重要组成部分。早在民国时期，学者们就已运用经

---

*　本文为2021年江苏省研究生科研创新计划项目“近代苏州城市生活研究——以《补过日新》为中心”（KYCX21_ 2995）阶段性成果。

**　李寅君，中山大学历史学系（珠海）2023级博士研究生。

济学、社会学知识就这一领域进行实地调查与研究。[①] 日本学者于此领域开展极早且颇有建树。如田中忠夫、长野朗等在昭和初便已撰写有通史性著作，介绍极为详细。[②] 而又因日本国内藏有大批明清、民国时期之土地契约文书、租栈租册、鱼鳞图册等材料，大批学者对这些史料进行研究。村松祐次考察了如一桥大学、日本国立国会图书馆等机构内的租栈文书，不仅就文书性质、内容做出了详细解释，亦运用统计学方法罗列整理众多材料，为近代江南租栈研究开先河。[③] 川胜守则在村松氏的基础上，开拓其余租栈材料，更加注重地方社会的经济史研究。[④] 另外，夏井春喜可谓近年来租栈、租佃关系、土地制度研究之集大成者。其没有故步自封于上述二位学者的研究范围中，以更长时段的眼光考察晚清民国江南地区的土地制度，并将诸如电气公司、田业会等组织纳入研究视野。[⑤] 其中既有对单个租栈的深入研讨，也以租栈收租为中心探讨了如司法审判、佃农生活、政府与地主、租栈、田业会关系等命题，大大深化了该领域之研究。

在英文学界，洛耶夫斯基是系统研究租栈的第一人，其基本延续着村松祐次的思路进行叙述，新意不大；而科大卫则将租栈置于晚清苏州社会赋税征收制度中进行研究，认为城居地主通过租栈形成了一种同官

---

① 如何梦雷《苏州无锡常熟三县租佃制度调查》，萧铮主编《民国二十年代中国大陆土地问题资料》，台北：成文出版社，旧金山：美国中文资料中心，1977。

② 〔日〕田中忠夫：《中国农业经济研究》，汪馥泉译，大东书局，1934，第143—224页；长野朗『支那土地制度研究』学艺社、1942。

③ 村松祐次『近代江南の租棧：中国地主制度の研究』東京大學出版會、1970。

④ 川勝守「清末、江南における租棧・業戸・佃戸関係：九州大学所蔵江蘇省呉県馮林一棧関係簿冊について」『史淵』第114卷、1977年3月；川勝守「清末民国初、江南における租棧・業戸・佃戸関係再論：九州大学所蔵、江蘇省呉・長洲県馮林一棧関係簿冊の再検討・補遺」『史淵』第135卷、1998年3月；川勝守「一九世紀初頭における江南地主経営の一素材—九州大学所蔵『嘉慶租簿』の分析を通して」『九州大学東洋史論集』第14卷、1985年12月。

⑤ 夏井春喜『中國近代江南の地主制研究—租棧関係簿冊の分析』汲古書院、2001；夏井春喜『中華民國期江南地主制研究』汲古書院、2014。

府的合作关系，以此控制地方农村。[①] 白凯则从清中叶考察至民国，着力呈现官方、地主、租栈、田业会、佃户于不同时间段的复杂关系与利益纠葛。[②]

中文学界中，经君健、乌廷玉、段本洛、刘永成、高王凌等学者，基本是在清代以降江南地主城居，以至于主佃关系日趋淡化，因而出现中间收租机构的脉络下进行叙述。[③] 吴滔则运用更多种类材料进行讨论，但突破不多。[④] 对于租栈的细致分析，则有郑北林、张妍、张强、余世明等人的论著。[⑤] 这些作品分析阶级意识浓厚，给予租栈主负面评价。邱建立则考察了苏州府与松江府租栈中的运作、成员、活动等多方面情况，并同经济制度、政治时局、地方社会联系起来思考，发现租栈制度于民国日趋萧条，最终走向灭亡。[⑥] 而邢丙彦则得出了同邱氏不同

① David Faure, "Land Tax Collection in Kiangsu Province in the Late Ch'ing Period Faure," *Ch'ing-shih wen t'i*, 3(6)(1976): 67-73; Frank A. Lojewski, "The Soochow Bursaries: Rent Management during the Late Ch'ing," *Late Imperial China*, 4(3)(1980): 43-65.

② 〔美〕白凯：《长江下游地区的地租、赋税与农民的反抗斗争（1840—1950）》，林风译，上海书店出版社，2005。

③ 经君健：《论清代蠲免政策中减租规定的变化——清代民田主佃关系政策的探讨之二》，《中国经济史研究》1986年第1期；乌廷玉：《旧中国苏浙皖三省的租佃关系》，《历史研究》1987年第6期；经君健：《清代民田主佃关系政策的历史地位——清代民田主佃关系政策的探讨之三》，《中国经济史研究》1988年第2期；经君健：《试论雍正五年佃户条例——清代民田主佃关系政策的探讨之一》，平准学刊编辑委员会编《平准学刊》第2辑，中国商业出版社，1990；段本洛：《永佃制与近代江南租佃关系》，《苏州大学学报》（哲学社会科学版）1991年第3期；乌廷玉：《中国租佃关系通史》，吉林文史出版社，1992；刘永成：《中国租佃制度史》，文津出版社，1997，第304—326页；高王凌：《租佃关系新论》，《中国经济史研究》2005年第3期。

④ 吴滔：《在城与在乡：清代江南士绅的生活空间及对乡村的影响——以吴江震泽为例》，黄宗智主编《中国乡村研究》第2辑，商务印书馆，2003；《清代江南的一田两主制和主佃关系的新格局——以苏州地区为中心》，《近代史研究》2004年第5期；《清代江南市镇与农村关系的空间透视——以苏州地区为中心》，上海古籍出版社，2010，第199—267页。

⑤ 郑北林：《租栈浅析》，《史学集刊》1990年第3期；张妍：《清代江南收租机构简论》，《杭州师范学院学报》（社会科学版）1990年第4期；张强、余世明：《试析清末民初江南地主的"租栈"经营》，《贵州文史丛刊》2010年第3期。

⑥ 邱建立：《民国时期租栈制度在苏南的动作——以苏州、松江的若干租栈为例》，博士学位论文，华东师范大学，2011。

的结论，他在细致考察松江府西部的土地契约文书后，认为尽管近代中国变化剧烈，但“松江西部农村土地租佃制度的内生性变迁缓慢”，值得深思。[①] 胡勇军则是更聚焦于政治权力渗透下的苏州乡村社会，考察农民如何运用抗租等形式对抗国家机器。[②] 小田虽然亦关注20世纪30年代苏州乡村的抗租，却以浓厚的文化人类学积淀，从日常生活史角度进行讨论，认为在佃农看来，租佃关系的日常状态无论是平素维持，还是一时变故，都只是不同个性的地主及其代理人与自身生活交往的一部分，而与作为一个利益集团的地主阶级的劳动占有关系不大，是为租佃关系的日常意识，或称模糊的阶级意识，它体现了日常世界的时空观和道义观。与佃农的日常意识不同，社会精英关于租佃关系的阶级意识源自对抽象社会结构的理性剖析，是为租佃关系的非日常认识。[③] 这种研究思路令人耳目一新，有待进一步开拓。

综上所述，目前学界有关近代江南收租与租栈的研究，基本集中于租佃关系高度发达的苏州府、松江府二地。另外，在研究思路上，除传统社会经济史从租佃关系出发进行考述，也涌现出利用“国家—社会”二元关系、日常生活史、统计学等方法的研究。最后，在研究资料上，土地契约文书、公藏档案是重中之重，另辅以调查报告、报纸、杂志等材料。然而问题是，虽已涌现了不少优秀成果，却存在以下几个问题。第一，学界研究大多就租栈论租栈，契约文书剖析严密却缺少大视野，很少将租栈置于地域社会经济结构中。正如王家范所说，“我设想还将此事置于民—绅—官的关系网中，讨论田制、地租额、农民收入、地主生存状态、地方官府负担，以及民国的社会状态，由小见大。专以事论

① 邢丙彦：《近代松江土地租佃制度研究》，上海人民出版社，2015，第280页。

② 胡勇军：《国家权力渗透与苏州乡村治理（1927—1937）》，博士学位论文，上海师范大学，2015，第80—125页；《“捣毁催甲”：1934年苏州农民抗租暴动及其地方应对研究》，《苏州科技大学学报》（社会科学版）2018年第1期。

③ 小田：《论租佃关系的日常性状——基于20世纪30年代苏州“打催甲”的考察》，《近代史研究》2018年第1期。

事，恐怕与日本学者不过百步与五十步而已，无新意与深度”。[①] 第二，相关资料仍有开拓余地。不少研究是从调查报告、报刊与契约出发，实际上还存在一些有关近代江南收租实况的日记，这也正是本文的着重点。第三，从书写主体出发，思考资料撰写者目的的反思仍显不足。除租栈文书基本为如实记录的登记簿册外，报刊与调查报告都具备不少的“暧昧性”，我们可以看到诸多夸张功利的叙述，特别是在揭示佃农贫苦、地主罪恶、催甲残暴的文献中更加明显。因之，在近代江南收租活动以及租栈运作的研究中，仍有不少可开拓空间。

欣慰的是，近代苏州人陆宗篁所撰之《补过日新》日记有大量关于每年收租情况的记载，其时间从光绪九年（1883）一直延续至1925年，虽缺少了大概19年的日记内容，但依旧能够展现出较长时段的历史。从晚清至辛亥再至民初，陆宗篁作为租栈司账，在日记中精细刻画出当时苏州城市与乡村的租佃状况。在论述过程中，笔者拟结合社会学家欧文·戈夫曼的“拟剧理论”进行研究。他认为，社会人在进行社会活动时，都可以视作“演员”在进行“表演”，其呈现出的一系列“举止”和“外表”达成一种“观众”所认可的一致性，而“演员”在进行“舞台设置”时，也要尽量控制好“前台”，否则观众将无法信服表演。[②] 晚清民初有关苏州收租中的多方势力，都能够放置于此语境中进行思考，每方都积极选取可利用之条件，在不同时间扮演不同角色，以达到自身利益最大化，租栈司账陆宗篁便是其中一分子。

一 晚清光绪时期潘丰和栈司账的初期生涯

租栈是清中叶以后，江南地区地主为向佃户通收地租而专门设立的

① 邱建立：《民国时期租栈制度在苏南的动作——以苏州、松江的若干租栈为例》，第454页。

② 〔美〕欧文·戈夫曼：《日常生活中的自我呈现》，冯钢译，北京大学出版社，2008，第134页。

机构，其历史一直延续至新中国成立前。[①] 陆宗篁为晚清民国苏州城中潘丰和栈司账。潘丰和栈的诸多租册文簿储存于日本国立国会图书馆。根据夏井春喜对苏州城一部分租栈收租数额的统计，发现潘丰和栈只属于中小级别苏州租栈，[②] 无法同较大的彭味初、徐永安等栈以及苏州四大账船尤、张、汪、潘等相比。[③] 然而，潘丰和栈所控田亩基本位于苏州府元和县地区，易受水灾、蝗灾影响。通过 1912 年政府统计可知，元和县漕米总额为 45738.025 石，吴县、长洲县分别为 36244.63 石、56975.899 石；元和县忙银总额为 52730.087 两，吴县、长洲县分别为 44808.035 两、70460.954 两。元和县漕米、忙银总额高于吴县，少于长洲县，为租米难收之地。[④]

苏地租栈开仓收租，一般于旧历十月至十一月始，其视每年收成早晚而定。[⑤] 光绪九年，陆宗篁日记中即已有记录，但并不为其本人收租，而是族人与其谈论“租事”。[⑥] 十二月初四，陆宗篁拜访友人绶生不遇，其嫂出接，转告陆氏言绶生已跟随租栈账船出城收租，但其近期

① 李伟民编著《法学辞源》，黑龙江人民出版社，2002，第 2688 页。

② 参见夏井春喜「租栈簿冊及び契約文書にみる近代江南の田租額（上）」『北海道教育大学紀要．人文科学・社会科学編』第 49 巻第 1 号、1998 年 8 月、94 頁。

③ 此处之“潘”指海红坊潘聪训栈，主人为苏州大阜潘氏中潘济之，与潘丰和栈为两个租栈。参见吴县市土地志编纂委员会编《吴县市土地志》，上海社会科学院出版社，1998，第 97 页。

④ 元和县“冲，繁，疲，难，倚。雍正二年置。东北：维亭山。西有虎丘。唐白居易凿渠南达运河，今谓之山塘。东南：江宁山。吴淞江自吴江北迤东入新阳。运河亦自其县入。其南：澄湖，溢为萧淀湖，又东南为长白诸荡。尹山湖，县东南。其北：独墅湖，有黄天荡。又阳城湖东北西湖跨长洲。中湖、东湖俱与新阳错”（《清史稿》卷 58《志三十三・地理五》，中华书局，1976，第 1993 页），可知元和大抵处在河网包围中，极易受涝灾，作物收成起伏颇大。

⑤ 袁景澜：《吴郡岁华纪丽》卷 10《十月・收田租》，甘兰经、吴琴校点，江苏古籍出版社，1998，第 309 页。

⑥ 陆宗篁：《补过日新・癸未冬季》，光绪九年十月初六，苏州博物馆编《苏州博物馆藏近现代名人日记稿本丛刊》卷 29，文物出版社，2018，第 218 页。

经济情况不佳，恐无法按时归还欠款。[①] 虽无法确切判断，时年 20 岁的陆宗篁是否业已于租栈供职，但其接触的族人已有租栈之司账、知数，而且开仓收租前也有关注米价的记载，即能证明陆宗篁与租栈收租的紧密联系。[②] 几天以后，同族子侄辈英梅通知陆宗篁，景星租栈的账船未能按期回归，收租遇到滞碍，陆氏“奇甚”，可看出陆宗篁家族的其他成员也从事该项工作。[③]

光绪十年，陆宗篁日记中出现了颇多有关租事的记录。农历十月十九日，虽未开仓，陆宗篁已至栈上同友人攀谈，栈上成员言明“今岁收租甚难，大约廿五日开船”，而陆宗篁担心其不知所措，还“细细教他们一番”，似乎透露出 21 岁的陆宗篁已有一定的收租经验累积，不然也绝不会有教学举动。[④] 这年十月二十五日租栈账船开出以后，直到十一月十五日才归来，其收租周期在二十日以上，是重要的测算标准。[⑤] 一般说来，账船出城是因开仓收租之三限已过，但仍然有缺额，租栈派遣司账、催甲等出城追比，时间越长，则证明收租越困难。光绪十年的收租便不算太好：“十六日，天晴，破晓即开船至外跨塘。见催甲朱炳高，下舟，云今岁租事甚为扼腕，且将一图中索取，须是少翁开切脚。”[⑥] 因为外跨塘有佃户抗租，陆宗篁只得开发具有追捕佃农效力的

① 陆宗篁：《补过日新·癸未冬季》，光绪九年十二月初四，《苏州博物馆藏近现代名人日记稿本丛刊》卷 29，第 253—254 页。

② 陆宗篁：《补过日新·癸未冬季》，光绪九年十一月十七日，《苏州博物馆藏近现代名人日记稿本丛刊》卷 29，第 243 页。

③ 陆宗篁：《补过日新·癸未冬季》，光绪九年十二月十七日，《苏州博物馆藏近现代名人日记稿本丛刊》卷 29，第 265—266 页。

④ 陆宗篁：《补过日新·甲申冬季》，光绪十年十月十九日，《苏州博物馆藏近现代名人日记稿本丛刊》卷 30，第 20 页。

⑤ 陆宗篁：《补过日新·甲申冬季》，光绪十年十一月十五日，《苏州博物馆藏近现代名人日记稿本丛刊》卷 30，第 39 页。

⑥ 陆宗篁：《补过日新·甲申冬季》，光绪十年十一月十六日，《苏州博物馆藏近现代名人日记稿本丛刊》卷 30，第 39 页。

通知单——切脚——来进行追查。[①] 但到了第二天，陆宗篁发现外跨塘镇佃户抗租情况甚剧：

> 十七日，天晴。清晨移步至外跨塘，镇上市面未上，人寥寥，少顷愈来愈众。见船上人亦到，请李先生登岸办事。佃户抗租，甚属痛恨。贫者犹可以宽，而苏称大老官家中，民屋甚广，亦假装无衣无褶之形，此等罪不容于死！
>
> 十九日，天晴，清晨依然下舟。外跨塘小茶坊，佃户顽抗不堪。……灯前叫到周百福，问他租来毫不在心，余将别户撂开，明日单枷周百福可也。[②]

此次收租使得陆宗篁大发雷霆，也透露出一些重要信息。清代苏州乡村历有顽佃，他们即使拥有足额田租可缴纳，但亦迟缓不交。[③] 像陆宗篁在外跨塘碰到的佃户周百福便是其中之一，因而激得陆氏不去过问其他佃户的欠租事宜，直接上枷号逮捕周氏。即便运用了恐吓惩罚手段，租事也未见好转：

> 十九日，天晴。一早即开切脚，单叫周百福，即唤差船枷进城。着薛见前下乡一同办拿。余同小山上岸，茶坊小饮，风甚大，身不爽快，有伤风之意。租米收不下，奈何！奈何！傍晚开船进杨

① 有关切脚的具体功用，可参见村松祐次「清末の江南における小作条件と小作料の催追について：江蘇省呉県范氏義荘、同呉氏畭経桟の『召由』·『承攬』·『租由』·『字条』·『切脚』および『出切備査』冊の研究」『一橋大学研究年報·社会学研究』第5卷、1963年3月。

② 陆宗篁：《补过日新·甲申冬季》，光绪十年十一月十七日、十一月十九日，《苏州博物馆藏近现代名人日记稿本丛刊》卷30，第40—41页。

③ 参见《朱批奏折·两江总督那苏图奏》（乾隆四年八月初六），中国人民大学清史研究所、中国人民大学档案系中国政治制度史教研室合编《康雍乾时期城乡人民反抗斗争资料》上册，中华书局，1979，第10—11页。

家庄，闻得薛见前已使人下来，即同少翁上岸至朱炳高家中，见姓蒋的是薛见前的用人，即将米数开出，命他明日在庄上办事可也。

二十日，天晴。到镇上啜茗，佃户虽有，惜手囊袋空空，奈何！天寒，午膳小酌，忽见寒气四起，小雨微微，无事即归。杨家庄上岸，稍将佃户算清，然顽疲者依然如旧。等下唤姓蒋的下舟喷饭，小饮御寒，惜天雨不止，即登岸。见抗佃，闷闷不悦。此等东西不吃苦不知自己之太过耳。

廿一日，天雨。破晓田岸不能行，同小催甲一同下舟至外跨塘，市上人头不众，此天雨之故。而抗佃多有推辞，可恨！早进杨家庄，着朱炳高引领，先到陆洪山家中，放眼见人家虽不丰盈，而牛羊柴米件件皆备，场中稻炉直上青云。可恶租米不还！即出差叫人，于是催甲料理，约明日还洋。[①]

不难发现，租栈出城收租虽然有催甲、差人等催办，并有时在抗租较强烈情况下会开切脚请官府提比，让佃户如此处的周百福一样将欠租尽快缴纳，但实际效果却不甚理想。即便是像陆洪山这样看似家财丰备的农户也拖欠，只要不催收上门来就不会主动纳银米。可以说，晚清苏州地区类似陆宗篁面临的租佃关系比比皆是，虽笔者在此只呈现了一个片段，却可以放诸晚清至民国的百年历史过程之中。[②] 彭波发现，“在中国近世时期，佃农的经济实力和独立性的确处在不断加强的过程中”。[③] 这种独立一方面是因为地主的城居而疏远了距离，另一方面也

① 陆宗篁：《补过日新·甲申冬季》，光绪十年十一月十九日、十一月二十日、十一月二十一日，《苏州博物馆藏近现代名人日记稿本丛刊》卷30，第41—43页。

② 生活在同一时期的苏州人王祖询也经常遇此情形。参见王祖询等著，卢康华整理《蟫庐日记（外五种）·受福富昌镜室日记》，光绪三十一年十一月初七，凤凰出版社，2016，第53页。

③ 彭波：《近世中国租佃制度：地权逻辑下的博弈与制衡》，社会科学文献出版社，2021，第368页。

是因为“永佃”制、“一田二主”制的确立，从物理空间与产权所属两层面让佃农成为一个独立整体。

然而，是否能够单纯地认为，太平天国以后这种租佃关系恶化，以至于租栈机构成立以征收、催办、追比佃租与佃户地是地主无力掌控农村的结果？已有研究基本为此逻辑。如吴滔认为，主佃不可调和的矛盾从乾隆时已经逐步显现，至清末达到高潮。地主设立的租栈，正是抵抗佃农抗租的有力手段，表面上租栈使收租更有效率，实际上用暴力手段进行收租的租栈却恶化了业佃关系，地主不是佃农所痛恨的对象，租栈中的司账、催甲、差人才是。小田在 20 世纪 30 年代苏州东乡的考察中也基本认同该观点。[①]

问题来了，租栈代表了谁的利益呢？租栈的运行是完全独立的吗？上述论者在阐述业主与佃户的疏远关系时，似乎并没有思考过以上两个问题。说到底，租栈的地位经过了于宗族义庄中附属，到独立于宗族外的转变，这一转变可以从苏州有不少租栈包含了其他非本族地主的田产中知晓。[②] 因此，虽然能在地主城居这一语境下考虑租佃关系的冷淡隔阂，而像陆宗篁此类租栈司账与催甲成为佃农抗租的主要针对对象，但依旧并不能撇开地主群体。正是地主的联合才使租栈这一中介机构得以独立与成型。正是因为这样，苏州不少佃户在交租时依旧将地主作为直接对象，故意混淆佃产所属或掺杂杂物于租米中。租栈在此仅为中介，甚至有租栈账房联合佃户一道欺弄地主。[③] 从这个角度看，地主从来没有退出乡村，而只是适时地转变了管理方式，将租栈放置于前台，自身

① 参见吴滔《清代江南的一田两主制和主佃关系的新格局——以苏州地区为中心》，《近代史研究》2004 年第 5 期，第 161 页；吴滔《清代江南市镇与农村关系的空间透视——以苏州地区为中心》，第 199—231 页；小田《论租佃关系的日常性状——基于 20 世纪 30 年代苏州“打催甲”的考察》，《近代史研究》2018 年第 1 期。

② 高岑庵：《苏州地主对农民的最后一次欺骗》，政协苏州市委员会文史资料委员会编《苏州文史资料》1—5 合辑，1990，第 357—359 页。

③ 冯和法编《中国农村经济资料》，黎明书局，1935，第 97—100 页。

则退至后台操控。

此外，将官府力量引入思考后，租佃关系更加复杂，不能单纯地将官府与租栈视作联合体，认为其共同剥削打压佃户。官府需要保证税收足额，因此代表业主的租栈需征收足额田租，佃户便成为独立于前二者的赋税单位，从社会经济意义上具备一定的财政地位。原先学界通常将佃户置于阶级斗争视野中，但恰恰忽视了佃农在抗租时的主体性。陆宗篁于光绪十年出城收租时，便发现某些佃户明明拥有缴纳田租之能力，却没有按时纳租。原因为何？恰恰是因为佃户群体在清中叶后逐步发展出了同地主、官府沟通斡旋的能力。佃户绝非单纯地受压迫，否则官府文书中的“顽佃”话语便不会如此密集。[①] 应该说，晚清苏州地区的佃户拥有了同地主、租栈协商的能力，这种协商能力，正是已有研究未能展示出来的。

佃户的协商能力并非一蹴而就的，受多方影响。其中最主要的是灾荒歉收之际、皇朝庆典之时的官方蠲免行为，正是这种行为给予了佃户同官府协商的契机。[②] 江南自明代便有重赋之传统，明初朱元璋接受前朝全部官田，又通过政治迫害打击了江南大地主，此一情况一直延续至清中叶。[③] 太平天国战争以后，江南从兵燹之中逐步恢复，地方官员与士绅共同推动同治二年、四年核减漕粮赋税。虽然官府无力全面清丈田亩提升收入，但同治减赋确实是有清一代幅度最大的正额赋税减免。[④] 这种税收减免刺激了佃农的减租意识，使他们愈加在一定范围内有了抗

① 《清实录·大清高宗纯皇帝实录》卷245，乾隆十年七月下，第23页b—24页a；《清实录·大清高宗纯皇帝实录》卷1460，乾隆五十九年九月上，第9页b—10页a；《苏州府永禁佃户借端抗租碑》（光绪三十年二月二十二日），王国平、唐力行主编《明清以来苏州社会史碑刻集》，苏州大学出版社，1998，第458—459页。

② 参见夏井春喜「太平天国後の蘇州における小作料徴収関係について」『土地制度史学』第26巻第3号、1984年、31—32頁。

③ 参见范金民《江南重赋原因的探讨》，《中国农史》1995年第3期。

④ 参见周健《维正之供：清代田赋与国家财政（1730—1911）》，北京师范大学出版社，2020，第291—329页。

欠租粮的底气。《江南征租原案》中对此有深刻解读：

> 计开详定规条，一、佃户揽种包租田地，向有取用顶首等名目钱文，名为田面。其有是田者，率多出资顶首，私相授受。由是佃户据为己有，业户不能自主。即欢退佃另招，而顶首不清，势特无人接种，往往竟自荒废。此佃户所恃抗租之根源也。……
>
> 一、佃户欠租霸产，全恃图总等役包庇。本图佃农素为熟习，兼以夏秋二季，各佃送麦米柴薪以为乡规，因地总与佃农日益亲洽，彼此固结。甚或勾串佃户，欺侮业户，安心吞欠。及业户控追到官，即为料理书整，设法延宕。且未经控追之先，尚可稍为完纳，一经控告之后，竟至颗粒无信。业户既不得租，又难另佃，受累不可胜宾。……
>
> 一、新招之佃，应令图总佃户同业三面写立承揽，勿许自向旧佃私相授受。所有应出田面顶价，即交业户收执。如有私将田价卖别人，及不向业户说明，私以价银顶种者，许业户一并呈官治罪。……①

佃户大致有三种协商佃租的方式：其一，因顶首银存在，佃户拥有田面权后拥有极大自由，业主无力管控佃户具体耕种情形，亦无办法更换佃户，佃户因而有理抗租；其二，通过与熟悉农村田亩位置、面积、税则的图总、经造合作，在官方追租时故意拖宕缴纳，并且以不耕种无收成威胁业主；其三，租栈每年度开仓的让限也能够被视作同佃户的商议妥协，正是有了经常化的租粮减免而形成了佃农主观意识上的减租习惯。佃农有了田产经营权、交易权，并同熟知农村的经造群体谋求共同利益。佃农由此扮演起主动磋商者的角色，对其租栈业主施压。官府也

① 李程儒：《江苏山阳收租全案》附《江南征租原案·规条》，洪焕椿编《明清苏州农村经济资料》，江苏古籍出版社，1988，第576—578页。

好，业主也罢，便只能与佃户发展出不断延续的协商关系来。三股力量正如三角形一般稳定，并无一方能够凌驾于另外两方之上。

陆宗篁在光绪十六年收租时便发现，即便元和县欠租促使知县亲自出城收缴，但依然效力不大，仅仅为“元和县稍动”。[①] 这也正说明了即便官府、租栈拥有绝对权力提拿欠租佃户，但依旧不能保证赋税田租的完满完纳。此外，农民亦非个个勤劳，如若因其懒惰冶游而致田产荒废，租栈亦无法收取足额钱粮。同为苏州府人的潘道根如此叙说：

> 耕田织布是治生本业。近来因钱粮紧急，遂以田为累。不知所以累之者，只缘身不自耕，付之顽个，或多雇佣人，遂不能有利。甚则纳税愆期，以致追呼，或无端浪费，希图拖欠差钱。费累斯重矣。若父子夫妻躬自耕治，科税如期完纳尚可为也。百姓之穷，多委曰浮收，其实何止一端？有好赌者，有好嫖者，有纳外妇者，有嗜酒者，有吸烟者，有游茶坊酒肆废时失业、游手好闲不事手业者，有好装潢衣饰、整饬饮馔者，有广为结交者，有婚嫁燕会不知撙节者，有不量己力、攀援求富者，有佞佛信巫者，有好阋讼者。如此之流，不一而足，讵皆浮收之罪耶？有心世道，有志保守者，盍早思之。[②]

这样一种多方协商机制，在晚清基本稳定运作。官府需要租栈征收赋税，租栈需要佃户征收田租，佃户在一定的适量范围中找寻少缴、迟缴粮米的各种方式。然而至 20 世纪初，这种相对和平的“官—栈—佃”关系因动荡的时局与严重的疫灾而出现新变化，各方矛盾愈加显

① 陆宗篁：《补过日新·庚寅年》，光绪十六年十月十四日、十月二十八日，《苏州博物馆藏近现代名人日记稿本丛刊》卷 31，第 539、545 页。

② 罗瑛整理《潘道根日记·隐求堂日记节要》，道光二十六年四月二十二日，凤凰出版社，2016，第 272—273 页。

现，以至于爆发规模性武装冲突。

二　清末民元苏州租佃关系的恶化

从晚清潘丰和栈司账陆宗篁的《补过日新》日记出发，能够发现该时期苏州虽存在不少抗租活动，但大体并未发生过大规模武装暴动，官府、租栈与佃农实成三足鼎立之势，每一方都会寻求在条章制度以外的最大利益。然而，进入宣统年后，由于愈演愈烈的“天灾”，“人祸”的比例也随之上升。具体至日记中，陆宗篁遇到了比光绪时更加激烈的抗租现象。

由于光绪十八年至宣统元年近20年日记的缺失，我们无法完整地审视陆宗篁租栈司账生活的演变。日记中租栈的记载重新开始于1910年。[①] 9月底，熟悉乡村情况的催甲来报告陆宗篁，言明在田中发现了不少虫，恐怕今年收成堪忧。[②] 没过几日，待到田中作物成熟后，催甲再一次进城报告，果真因“秋虫咬损”而“歉收”，陆宗篁亦无任何办法，只说是“天数也”。[③] 另一个催甲田祥泰跟陆宗篁交谈，也说今年其所负责催租的区域“秋虫依然咬伤稻田，较去岁又甚”。这时陆宗篁留有了一丝心眼，毕竟佃户捏灾时有发生，并不能确切地判断真实情形。[④] 其后，陆宗篁按部就班地核对租繇，确保各佃户所应缴纳地田租额正确。[⑤] 开仓前的收租飞限时，果真“收数寥寥”，但“时光尚早，

① 因本节涉及民国，故正文中与脚注日期除光绪年以外皆用公历纪年。

② 陆宗篁：《补过日新·庚戌下》，1910年9月28日，《苏州博物馆藏近现代名人日记稿本丛刊》卷32，第100页。

③ 陆宗篁：《补过日新·庚戌下》，1910年10月14日，《苏州博物馆藏近现代名人日记稿本丛刊》卷32，第107页。

④ 陆宗篁：《补过日新·庚戌下》，1910年10月30日，《苏州博物馆藏近现代名人日记稿本丛刊》卷32，第115页。

⑤ 陆宗篁：《补过日新·庚戌下》，1910年10月27日，《苏州博物馆藏近现代名人日记稿本丛刊》卷32，第114页。

田中未尽登场”也是一大原因。[①] 正式开仓后，收租“拥挤不堪”，佃户争先恐后地交租让陆宗篁无片刻空闲，餐饭亦未食。[②] 但看似热闹的背后，却只是一部分佃户的准时交租。几天后，头一批佃户缴纳完毕，租栈内慢慢地少了不少佃户，最后三限内的统计亦不甚乐观，陆宗篁不得不同以往一样摘出欠租佃户的名称、住址与欠额，为出城追租做准备。[③] 12 月 10 日，陆宗篁下舟出城。[④]

此时的陆宗篁并没有意识到，这将是他租栈司账生涯以来最劳苦的一次追租。因所涉乡镇、佃户颇多，笔者制作成表 1，以期完整呈现该年潘丰和栈的欠佃与追比图景。

表 1　陆宗篁 1910—1911 年出城收租情况

日期	途经地点	日记所载内容
1910 年 12 月 10 日	苏州城—娄关—官渎口—外跨塘	下舟，摇至官渎口……午后舟泊外跨塘……饮酒消遣而已
1910 年 12 月 11 日	外跨塘	即登岸到小茶馆中，将各佃催租。忽然各差因差钱少，聚众滋事，将各催甲围困，要美元五十文，实甚放肆。余因一人未便妄动，略为训斥一番……后回至船中复饮，看《繁华梦》
1910 年 12 月 12 日	外跨塘	仍往茶室追租……饭后在舟中抄写曲文
1910 年 12 月 13 日	外跨塘	城中各栈已动禀，将各差头严办，提到娄门外……公事毕，回舟小饮
1910 年 12 月 14 日	外跨塘	仍抄曲本以消遣耳。牙痛不止……惟痛饮菊酿以解愁怀

① 陆宗篁：《补过日新・庚戌下》，1910 年 11 月 11 日，《苏州博物馆藏近现代名人日记稿本丛刊》卷 32，第 121 页。

② 陆宗篁：《补过日新・庚戌下》，1910 年 11 月 13 日，《苏州博物馆藏近现代名人日记稿本丛刊》卷 32，第 122 页。

③ 陆宗篁：《补过日新・庚戌下》，1910 年 11 月 16 日至 11 月 22 日，《苏州博物馆藏近现代名人日记稿本丛刊》卷 32，第 124—126 页。

④ 陆宗篁：《补过日新・庚戌下》，1910 年 12 月 10 日，《苏州博物馆藏近现代名人日记稿本丛刊》卷 32，第 134 页。

续表

日期	途经地点	日记所载内容
1910年12月15日	外跨塘	各办公事……同他到祥泰酱园，各饮十大杯……余又邀至舟中再饮绍兴二斤
1910年12月16日	外跨塘—娄关—苏州城	将租事毕……在家将账目算清
1910年12月17日	苏州城（柳贞巷—租栈—多贵桥—家）	往栈上交账
1910年12月18日	苏州城—洋澄湖—田泾	梳妆毕，即动身下舟。开往田泾，要过洋澄湖……即在舟小饮，惟牙痛不止，奈何奈何
1910年12月19日	田泾	后登岸到小茶坊，见催甲田祥泰将各佃情由细查，无非大费唇舌。况值今岁较去年更觉歉收，佃户贫困异常……因牙痛开方服药
1910年12月20日	田泾	上岸一茶，即到船中
1910年12月21日	田泾	登岸一茶，将各佃细账查明……惟抄曲消遣
1910年12月22日	田泾—洋澄湖—苏州城（租栈—桂芳茶楼—其昌酒楼—家）	公事既毕，即解缆开船。路过洋澄湖，风浪大作，甚骇，只得走小港……急往栈交账
1910年12月23日	苏州城—葑门—独池湖—车坊	十一点钟开船，出葑门走独池湖，往车坊，幸遇顺风，扬帆而进，到四点钟已抵车坊
1910年12月24日	车坊	各办公事……至舟中呼船家暖酒，独饮，灯前吹笛解闷
1910年12月25日	车坊	催租闷甚，毫无清兴
1910年12月26日	车坊—斜塘	车坊公事毕，饭后开至斜塘，账船甚多
1910年12月27日	斜塘	上岸着差小潘赶紧催租，本拟即开角直，奈有抗佃，朱阿文必要亲自决断，只要明日开矣
1910年12月28日	斜塘—角直	朱阿文已将租事完毕，即解缆开往角直。幸顺风，扬帆而去……有米行中朋友，同至酒楼小饮，不料饮酒过量，足上无力。回船跳板上一滑，身已入河……
1910年12月29日	角直	看雀解闷，不料大败。灯下依然畅饮……归舟已二鼓矣
1910年12月30日	角直	早上仍赶公事……并叫到女唱书歌昆曲……夜半回船即卧

续表

日期	途经地点	日记所载内容
1910 年 12 月 31 日	角直	饭后原班复战……归舟已有二鼓矣
1911 年 1 月 1 日	角直	催租已毕，意欲开舟，不料饭后风大难行，只好明日动身
1911 年 1 月 2 日	角直—唯亭	破晓开船，摇至十点钟方到唯亭……欲乘火车到苏，惜已开行
1911 年 1 月 3 日	唯亭—官渎—苏州城	同催甲刘瑞林闲步至火车站，其时尚早。到八点钟火车来了，上车不多点钟有余已抵官渎，进城路却不少……午后到栈解账
1911 年 1 月 4 日	苏州城—唯亭	余因租事要紧，即趁火车，仍往唯亭
1911 年 1 月 5 日	唯亭	茶叙在迎和春，见租米各佃多憔悴败数，大为不妙，怅甚
1911 年 1 月 6 日	唯亭	午后到复兴园听《双珠凤》……归舟无事消遣，惟呼船家暖酒，灯前独酌更助愁肠
1911 年 1 月 7 日	唯亭	差船已将各佃完结，惟最有白户，命他从速赶办
1911 年 1 月 8 日	唯亭—外跨塘	饭后开船到外跨塘……上岸闲步，见难民甚多，协记米行代发贫米，可叹。在舟中小酌，寒甚
1911 年 1 月 9 日	外跨塘	茶室着差，赶紧追租
1911 年 1 月 10 日	外跨塘	舟中小饮……手谈十圈，小败
1911 年 1 月 11 日	外跨塘—官渎—苏州城	将催甲处账轧清即开船，到官渎玉壶春整容……进城归家时已抵暮

资料来源：陆宗篁《补过日新·庚戌下》，《苏州博物馆藏近现代名人日记稿本丛刊》卷 32，第 134—147 页。

对比晚清光绪时的出城追租，陆宗篁此行大致有如下变化。第一，追租区域大幅扩大，多至元和县的田泾、车坊、斜塘、角直、唯亭、外跨塘等乡镇。虽然近代苏州租栈本就有管理分散田亩租额的传统，但对于陆宗篁的司账生涯来说是负担的加重。第二，伴随着负责区域增多，陆氏出城收租过程中会有中途回栈交账、解账的行为，可见其劳苦胜于之前。第三，就交通工具来讲，陆宗篁此时依旧同光绪年间收租类似，使用舟船出行。却也提到一次乘坐火车[①]从唯亭出发至官渎，说明现代性的交通方式对于清末苏州居民来说亦有影响，然则因为个体活动主观因素所限，是否使用铁路出行与使用频次因人而异。第四，更重要的是，宣统年间的追租难度已经显现出较前时增大的局面。在田泾，陆宗篁与老催甲田祥泰大费口舌，命其将欠佃情况查明并即刻于茶馆内追佃，但是因为收成较去年更为歉收，追租形势不容乐观。在车坊，陆宗篁追租感到“闷甚”，谅情势也必不容乐观。在斜塘与唯亭，则直接点名了该处顽佃抗租。此外，这同光绪时追租个别佃户拥财却故意不交租不同，宣统年间的佃农更为无奈，欠租因之亦更为普遍。

在日记缺失的近20年时间中，整个苏州地区的租佃形势已出现了较为明显的变化。因灾难频仍，业佃关系较光绪时更趋紧张。苏州大部分地区本处于太湖冲积平原的低洼地带，极容易遭受水患影响。[②] 光绪末，震泽县“今春底水过多，继以夏秋多雨，无论下则田尽付淹没，即中则上则亦被淹过。前此震泽镇之抢米行、平望镇之硬借米风波初定。现又有农民向业主硬索装坝钱文，借端搬取门窗，掠取财物者不一而足。业佃交困有牧民之害者，将何以善其后也”。[③] 此种灾情激起了农民的抗租与对地主的赔偿索求，因而近代地主与佃户的关系是否真的逐步淡漠亦需要重新考虑。而且，这样一种冲突已基本跳脱出笔者上节所论述的一定范围内的协商斡旋，逐步演化为暴力形势。常熟也遇到了类似的情况，“昭文东乡业董马元培等六十人公禀苏藩。电云本年本棉荒歉，秋收仅及五成，租收不及三成，如此业佃交困，应纳钱粮，急请

① 光绪二十九年，沪宁铁路破土动工，光绪三十二年十月上海至苏州段先行通车。参见巫仁恕《从游观到旅游：16至20世纪初苏州旅游活动与空间的变迁》，巫仁恕等主编《从城市看中国的现代性》，台北：中研院近代史研究所，2010，第136页；方旭红《集聚·分化·整合——1927—1937年苏州城市化研究》，合肥工业大学出版社，2012，第79页。

② 参见谢湜《高乡与低乡：11—16世纪江南区域历史地理研究》，生活·读书·新知三联书店，2015，第60—182页。

③ 《江震水灾之现状》，《申报》光绪三十二年八月初九，第9版。

饬县格外优减。且来春为日甚长，灾黎困苦，并乞拨款抚恤以保无虞”。[1] 这似乎又给予了我们另一层探讨租佃关系的角度。以马元培为代表的业主们请求官府优免租税，且话语之中透露出为佃户共同求情的态度，更能反映出即便到了清末，地主同佃户还是深深捆绑在一起。即便需要中介机构租栈进行日常收租管理，但这种因“田面”“田底”权分离而导致的物理空间、权利所属的分离并没有真正割裂业主与佃农的联系。

回看陆宗篁日记中有关1911—1912年的记载，可以得到一个更微观的视角。早在1911年中，陆宗篁就已得到报告，乡村收成因禾苗被淹没不佳，乡民无法度日只得抢米，而又因辛亥革命谣言纷起的影响，市场米价陡然上升。[2] 租栈开仓以后，陆宗篁遇上了最难的一次收租，天灾与政治动荡使佃农丝毫没有办法缴足佃租。老催甲朱梅山亦向陆氏辞职，因为乡民霸租使其没有办法，也不敢派发租繇。[3]

租栈开仓以后，与其说是不尽如人意，不如说是奇差无比。陆宗篁在租栈做收租统计时，充满着抱怨与感叹：

> 廿七日，天晴。早上有催甲朱梅山来言及乡间各佃均有不肯完租之势，然粮从租办，岂有小民作主，将来自有章程。
>
> 初八日。……即租事一切，现将立冬，均无成见，不知若何布置也。
>
> 初十日，天晴，晨其抄曲。午后至栈见王翰臣，租事依然不动，奈何！奈何！

① 《电禀木棉荒歉情形》，《申报》光绪三十四年十一月二十一日，第10版。

② 陆宗篁：《补过日新·辛亥年》，1911年8月27日—9月4日、10月23日，《苏州博物馆藏近现代名人日记稿本丛刊》卷32，第251—257、283页。

③ 陆宗篁：《补过日新·辛亥年》，1911年8月27日—9月4日、10月23日，1911年11月30日、12月12日，《苏州博物馆藏近现代名人日记稿本丛刊》卷32，第306、312页。

初六日，天晴。……有蒋忆春、胡鼎甫来谈，市面不通，租事不动，南北二京未见光复善后，事宜不办，小民将冻饿而死矣。一叹。

初十日，天晴。早上有催甲朱梅山来言及租事难收，不敢派繇，只得听其自然。……往栈上见遇美，长谈收租颇难，拟于十二日开会公议，未识可有成效。

十五日，天阴。……傍晚到栈，路遇老松，谈及租事一节，被不少不经事者任性妄为，糜烂不堪，恐粮欲完而租难收矣。一叹。

廿二日，天阴。早上有催甲朱梅山来辞职，缘乡民霸租，不敢派繇，是亦无可如何耳，且待军政府作何组织再行宣布。午后王翰臣来坐谈，为收租事商议一切。余亦无计可施，总由苏郡众绅总不能办事，以致腐败不堪。一叹。

廿五日，天晴。……先到栈上，见各催甲取去租繇大半，然亦未必敢派也。

廿七日，天晴。……饭后先至栈上，租事竟不动，奈何！

葭月朔，天晴。……散后即至栈上，租事依然不动，奈何！

初七日。……后往栈上，见遇美坐谈，深叹收租之难，乡民大结团体，非大用押力不得奏效。

十六日。……后访俞芸舫，坐谈会务一节，甚属无法可施。租事不动，而民政长江公如同木偶贻害于江苏百姓，可胜言哉。①

连续两个月的材料从微观账房司账角度呈现了清末民元的苏州收租情况。陆宗篁作为司账，本就不如常年居于乡村的催甲了解当地佃户情

① 陆宗篁：《补过日新·辛亥下》，1911年10月18日、10月29日、10月31日、11月26日、11月30日、12月5日、12月12日、12月15日、12月17日、12月20日、12月26日、1912年1月4日，《苏州博物馆藏近现代名人日记稿本丛刊》卷32，第281、287、288、305、307、309、312—313、314、315—316、317、320、325页。

况，所主要负责的收租、催租内容也仅限于簿册登记与会计核算，追租最为主要的合作对象还是催甲。但这一期间，催甲表现出来的畏难情绪实为过往研究所未论及。学者大多以为催甲凶神恶煞、鱼肉乡里，殊不知催甲亦有苦衷。面对清末苏州东乡佃户群起抗租之势，催甲亦无办法整治，即便拿取租繇也未必敢派发，甚而有催甲朱梅山辞职一事发生，说明富有经验的催甲亦对租事无可奈何。从这一点看，只有山本英史曾给予催甲、经造、地保群体一较为正面的分析，认为他们的形象其实比较接近于“尽心尽力的‘义工’”。[①] 此结论同当时陆宗篁日记中的记载相吻合，陆氏本人也担忧出现“小民将冻饿而死”的情形。

陆宗篁在抱怨租事难办的同时，寄托于民国政府与苏州士绅。于民国政府而言，1911 年末至 1912 年苏州田租事大抵由民政长负责，然则效果颇差。[②] 陆宗篁在此处抱怨民政长如“木偶贻害于江苏百姓”，同鹫尾浩幸所述民政长所领导之追租局权责不分，与租栈地主冲突等状况基本一致。另外，陆宗篁在日记中还提及需要苏郡众绅合力整顿乡村租事。此处“众绅”排除陆氏，应指拥有田亩的地主。因此，清末苏州成立田业会，是为租栈联合体，正符合了陆氏的期盼。田业会由地主商议成立，再度证明地主从未退出乡村租佃管理的判断。田业会成立后，业主们便开始了艰难的合议、商榷、规定、行动等系列收租过程。[③]

对于田业会的政策实施，陆氏日记中亦有颇多反映。1912 年 1 月 12 日，陆宗篁听友人介绍方知苏州开田业大会。宗能述当选江苏民政

---

① 山本英史「近代蘇州基層社会復元の試み：郷村管理者に関する聴き取り調査：附聴き取り記録」『史学』第 83 巻第 4 号、2015 年 1 月、155 頁；中译本参见〔日〕山本英史《徭役与职业之间——近代中国基层社会的“乡役”》，徐彬、常建华主编《中国历史上的职业与社会》，中国社会科学出版社，2020，第 103 页。

② 鹫尾浩幸发现，1911 年至 1912 年苏州农村地区的抗租，很大一部分是因为佃农以辛亥革命新政府建立为契机，结盟要求减租。另外，民政长宗能述表现不佳亦是重要原因。参见〔日〕鹫尾浩幸《辛亥革命时期苏州的抗租探析——以 1911—1912 年的民政长应对为中心》，唐力行主编《江南社会历史评论》第 8 期，商务印书馆，2016，第 19—20 页。

③ 《新浙江缔造种种》，《申报》1911 年 11 月 26 日，第 11 版。

长，并对租事有新措施，“拟重派代繇票，着各经造押，令原催派繇，立一公局为各栈收租处”，但陆宗篁却颇为担忧，认为“时已晚矣，未识可有成效否”。[①] 两天以后，虽有民政长之新政策，看似“颇有头绪”的租事还是让陆宗篁认为“登天之难”，可见其对于新政府的举措未有过多信心，颇能体现出陆氏作为租栈“老司账”的敏锐判断力。[②] 另外，江苏民政长宗能述于 1912 年初提出苏州“租粮并收”政策，分二成、三成、四成三档标准劝说业主征收佃租，并将征收租粮的一半作为税粮上缴政府，剩余一半留自己。政策一经发布，即遭到一部分业主的强烈反对，陆宗篁亦认为“其利甚微”，对于业主们来说损失过大，预测未来将会“不可收拾矣”。[③] 几天后元和收租局开局收租，“完数寥寥”的惨淡情况正中陆宗篁的估计，陆氏认为佃农于此情况下并不会积极踊跃纳租，只有官府派人下乡押佃才有效果。[④] 经过民政长的武力恐吓、威胁，元和县及其他各县区的租事才慢慢变好。[⑤]

然而，对于陆宗篁所供职的潘丰和栈而言，虽有民国政府的帮助而使租粮征收事大抵顺利办理，但在旧历年末陆氏细细算清账后，发现真正留存在租栈内可供各栈友分利的钱粮却少之又少。[⑥] 从租栈角度看，辛亥鼎革时期的苏州收租，是在牺牲了租栈一部分利益下获得的。而对佃农与政府而言，其利益则得到了较为充足的保障。政府通过设置收租

① 陆宗篁：《补过日新 · 辛亥年》，1912 年 1 月 12 日，《苏州博物馆藏近现代名人日记稿本丛刊》卷 32，第 329 页。

② 陆宗篁：《补过日新 · 辛亥年》，1912 年 1 月 14 日，《苏州博物馆藏近现代名人日记稿本丛刊》卷 32，第 330 页。

③ 陆宗篁：《补过日新 · 辛亥年》，1912 年 1 月 18 日、2 月 2 日，《苏州博物馆藏近现代名人日记稿本丛刊》卷 32，第 331、335 页。

④ 陆宗篁：《补过日新 · 辛亥年》，1912 年 2 月 3 日日、2 月 4 日、2 月 5 日、2 月 8 日，《苏州博物馆藏近现代名人日记稿本丛刊》卷 32，第 336、337、338 页。

⑤ 《苏州业户收租之手续》，《申报》1912 年 1 月 31 日，第 6 版；《苏乡又有抗租风潮》，《申报》1912 年 2 月 11 日，第 6 版。

⑥ 陆宗篁：《补过日新 · 辛亥年》，1912 年 2 月 13 日、2 月 17 日，《苏州博物馆藏近现代名人日记稿本丛刊》卷 32，第 342、343 页。

局、制定租粮并征与划分税粮的政策，收取应有的税额。而佃农则得到了减租利好，虽苏州某些区域因灾而收数减少，但在政府公布减免政策后大体能完租。租栈于此吃亏，必不能年年如此。1912 年以后，租栈虽渐渐依靠政府的力量下乡追比欠租，但与其的矛盾却一直隐隐存在，不容忽视。1911 年末 1912 年初各地田赋征收规则制定匆忙，且清代遗留下来的租佃问题颇多，因此到了 1912 年冬民国政府下定决心整理田赋。[①] 但事实上，直到陆宗篁去世的 1925 年，田赋与租佃问题依旧弊窦丛生。晚清苏州地区政府、租栈与佃农的稳定三角关系渐趋崩溃，协商机制濒临失效，最后演化为 20 世纪 30 年代苏州东乡大暴动。[②]

三　民初苏州佃农、政府、租栈的关系与调适

民国以后，苏州城内的大多数租栈越来越寻求田业公会作为统一联合组织进行收租工作，其在每年折价、减免、追比等收租活动中可视作整体。[③] 田业会作为一租栈联合组织，也往往会寻求与县公署的合作，如每年收租时的治安与对于顽佃的惩治便极大地依靠政府的力量进行。然而，田业会或租栈与政府的关系极为暧昧，既有表面的合作，又有深层的摩擦。另外，佃农与租栈司账、催甲亦非简单的“压迫—被压迫”关系。本节以 1915—1925 年陆宗篁租栈活动为中心，考察多方关系纠葛。

民初，苏州每年租事并未因政权更迭而较前清有所改善。1917 年，陆宗篁经东乡，外跨塘佃户进城汇报，田间稻作已被虫咬伤，恐怕交租

① 《财政部为速筹整理田款办法致各省都督等电》（1912 年 11 月 1 日），中国第二历史档案馆编《中华民国史档案资料汇编》第 3 辑《财政（一）》，江苏古籍出版社，1991，第 1243—1244 页。

② 陈问路：《读者来信：关于苏州农民暴动》，《年华》第 3 卷第 46 期，1934 年 11 月，第 917 页。

③ 《苏州快信》，《时事新报》1917 年 10 月 26 日，第 7 版。

又须减免。催甲这天亦来报告，言明早稻秋成不错，晚稻情况却不甚理想，“秋暑太甚之故”。[①] 到了11月，陆宗篁到潘丰和栈上工作，栈友遇美同其谈天，以为“今日租事又要减色”。[②]

因而，租栈在收租困难时寻求官方援助。1916年底，苏城地主请求政府动用力量出城追租，需要催租的租栈由县政府发放护照，“此项护照共计先后指给，已有三百数十张，每张均贴用印花税一元”，[③] 首开追租印花税的先河。1918年初，唯亭吴备德栈因在收租时租繇并不遵贴印花，被吴县政府处以罚金，可知最迟至该年苏城租栈收租时需全面贴行印花税。[④] 进入20世纪20年代，政府又多次重申各租栈需在收租时贴行印花，较过往更加严格，并就漏贴、少贴予以惩治：

> 田业租栈开仓收租，须先期散发租繇，农民依照租繇开列之数，赴栈完租。印花税处以此项租繇，亦有收入金钱之一种凭单，自应由各租栈贴用印花。曾由县行知田业会，转知各租栈遵照在案。现在各栈开仓在即，散发租繇，均应贴用印花，刻由田业会会员蒋毓璇向印花税支处承包，趸购总款，由各栈向蒋转购贴用。并悉田业会已通知各栈万勿漏贴，以免查出受罚云。[⑤]

由此可以看到，租栈在租繇中张贴印花成为政府收取税收的一项措施。如果看到该条报道的上文为《警察侦探队筹备冬防》，则更有一层深意。正因为政府的公共资源向租栈收租的投入，官方更有底气向租栈

---

① 陆宗篁：《补过日新·丁己下》，1917年9月29日，《苏州博物馆藏近现代名人日记稿本丛刊》卷34，第290页。

② 陆宗篁：《补过日新·丁己下》，1917年11月4日，《苏州博物馆藏近现代名人日记稿本丛刊》卷34，第309页。

③ 《地方通信·苏州》，《申报》1916年11月27日，第7版。

④ 《苏州短简》，《申报》1918年1月7日，第7版。

⑤ 《田业租繇须贴印花票》，《苏州明报》1926年10月31日，第3版。

与田业会征收税款，报纸上亦公布了越来越多租栈向政府购买印花税票的告示。[①]

然而，政府对租栈的强制印花税贴行看似颇有成效，但无论是在实施之初还是在命令越发严格之时，苏城中不少租栈存在漏贴现象。笔名为“发财票”的作者（该笔名意在影射政府当局将印花税票作为发财的渠道）一针见血地指出了这一现象，并试图站在地主与租栈的立场上攻击政府贴行印花之无理：

> 今年田主以各乡荒歉，收成大减，莫不愁眉苦脸。而何以有此闲情雅致以购花闻。盖此花非植物之花，乃印花也。按税局新章，簿据每册贴印花一角。而各田主只具收租之常识，对于粘贴印花之规则竟未研究，于是漏贴也，贴而未足也，足而未盖章也，在在多有。于是调查员一本其公事公办之面孔，虽隔年之租册装销，亦不徇情。遂将簿据带局者，先后不下数百册之多，而各田主则叫苦连天，以为印花新章，既未见过，一旦来查而竟须受罚，未免匠乎不教而诛，于是各方奔走讲交情。购花朵局领取簿据者只数家而已，然其数已及七千多。现税局以日来查验之认真，此爱的花竟求过于供。闻最近某栈且先付定洋若干元，约日取货。花印之时髦可知矣。[②]

租栈地主“对于粘贴印花之规则竟未研究”自然是修饰说辞。应该说，苏州城内租栈故意不贴印花税票的情形居多，只要没有调查员将租栈簿册带回审查，租栈极少有能主动购买印花税票张贴的。这种对于政府决策的抗议似乎能够透露出一些信息：尽管政府当局给予租栈在收租、追租时的便利，但租栈仍然不宜看作失去了独立地位。恰恰相反，

① 《吴县印花税局为田业印花预告各租栈注意》，《苏州明报》1928年11月2日，第3版。

② 发财票：《时荒供歉论》，《大光明》1929年12月3日，第3版。

民初至20世纪30年代左右，租栈及其联合组织田业公会依旧在政府与佃户的双重夹击中生存。租栈既需要处理每年皆会发生的乡村抗租、欠租事件，也要承受政府对其征收的逐年上升的附加税、印花税以及认买债券、筹款冬漕的压力。[①] 田业会与印花税局的矛盾表明，田业会亦会在合理区间寻找最有利于自身利益的方式，甚至出现了印花税票如无“田业”之戳记则不生效力的情形，田业会毅然反对吴县政府的印花税票政策，正展现出二者之间的张力。[②]

对于陆宗篁所在的潘丰和栈来说，既需要官方下乡协助催征，但也还是尽量躲避印花税或者少贴印花来节省开支。1917年底，刚完成部分收租任务的陆宗篁回到租栈，发现政府新规规定各栈需向政府购买一定量印花税票，“调查甚严”，在租册上张贴以示完成。陆宗篁首先感到“可恨”，与栈友商量之后，他们加班加点地“另立新账”，相当于做了一套假账来减少印花税票数量上的张贴。[③] 此后，租栈每年都需要张贴印花，但具体是每一册租簿皆贴，还是像1917年时另造新册减少贴用便不得而知了。如此，租栈与政府并非过去所认为的绝对合作，而是完全独立的两方，在收租事务中有各自利益需求，有共同行为亦有矛盾。

除民初苏州租栈与政府的微妙关系外，佃农亦成为能够发挥能动性的重要势力。上文已然揭示，佃户基本是在一定范围内同租栈司账、催甲等人以欠、迟等形式延宕交租时间，目的是为自身谋取一定“谈判

① 《地方通信·苏州》，《申报》1916年7月15日，第7版。

② 话雨：《田业会与印花局》，《大光明》1930年11月23日，第3版。此条报道发出后，有人向《大光明》申明，认为田业会之所以张贴有“田业”字样的税票是因此项印花税票专供田业会中租栈，并非田业会自行税票而不从政令。但作者也提及，该年田业会购买印花税总计3000元，与上年未购买之印花合计有2400元亏空，也能从正面反映出田业会购买印花税票的积极性还是不高（忆华：《田会印花检查之由来》，《大光明》1930年11月26日，第3版）。

③ 陆宗篁：《补过日新·丁巳下》，1917年12月20日，《苏州博物馆藏近现代名人日记稿本丛刊》卷34，第330—331页。

的利益”。陆宗篁下乡发现，即便有的佃户家中财产丰富，亦会故意欠租而使租栈追比，此乃近代苏州地区租佃关系的常态，这几乎在他每年的日记中都有呈现。以 1919 年收租为例，潘丰和栈开仓飞限期内，佃户完租异常踊跃，但该踊跃情形并不会持续多久（一般为 3—5 天）。其后，因收租寥寥，陆氏便同栈友算账开租繇，为出城追租做准备。出城后，他们往往选择乡村茶馆同催甲带来的佃农们谈判催收，但如果不是发生大疫灾，基本都能够足额征收。[①] 在这种实践下，佃户的积极性既体现在顺应租栈规则尽快交纳租粮获取折免，也有被动等待租栈司账、催甲们下乡催取，以资取得交租时间延后的优势。如果此时再用“压迫—被压迫”的观点理解租佃关系便失之偏颇，说到底，近代江南佃农还是“处于由超经济依附关系向纯粹经济关系的转化过程中”，他们将土地作为资本与地主及国家进行着不断的协商博弈。[②]

此外，晚清以及进入民国以后，因受制于政府财政汲取的压力以及频率颇高的天灾，无论是国家对田亩税的征收还是租栈地主们向佃农收租的难度都陡然上升。租栈、地主、田业会限于压力，一方面同官方协商，一方面也借助官方的力量加大对收租与追租的力度。但笔者在此有一疑问：乡村中的佃户与催甲真是水火不容的关系吗？以至于在 1917—1918 年前后以及 1934 年这两个时间段，催甲同佃户发生不可调和的矛盾，出现了农户打催甲而催甲丧命的暴力现象。[③]

笔者在翻阅从 1884 年到 1925 年陆宗篁现存的所有日记时发现，在陆氏收租时节，朱梅山的名字经常出现在日记中。大部分情况下，朱梅山是以催甲的身份出现，其或是在夏末就进城，向陆宗篁汇报有关苏州东乡作物收成情况，预测今年为丰年还是灾年，或是在非收租时节进

---

① 详见陆宗篁《补过日新・己未下》，1919 年 11 月 16 日—1920 年 2 月 15 日，《苏州博物馆藏近现代名人日记稿本丛刊》卷 35，第 122—156 页。

② 彭波：《近世中国租佃制度：地权逻辑下的博弈与制衡》，第 367—368 页。

③ 民国时便已有论者持此观点。参见龙如《苏州农潮的探讨（一）业佃制度的缺点：业主佃户早已隔离　全凭催甲居间操纵》，《大公报》（上海）1936 年 7 月 16 日，第 10 版。

城，给陆宗篁送一些鸡鸭鱼肉等土产，可以说同陆氏关系比较密切。这种关系从租栈司账和催甲的角度来理解自然容易。因为司账不仅需要负责造册计算每年的租繇，还需要在出城收租时依靠熟悉当地情况的催甲；催甲也需要在收租催缴中做出成绩，以期取得报酬。然而令人惊讶的是，日记中仅有的几条记载，却证实朱梅山还是隶属潘丰和栈管辖的佃户：

> 十一日，天晴。……有大佃户朱梅山还租米，算账颇为辛苦。
>
> 初五日，天晴。……至栈，见完租已踊跃非常。余将大佃户朱梅山昆仲算计，共完四百余元，亦少数矣。[①]

仅有的两条记载却透露出极有分量的信息：一部分催甲本身便是其所供奉租栈的佃户，既需要纳粮完租，又承担所在乡镇区域的催租任务。可知催甲、佃户的身份并非固定，可以按照需要在不同场合扮演不同角色。由此，如朱梅山这种既催租又承佃的，很难从催甲暴力压迫佃户的角度予以分析。另外，如果收成尚可，朱梅山在催租时便几乎不会押解佃户，甚至有时还会因农村抗租过甚而主动放弃追缴。毕竟，其本身就是佃户，如果在催甲角色中搞坏了同其他佃农的关系，在其生活区域中亦不是一件好事，这时阶级概念法则的分析便不适用。而且，虽然近代苏州发生众多抗租事件，但论者几乎极少触及根本原因，即近代江南地区疫灾频发与政府财政汲取同地方供给有限的永恒矛盾。[②] 如若仅从租栈是血腥收租机器、催甲是罪恶地主代理人的角度分析，就只触及

---

① 陆宗篁：《补过日新·丁巳下》，1917年11月25日，《苏州博物馆藏近现代名人日记稿本丛刊》卷34，第320页；《补过日新·癸亥下》，1923年11月12日，《苏州博物馆藏近现代名人日记稿本丛刊》卷36，第256页。

② 民国时期财政体制建立在政治集权的基础上，财政分权有名无实，田赋归属的变动不仅未能有效调节中央与地方的财政关系，反而激化了国家与民众的矛盾（柯伟明：《民国时期财政分权体制下田赋归属的变动》，《近代史研究》2021年第3期）。李孜沫从疫灾地理的角度观察，发现清中期江南地区疫灾频率、程度为全国之首（李孜沫：《乾隆朝（1736—1795）疫灾地理研究》，《历史地理研究》2022年第1期）。

了问题的表层。[①] 租栈的司账、催甲，与乡村佃户是一对对私人家计经营关系，只有从理性的利益需求角度出发，才有可能理解各方在处理租佃事务时的具体行为，而非直接以概念或阶级作为立论出发点与逻辑线索。

结 语

租栈为清中叶后苏州地区代为地主进行日常收租管理活动的机构。终清一代至民初，业主与佃户的摩擦数不胜数，与其说二者是压迫与反抗关系，不如说收租过程也是各方谋求自身利益最大化的过程。因人身依附关系急剧减弱，佃户拥有“田面”这一资本后更具协商与反抗意识，常常以政权鼎革、疫灾勘灾等为由力求减免租额，但其与业主总体还是呈现出和平稳定关系。此外，佃户与业主的关系并不像过去研究所展示的那般如此淡漠，认为交租或抗租直接面对租栈中的司账、催甲以及官府差人，并不同业主有往来。事实上，地主的联合使租栈这一中介组织得以独立与成型，地主从来没有退出乡村，而只是适时地转变了管理方式，退至幕后管理，租栈成员活动亦受地主的制约。

晚清民初苏州人陆宗篁为苏城潘丰和栈司账。在陆宗篁《补过日新》日记中，苏州乡村抗租为常态，且在遇到某些激烈状况时，催甲亦会不领租繇主动放弃追租。催甲并不总是用暴力压迫佃农，而是对佃农存有敬畏之心。陆宗篁与催甲朱梅山关系密切，且朱梅山又为潘丰和

① 在费孝通 20 世纪 30 年代于吴江开弦弓村的调查中，佃农告诉费氏，“我们是好人，我们从不拒绝交租。我们就是穷，也不会去偷东西，我们怎么会拒绝交租呢”（费孝通：《江村经济》，上海人民出版社，2007，第 149 页）。虽然不能就个案概括整体，但能在一定程度上说明如果佃户不因疫灾等造成收成减少时，基本倾向于按时交租。另外，民国初期至 20 世纪 30 年代前后广大乡村破产，佃户苦于追租压力迫不得已打催甲，也是需要重点考虑的客观因素。参见〔日〕城山智子《大萧条时期的中国：市场、国家与世界经济（1929—1937）》，孟凡礼、尚国敏译，唐磊校，江苏人民出版社，2021，第 91—116 页。

栈下所属佃户，其身份在佃农与催甲中切换，亦能够提供一重崭新视角审视租佃关系，阶级分析法则于此失效，“朱梅山们”扮演何种角色则根据乡村的现实需要。

总的说来，近代苏州城乡租佃关系呈现出三方鼎立的态势，在整体租佃中为协商关系。首先，租栈虽需依靠政府催租，但在征贴印花等方面亦同其交涉与斡旋，不乏矛盾，租栈与政府并非简单同盟或租栈单纯依靠政府的关系。其次，佃农将其拥有的“田面”权利发挥至最大，即便银米充裕亦会拖欠延宕缴租，佃农绝不是如过往研究那般单纯受催甲压迫。相反，佃农的能动性与经济理性越发成熟，成为官府与租栈都无法完全控制的群体。[①] 最后，审视近代江南规模较大的暴力抗租风潮，最主要原因应还是疫灾的越发频繁导致农作物收成减少。而在疫灾丛生之时，官方的财政需求与租栈、佃户的有限供给终成一对永远无法调和的矛盾。[②] 当然，本文无力解决这一宏大政治、财政与社会议题，只能留待后论。

① 参见岸本美緒「『市場史の射程』コメント—中国史から」『社会経済史学』第63卷第2号、1997年7月、114—115頁。

② 自民国始，江苏省财政厅与吴县公署逐年提高漕米折银价格，并且将公安费、补助费等杂捐杂税附加于田赋正税项中，额征银元从1915年的1152893.1492元上升至1930年的1864386.596元（苏州市财政局、苏州市税务局编《苏州市财税志》，苏州大学出版社，1995，第66—67页）。另外，龙登高充分论证了随着近代历史进程的推进，原先传统中国朴素的经济自由主义在多方面因素下发生逆转与扭曲，从而导致政府与民间社会都丧失了应有的经济活力（龙登高：《中国传统地权制度及其变迁》，中国社会科学出版社，2018，第179—180页）。

书　　评

科大卫教授对近期三本中国地权制度研究著作的评论*

科大卫 著

王舒平、罗昊天 译　卜永坚、刘诗古 校**

龙登高：《中国传统地权制度及其变迁》，中国社会科学出版社，2018。

曹树基、刘诗古：《传统中国地权结构及其演变》，上海交通大学出版社，2014。

张泰苏：《儒家的法律与经济：前工业化时期中英家庭与土地产权制度比较》，剑桥大学出版社，2017。（Taisu Zhang, *The Laws and Economics of Confucianism: Kinship and Property in Preindustrial China and England*, Cambridge University Press, 2017.）

这里要评论的三本书讨论的都是“中国的土地买卖”这一复杂议

---

* 原书评发表于 *Journal of Chinese History*（《中国历史学刊》）。David Faure, *Zhongguo chuantong diquan zhidu jiqi bianqian* 中国传统地权制度及其变迁 By Long Denggao 龙登高. Beijing: Zhongguo shehui kexue, 2018. 242 pp. 69.00yuan. -*Chuantong Zhongguo diquan jiegou jiqi yanbian* 传统中国地权结构及其演变 By Cao Shuji 曹树基 and Liu Shigu 刘诗古. Shanghai: Shanghai Jiaotong daxue, 2014. 320 pp. 50.00 yuan. -*The Laws and Economics of Confucianism: Kinship and Property in Preindustrial China and England* By Taisu Zhang. Cambridge: Cambridge University Press, 2017. 308 pp. $116.00., *Journal of Chinese History*, vol. 4, No. 1 (2020), pp. 198-208, 2019© Cambridge University Press, reproduced with permission。

** 科大卫，香港中文大学历史系教授。王舒平，雪城大学（Syracuse University）公共管理专业（Public Administration and International Affairs）博士研究生。罗昊天，复旦大学历史学系硕士研究生。卜永坚，香港中文大学历史系副教授。刘诗古，北京大学历史学系副教授。

题。清代的土地契约虽然简短，但它们留下了丰富的内容，等待着学者们去释读。在清代，没有形成有效的土地登记制度，土地的产权也是模糊不清的。在 1888 年，皮特·霍恩（Peter Hoang）提出了一条关于中国土地法律研究的实用建议："如果一个人能够弄清楚一个地区土地契约的基本形式，那么他就能轻松地对其他地区土地契约的特殊用法和习俗进行研究，并根据需要遵照执行。"① 目前，在中国各地发现并出版了数以千计的土地契约和多种当地习俗的调查资料，它们有力地证明了这一观点。土地契约一般都有通用的格式，但各地对土地契约的用法并不相同，而当地人看起来也知道如何去应对这些不同之处。

由于通用格式和地方惯例之间存在差异，因此对于中国产权转让的研究经常采用解释的方式。例如，研究者详细地界定了"活卖"（可撤销的买卖）和"绝卖"（不可撤销的买卖）之间的差别，这些土地契约术语如何与大清律例联系起来，以及地方法官又如何用其地方性知识来判决纠纷。本文评论的第一本书，即龙登高的著作，采用的即此种方法。而在第二本书中，曹树基和刘诗古将研究又往前推进了一步，力图把不同的土地占有和转让的形式整合成一个统一的论点。在第三本书中，张泰苏进一步将中国的土地制度与英国的土地制度进行比较。三本书都用了很长的篇幅对"典卖"（抵押出售）这一概念进行详细的论述。在本书评中，笔者将聚焦于他们对这一问题的讨论。

首先，请允许笔者介绍"典卖"的一般形式。一般来说，典卖会被认为是可撤销的买卖。而且，"典"的字面意思就是土地被当作抵押物，以换取一笔贷款。典卖者偿还贷款后，财产得以"赎回"，抵押即告终止。同样，如果典卖者尚未偿还该笔贷款，则财产仍将继续处于被抵押的状态。这衍生出一个更进一步的问题，这种抵押可能被加以时间限制，超出期限的抵押物则会被没收，永久抵押成为债权人的财产。因

① Peter Hoang, "A Practical Treatise on Legal Ownership," *Journal of the North China Branch of the Royal Asiatic Society* (1888), p. 118.

此，抵押可以并且经常转变为对土地的直接出售。清朝的法律并没有对这种抵押没收设定期限。关于典卖，学者基本达成了共识。

现在，笔者开始讨论龙登高的著作。在龙著的八个章节中，有两个章节专门讨论了“典卖”，并且举出了关于“典卖”的不同惯习的例证。这两个章节对“典卖”进行了简明的分类。(1) 在最简单的情况下，“典卖”的流程包括债权人/买主提供资金，而抵押者/卖主将土地作为抵押。二者之间的关系无须任何设定。(2) 如果在他们的关系中引入租佃关系，情况就会变得复杂起来。这里考虑两种可能性：债权人/买主为佃农，或者债权人/买主将抵押的财产租赁给抵押者/卖主。[①] 这两种情况会造成截然相反的两种解读。当债权人为佃农时，租金将会被到期应付的利息抵消，佃农因此可以安全地占有这片土地，直到抵押者，即这片土地的主人，用钱把这块地赎回为止。而当佃农是抵押者时，他除了支付租金之外，还需要支付利息。这将使他逐步地失去土地的产权。(3) 由于在“典卖”过程中支付的资金低于土地实际市场价值，当土地价值增值时，抵押者/卖主可以要求“找价”，即要求追加付款，而不赎回财产。这经常令债权人/买主感到非常恼火。(4) 还有另外一种形式，依据台湾地区的资料，龙登高说明在边疆地区，清政府不允许汉族定居者在划定的边界范围之外登记土地产权，当地居民将土地典给汉族定居者，而汉族定居者向当地居民支付“番大租”（当地人高额租金）。这本属于 (2) 的变体，但这是针对那些原本不该被出售的土地而普遍采用的一种迂回的购买方式。(5) 龙登高还引用了浙江省部分地区清末民事习惯调查中的几条非常特别的协议。在这些协议中，卖主签订两份独立的契约，而非仅有一份契约。当卖主抵押自己的财产以换取贷款时，他们同时也签订一份绝卖契约（不可撤销的出售契约），该契约留在买主处。当债务人的土地被没收，用以抵偿贷款

① 龙登高指出，宋代的法律禁止债权人/买主将土地出租给抵押者/卖主，但这一惯习在清代依然普遍。

时，绝卖契约即生效，债权人可以将地产收为已有。值得注意的是，债权人要求通过绝卖契约来明确不可撤销的产权转移的违约担保。这本身说明了地方惯例从未完全明确土地抵押违约的后果。龙著所列举的例子并没有穷尽所有可能性，但它们已经足以说明，如“典”之类的常用术语背后潜藏着变化多端的社会惯习。除了这本书的标题所示之外，龙登高还列举了其他例子，可以被视为就其本身而言的分类，但他没有提供关于“典”演化过程的一般性说明。

在我们将要回顾的第二本书中，曹树基和刘诗古提供了一种对地权问题的一般性分类。它不与“典卖”直接相关，而是为了解释另外一个概念——“永佃”。笔者认为这一论点让我们用新的眼光看待“典卖”。接下来笔者将具体说明。这一解释框架得到了 20 世纪地方研究者和曹树基及其学生收集到的大量文献的支持。利用对江南地区的研究，曹树基及其学生将租佃的各种表现形式做了总结（见表 1）。

表 1　江南地区不同租田性质之比较

田之类别	主要形成方式	租期	转让或出售	撤佃	租额
普通租佃	协议	短	不可	可	高
永佃田	协议	长期	不可	可	高
相对的田面田	押租或购买田面	长期	可	可	高
公认的田面田	垦荒、购买田面、售田底等	长期	可	不可	低

资料来源：曹树基、刘诗古：《传统中国地权结构及其演变》（修订版），上海交通大学出版社，2015，第 70 页。

表 1 第 1 列将四类租佃制度放在了一起按照租佃的时效关系和佃农对土地所拥有的权利大小进行排列。在第一类和第二类租佃制度中，根据协议，租约时效有可能是短期的，也有可能是长期的，但佃农没有权利将租约转移给另一个佃农，而地主保留了终止租约的权利。在第三类租佃制度中，佃农向地主缴纳一定的“押租”，以换取对田地的长期租佃权和将租佃权转让或者出售给其他佃农的权利，而地主保留终止租佃

的权利。这进一步说明，“押租”也可以视为佃农支付给地主的租金，地主将土地抵押给佃农，从佃农手中获取一笔资金［类似笔者对龙著中类型（2）的描述］。而如果佃农花大力气开垦这块土地的话，那么，不仅地主，而且整个社会都认可其对于这块土地拥有田面权（由此被称为“公认的”）。佃农可以转让或再次出售租佃权，地主也没有权利终止租佃。在这个解释框架中，前两类佃农不拥有“田面权”，而后两类佃农则拥有“田面权”。

学者们使用“田面权”这一术语来描述这样一种情形：佃农（向地主支付了一笔资金）可以将他们租种的土地转租给其他佃农。换句话说，在表1中，第4列定义了第1列。曹树基和刘诗古认为，“押租”和“田面权”的存在是紧密相连的。但是，他们认为，“押租”的存在与否并不取决于契约上是否出现这一术语。根据在浙江省石仓村收集到的丰富的土地文献资料，他们发表看法，认为，“在我们深入分析的数千份石仓契约中，未能见到‘押租’的任何记录，而可以‘回赎’的土地出卖——即田皮买卖——却几乎天天都在进行”。让我们回想一下，“典卖”的特征之一便是抵押者/卖主有回赎的权利，这一权利可能被转化成对于支付的款项的进一步要求。对“找价”的要求不仅针对典卖，而且针对所有可撤销的买卖。然而，曹和刘进一步称：“我们将证明，‘押租’的性质与‘田皮’的价格并没有本质的不同。”[①] 证明“押租”与“田面权”密切相关是曹和刘的学术创新之处。

利用在重庆市江津区发现的档案资料，该书在第十章对此展开了论证。在成都平原，佃农被要求在租佃土地之前缴纳一笔押金（这笔资金通常被称作“押租”）。这一约定之所以与“典卖”类似，是因为地主必须以减少年租的形式支付这笔押金的利息。这笔押金数额越大，相应减少的地租也就越多。因此，当押金的利息涨至约与租金相等的时

① 曹树基、刘诗古：《传统中国地权结构及其演变》（修订版），第69页。

候，佃农则不再需要支付地租。当地人把这种不需要支付任何租金的佃户称为“大押户”。由于佃农不需要支付租金就可以安全地享有使用权保障，曹树基和刘诗古认为，此时押租基本等同于田面价。曹和刘强调，这一惯例并不局限于成都平原。他们引用了民国年间经济学权威陈正谟的著作《中国各省的地租》①，指出这一惯例在陈正谟的家乡湖北枣阳县也存在。最近，历史学者高王凌在湖南省通过实地采访以及查找地名录报告也发现了相同的惯例。②

曹树基和刘诗古从20世纪50年代初的“减租退押”运动中找到了更多的证据，以此来证明他们的论点。要求地主退还押金使“地主”们陷入困境。他们当中很多人其实是中农或是贫农。这些地主本身可能也很贫穷，他们需要借钱来偿还押金。江津县委档案资料中常常出现发给各村的减租退押运动指示，要求在进行退押时，考虑“地主”和“佃农”的经济状况。但在1951年退还押金的过程中，清算不是取决于对剥削程度的计算，而是通过“诉苦”申讨那些参与过暴力或反革命活动的地主，而这些活动与拥有土地的方式没有什么关联。

曹和刘的书并没有对“典卖”给出最终的定论。然而，该书尝试对地权问题提出概括性的理解，并利用丰富多样的档案材料对这一概括进行有力的检验。笔者不是吹毛求疵，但是确实承认这是该研究方法的一个很好的例子。

在我们将要回顾的第三本书中，张泰苏一开始就指出，清代的法律并没有对典卖回赎的有效时间做出规定，而英国的抵押法律对此是有规定的。由此，张泰苏认为，这一差异可以理解为，中国的小土地所有者拥有更高的社会地位，这是由中国社会的特征——强大的血缘关系所决定的。

① 陈正谟：《中国各省的地租》，商务印书馆，1936，第19页。

② 高王凌：《租佃关系新论——地主、农民和地租》，上海书店出版社，2005，第213—217页。

张泰苏首先观察最简单的典卖形式，即债务人/卖主以土地为担保，从债权人/买主手中获得贷款。这一狭义解释使他相信，土地的卖主应该比买主在经济上更为拮据。因此，他相信，“由于土地在经济上占据优势地位，而且可供选择的工作机会很少，在两个社会（中国和英国）中，农村家庭都有强烈的动机保留他们的土地，如果需要抵押借款（通过典卖而非绝卖的形式），他们只要有可能就会赎回他们的土地”。[①] 这看起来似乎是对十分复杂的情况的过于简单的描述。为了证明这一观点，张泰苏写道：“几乎所有现有的清代和民国时期合约资料都显示，土地抵押和出卖通常表现为一小部分大户从数十个相对贫困的邻居手中获取并积聚土地。”[②] 很明显，要得出这样的观点，一个学者必须查阅过相关的档案资料。笔者不认为张做到了这一点，因此，对笔者来说，那只是一段空洞的论述。

很可惜，该书论点空洞之处甚多。让我们聚焦于第四章，作者称为“本书的核心依据”的部分。[③] 在这一章中，作者提出，在中国，“一个人的地位和权威与财富之间并没有很强的关联，而是取决于一个人在亲属关系中的辈分”。[④] 作者从中国北方和江南地区分别引用了一些资料来试图证明他的观点，其论据给笔者带来困扰。

作者选取了日本满铁调查过的几个村庄作为中国北方的案例。张特别聚焦于其中一个村庄——河北省的寺北柴村。对于这个村庄，张制作了一张表格，列举了村庄里那些有实权人物（由村或地区领导构成）的名字，包括这些人家里拥有或出租多少土地，以及他们的家族地位。

① Taisu Zhang, *The Laws and Economics of Confucianism: Kinship and Property in Preindustrial China and England*, p. 96.

② Taisu Zhang, *The Laws and Economics of Confucianism: Kinship and Property in Preindustrial China and England*, p. 97.

③ Taisu Zhang, *The Laws and Economics of Confucianism: Kinship and Property in Preindustrial China and England*, p. 123.

④ Taisu Zhang, *The Laws and Economics of Confucianism: Kinship and Property in Preindustrial China and England*, p. 136.

这一表格的唯一作用是让我们认识到，虽然这些“村庄的实权人物”并没有很多土地，但他们的家族地位很高。

笔者很难理解张的计算方法，而这并不是算法不够明确导致的。他写道，寺北柴村平均每户拥有的土地为1.9亩，而耕种的土地为2.19亩。但根据他的估计，“在之前确定的18个村庄领导人中，有12个人在土地拥有量或耕种面积类别中至少有一项等于或低于平均值，而有9个则两项都等于或低于平均值”。[①] 而根据笔者的估计，其中6个村庄领导人拥有的土地的确少于1.9亩，但有3人拥有2亩土地，2人拥有2.5亩土地，1人拥有2.75亩土地。笔者没有发现其中任何一户人家由于出租土地而种地面积少于2.19亩。如果把他们租赁的土地也算进来的话，在拥有土地少于1.9亩的人当中，有2人分别种了9.29亩和8亩土地。1人种地的面积不明确，因为他和其他户合起来种了76亩土地。笔者可以确定，在1941年前后满铁调查期间，寺北柴村是一个相对贫困的村庄。但在这些相对贫穷的人当中，稍微富裕一些的人成为村庄里有实权的人物。也许成为家族的首领给这些人成为村庄实权人物带来了一些优势，但这并不是张的论证逻辑。

黄宗智和马若孟都曾对寺北柴村给予很多关注。黄宗智这样描述寺北柴村：

> 这个村庄，是华北平原上比较高度商业化的一个村庄。村中的小农，至迟至清初已开始种植棉花。到二十世纪30年代，棉花占耕地面积约40%。小农经济分化的程度，更高于米厂村一带，土地产权也更高度集中。
>
> 一个大地主——王赞周——支配着该村的经济生命……王赞周更利用这些灾害所引起的贫困，再订立另一套制度来增加他家的收

① Taisu Zhang, *The Laws and Economics of Confucianism: Kinship and Property in Preindustrial China and England*, p. 139.

入。他订的是一个典地制。基于这套方法，他贷给一个村民所典地市价的六成至七成钱，而换得该地的典押所有权。有了典押所有权，他便可出租土地，通常租与典出土地的原业主，并收取该地的地租，作为贷款的利息……

土地典押，只是王氏连环活动网的一部分。他实际上垄断了寺北柴周围整个市场区域的金钱借贷……此外，王氏又用他收得的实物地租，在粮棉市场上囤积居奇。[①]

马若孟进一步探讨了乡村领导权和组织架构：

1938 年以前，一个由四五个男人组成的委员会，叫做“董事”，决定村庄事务并挑选一位村长。这一机构的成员是拥有土地又会读书写字的杰出的村民。除了董事会扩大、增加了新的成员外，村庄领导权在这一时期很少变动。这一扩大发生在 1938 年，当时建立了保甲制，组成 14 个甲。[②]

这些村庄领导人都做了些什么呢？马若孟继续说：

1940 年成立了一个正式的叫做“看青”的守护庄家的组织；它由 10 人组成，在夏天和秋天的夜里巡视庄稼地和菜园。这些夜间经纬没有报酬，“看青”会也不收任何钱。村长决定了一个轮流制度，每天夜里由不同的村民轮班直到庄家收获完毕。

1938 年春天，保甲制取代了这一制度（董事制度）。栾城县超过 160 户的村子有两个保长，但寺北柴村只有一个，他同时担任自

① 黄宗智：《华北的小农经济与社会变迁》，中华书局，1986，第 182—185 页。

② 〔美〕马若孟：《中国农民经济——河北和山东的农业发展，1890—1949》，史建云译，江苏人民出版社，1999，第 89—90 页。

卫队长和村长。

对村长来说最讨厌的任务是征收不定期的摊派，即“摊捐”，然后交给县税务局。[①]

马若孟对村长的工作总结如下：

村长必须有足够的土地才能专心于村务。他还得处理村里的纠纷，并且与县里的官员有效地打交道。他的大部分时间都花在村里事务上，他唯一的报酬是收取土地出售价格1%的费用，其中一部分是他的工资，一部分用来支付土地转让契税。[②]

无论怎么想象，寺北柴村都不可能由宗族辈分高，但身上没几个钱的人来管理。但张泰苏的研究真正让笔者感到不妥当的，是他完全忽略这些调查的历史背景。他用一句话驳斥了黄宗智和马若孟的观点：“这与之前对满铁调查的统计研究表明的结果完全相反。”[③] 对张泰苏而言，在满铁调查之前的几年间，该村领导层结构可能发生了变化，村庄的经济在一个富裕的家族购买大部分土地的背景下发生了转型，或者战争的爆发（在地主王赞周身上可能发生了什么事），这些都不重要。重要的是他在某个时间点提出了一个包含18个名字的清单，而且他甚至连这份清单都算错了。

张泰苏的江南文献同样不透明。张在组织其证据时的随口之言，令笔者很难接受。他的第一批文献是据称在上海图书馆中保存的八份族谱。他说：“这些世系共有两个基本的组织特征。首先，没有一个（张

① 〔美〕马若孟：《中国农民经济——河北和山东的农业发展，1890—1949》，第90—91页。

② 〔美〕马若孟：《中国农民经济——河北和山东的农业发展，1890—1949》，第90页。

③ Taisu Zhang, *The Laws and Economics of Confucianism: Kinship and Property in Preindustrial China and England*, p. 136.

的原文如此）注册表（张称“系谱”的术语）肯定地认为个人财富或土地拥有更高的内部地位和权威……其次，在公布的八种领导职位选择标准中，所有八种都强调了世代资历的重要性。”[①] 这些看起来像是建立在文献基础上的陈述完全是误导。

首先，没有任何一本族谱是一个“注册表”（registry）。将其称为“注册表”表明可能存在注册机制。任何研究过中国族谱的人都知道，这些记录包括大量从早期族谱中复制的内容，以及可能基于记忆、墓志铭、碑志和其他相当偶然的事件而添加的许多内容。有些家庭确实登记男孩的出生，但笔者还没见过有哪个家庭定期登记成员的婚姻状况和卒年。人们在族谱中看到出生登记的迹象是非常偶然的。众所周知，中国的族谱中充满了空白。

的确，时代和年龄是地位的标准，而不是权威的标准。此外，时代和年龄并不是家族地位的唯一标准，事实上，它们也不是填补管理职位的标准。至于（文章中）强调代际资历而不是财富和土地持有作为领导职位的标准，让笔者来考察一下张在下一个段落中参考并据此认为选举出来的绅董（selected councilors）“不仅基于资历，还基于智慧和道德声誉”[②] 的两份族谱。

张引用时没有标明参考文献的页码，所以笔者必须根据自己的判断，看看族谱中哪里是他认为的与选择标准有关的内容。笔者认为在两个族谱中，无锡县的《边氏宗谱》（中有类似内容），该线索来自一份被称为“宗规”的文件。该文件的第一条规定宗正和族长的选举取决于资历，但是，“因为他们可能不都是贤明的，所以从家系中选择一个正直公平的人担任祠正以协助他们，是有必要的”。[③] 这句话很清楚地

① Taisu Zhang, *The Laws and Economics of Confucianism: Kinship and Property in Preindustrial China and England*, p. 148.

② Taisu Zhang, *The Laws and Economics of Confucianism: Kinship and Property in Preindustrial China and England*, p. 149.

③ 《边氏宗谱》第1卷《宗规》，经笥堂，1874，第1页上。

说明，除了在仪式上，任何关于领导职位的选拔都不能只把资历作为评判标准。但还有更为紧迫的问题：由祠正来协助他们意味着什么？这是否意味着他们要管理一个祠堂或家族的财产？

和许多宗谱一样，《边氏宗谱》是由不同地域的人的多线世系组成的。族谱并未记载这些人有任何共同的祠堂。从宗谱中可以看出，到19世纪，家族的一些分支已经建立了祠堂。我们不知道“宗规”是否曾在这些祠堂中使用过，但可以肯定的是，对于大多数名字被记录在族谱的人来说，在大多数情况下，这样的规定并没有得到应用。

另一份表明选择“绅董”不仅基于资历，而且基于智慧和道德声誉的族谱是宁波的姚南丁山《方氏宗谱》（1921）。笔者看不出其中有什么证据能证明张的结论，但该族谱提供了大量关于家族财产管理的文件，如果张读过的话，他本应该认真考察这些文献。从1695年起，世系保留了一座祠堂并接受世系成员捐献的财产，作为回报，他们会在祠堂里放置供者或其祖先的灵位，供集体祭祀。这种由家族成员出资的安排是常见的做法，而姚南丁山的方姓似乎从家族成员那里获取了大量的地产。世系祠堂因定期供奉而获得财产收益，（而家族成员会因）年资而获优先承认。但是，对祠堂或其财产的管理是否取决于绅董？不完全是，因为即使必须有管理人员来管理相当于一大笔财产的东西，监督也不是由任何绅董委员会来提供的，而是由家族各个分支的族长轮流提供的。这也是江南和其他地方的惯例。在通过捐赠建立并作为一个集体持有的且每一族都负责部分管理的遗产中，财富是否可能无关紧要？笔者认为没有丝毫的可能性。

张参考的其他江南文献包括已出版的412份宁波地契和140份浙江松阳石仓土地买卖文书。正如他所说，“这里的论点是，长江下游大部分的典卖交易都有中间人在场，一些无论是在典卖者或典买者亲属集团中的重要成员”。[1]

---

① Taisu Zhang, *The Laws and Economics of Confucianism: Kinship and Property in Preindustrial China and England*, p. 155.

张对宁波契约的描述超出了所有人的理解。根据他的说法，“412 份或是典卖交易合同，或是赎回合同，或是典卖向永久转让转变（的合同）”，以及“只有三份是以前没有经过典卖而直接永久转让（的契约）”。[①] 他指出，这三份契约的编号分别为 81、167 和 169。只要他读过这些契约的重印本，第 81 号契约就不会被描述为永久转让契约而是“找契”。[②] 第 167 号契约的确被描述为“绝卖”，这一术语得到清代法典的支持，用于表示（对）赎回（权力）的没收。但是，如果我们继续看第 168 号契约，就会看到问题的复杂性。道光三十年（1850）九月，根据第 167 号契约，毛荣昌（Rongchang Mao）和他的兄弟荣瑞（Rongrui）通过“绝卖”出售了三块土地并从买方得到了 3.5 万文，并指出这些土地的税收记录将会在记录从卖方转移到买方时被删掉。但是，根据第 168 号契约，在道光三十年十一月，毛荣昌和荣瑞（向买方）为这些土地的赎回又索要了 2.03 万文。[③] 在这三份文件中，只有 169 份契约是张所说的“直接永久转让”。

笔者的困扰还不止于此。笔者推算，宁波契约包括 42 份特别声称在赎回行为有帮助的契约：三份是绝卖契约（没有典的行为），其余是永卖的契约，除了一些契约的措辞是不确定的。是什么让张如此确定这些是典卖合同、赎回合同或典向永久转让的转换？从这些契约的措辞看不出这是事实。

笔者认为，张泰苏的论证依赖于宁波文书的编辑者王万盈对该文书序言的解读。王利用宁波当地的知识，说“永卖”在浙江东部地区指定是田面权的出售。[④] 人们不得不在很大程度上捏造这一论点，转而

① Taisu Zhang, *The Laws and Economics of Confucianism: Kinship and Property in Preindustrial China and England*, p. 155.

② 王万盈辑校《清代宁波契约文书辑校》，天津古籍出版社，2008，第 56 页。

③ 王万盈辑校《清代宁波契约文书辑校》，第 110—111 页。笔者忽略了这两份契约中三块土地之一的编号不一致。

④ 王万盈辑校《清代宁波契约文书辑校》，“前言”，第 5 页。

说，所有有田底权的土地都要服从典卖的原则。[①] 即使有人可能同意曹和刘的理解，即支付可以计算利息的押金，可以产生等同于有田面权利的典卖，但这并不意味着所有有田底权的土地都起源于典卖。宁波的契约所显示的内容和张所说的有很大的差别。

这些契约是否表明“长江下游典卖的绝大多数交易涉及中间商，他们是典的卖方或买方亲属集团的高级成员”?[②] 笔者看不出这些契约中有任何关于中间人的特权或其他的迹象。张还引用了“石仓 140 宗土地买卖（文书）”作为证据，证明“在这 140 宗交易中，130 宗，即 93%，至少有一个中间人与合同一方有关系，而绝大多数至少涉及三个中间人”。[③] 石仓文书中已经发现了几千份契约，但是哪一批中的 140 份契约是张所讨论的，就无从得知了。这些契约并没有显示中间人的家族关系或社会地位，因此笔者推测张从一致的姓氏中得出结论，认为有些人是“亲戚”。中间商的地位和联系是一个有趣的问题，而石仓文书和曹树基及其上海交通大学团队的相关详细研究，为研究这一问题提供了机会。但笔者不认为随意比较姓氏是解决这个问题的方法。

张的著作第五章是“永久租赁”。笔者再次强调，不管声称的是什么分析，都会因为不仔细阅读资料而陷入困境。让笔者举最后一个例子来讨论一下，1896 年浙江省诸暨市的一个县官解决了一场纠纷。[④] 据张说，“当地周家一个相对较年轻的成员试图阻止他的堂嫂（cousin-in-

① 张将他对典的理解扩展到“用作大额贷款抵押品的土地流转”（Taisu Zhang, *The Laws and Economics of Confucianism: Kinship and Property in Preindustrial China and England*, p. 38)。根据这种理解，以“永卖”方式出售土地可能是一种典的形式，但即使如此，也不能得出所有这种出售都必须是典的结论。

② Taisu Zhang, *The Laws and Economics of Confucianism: Kinship and Property in Preindustrial China and England*, p. 155.

③ Taisu Zhang, *The Laws and Economics of Confucianism: Kinship and Property in Preindustrial China and England*, p. 157.

④ Taisu Zhang, *The Laws and Economics of Confucianism: Kinship and Property in Preindustrial China and England*, p. 158, p. 176.

law）赎回她丈夫五六年前转让给他的土地”［笔者纠结于这句话：如果周夫人把土地转让给周祖烈（Zulie Zhou），那么肯定是周夫人或她丈夫的继承人有权赎回，而不是购买者］。张接着说：“争论的焦点是转让物是否为典卖。”①

笔者查阅了张引用的文献。② 根据文献的文本，周祖烈控告冯楚峰（Chufeng Feng）“串受田亩”。它表明周夫人是周祖烈兄长的寡妻。她通过立一份（或几份）契约将属于她丈夫的两处单独的田产卖给了祖烈，因为她欠祖烈的债，每年都要计算利息。田地属性传递的方式如下所述。田产 A 有 4.1 亩，已经被“出卖”；而田产 B 有 2.8 亩，被“出押”。田产 B 的出押记录于光绪十七年（1891）。随即，祖烈举行了“继成祀”。然而，由于不满利息被收取而且房产被廉价出售，周夫人出卖田产 A 给冯楚峰。祖烈反对通过中间人（来完成出卖）。（这场交易）有关投机的说法引起了一起诉讼。裁判官撤销了投机的指控，审查了契约，并传唤了证人。于是，他发现了冯楚峰为田产 A 的四亩土地支付了 65 两，然而周祖烈只为田产 A 和田产 B 付了 30 两 15 钱。虽然县官在判决书中确实提到了原告周祖烈和寡妇周太太之间的家庭关系，但他确实把注意力集中在了支付款项的差异上。当然，县官说，周祖烈付的钱那么少，说明这片土地是可以赎回的。为此，他命令新买主冯楚峰提供 15 两，周夫人再提供 15 两，以便将周所付的钱还给他。至于没有卖给冯楚峰的田产 B，他判决周夫人可以继续持有或出售。因此，县官确实裁定了这笔交易是否等同于典，但姻亲赎回是否必须被禁止与本案无关。

简而言之，笔者没有看到支持张的观点的证据，即在亲属关系网络

---

① Taisu Zhang, *The Laws and Economics of Confucianism: Kinship and Property in Preindustrial China and England*, p. 158.

② 倪望重：《诸暨谕民纪要》（1897 年），杨一凡、徐立志主编《历代判例判牍》，中国社会科学出版社，2005，第 442—443 页。

中，地位和权威与世代资历紧密相关。相反，笔者看到有人故意误读这些记录，以便对它们做出上述解释。笔者认为研究不充分总是有原因的。在张泰苏的例子中，表面上如此，原因是他没有建构一个比较中国乡村和英国乡村的框架。由于不知道要寻找什么，他抓住最表面的证据来寻找确证。从中国历史记录中得出的结论，如果没有透彻的理解，总是不保险的。

尽管如此，结合对其他两本书的评论，张的观点为学术研究增添了可能有助于理解中国土地产权制度的内容。从前，研究中国历史的人，掌握清朝土地制度的目的是解决实际问题。这种日子一去不复返了。现在有如此多的文献资料，甚至是在自己的电脑上也能找到，以至于我们这些史学工作者应该考虑对一个难以驾驭的课题采取更系统的研究方法。这些文件显示了如此多的变化，笔者相信未来的研究类型将会比我们现在已拥有的更多。在某些阶段，我们还必须考虑跨文化比较。目前，笔者主张采用曹和刘的方法，对当地实际情况进行详细的调查，并将它们与一个广泛的框架联系起来。这种框架并不是唯一可以建构的框架，但当更多的框架可用时，可以将其进行比较和对比，那么中国土地制度的研究才可以继续往前走。

票号的票号史

——王路曼《中国内陆资本主义与山西票号:1720—1910年间的银行、国家与家庭》读后

顾　浩*

王路曼:《中国内陆资本主义与山西票号:1720—1910年间的银行、国家与家庭》,商务印书馆,2022。

山西票号是中国商业史的重要组成部分,以往学界一般基于“西方中心论”的自由主义市场原则,将票号视为依靠政治庇护的私营金融机构或未能实现向西式银行转型的保守代表。对于这些“规范认识”,王路曼新著《中国内陆资本主义与山西票号:1720—1910年间的银行、国家与家庭》(*Chinese Hinterland Capitalism and Shanxi Piaohao: Banking, State, and Family, 1720–1910*,以下简称《中国内陆资本主义与山西票号》)提出了有力的挑战。该书并没有将山西票号作为近代中国经济转型的注脚,而是以票号自身的历史变迁为中心,努力书写一部票号的票号史。① 该书英文版将票号称为“*Piaohao*”而非简单地翻译成“*Chinese bank*”,足可体现作者的用意。

全书除导言和结论外,共有五章,从长时段的角度阐述了山西票号

---

* 顾浩,中山大学历史人类学研究中心博士研究生。

① 高超群:《企业史与中国经济史研究》,魏明孔、戴建兵主编《中国经济史评论》2021年第1辑,社会科学文献出版社,2021,第158—161页。

从形成到清末转型的生命周期，在此过程中，山西票号又根据政治和市场环境的变化，不断调适自身的存在与表现形态。据此，全书的叙事逻辑又可以分为三大部分，分别对应山西票号在不同发展阶段的关键词，即该书标题中的“银行、国家与家庭”。为了将这些看似矛盾的特征整合到统一的框架之中，作者提出了“中国内陆资本主义”的概念/范型，以此论证资本主义在中国内陆产生和发展的机制。下面先对该书的主要内容进行基本介绍。

第一章、第二章为第一部分，主要从市场与资本逻辑出发，分析山西票号的形成与运作机制。19世纪20年代，以恰克图为中心的跨欧亚贸易秩序逐渐建立，山西商人利用区位优势，在茶马贸易的基础上营建了庞大的经营网络，从而为自身积累了参与汇兑业务的原始资本。同时，来自新大陆的白银供给又满足了中国民间资本对于标准化交易媒介的需求。上述因素共同促成了晋商的第一次金融扩张。作为从贸易商号中衍生出来的金融机构，山西票号很好地满足了跨区域贸易乃至士绅捐纳对于安全金融工具（汇票）的需求。19世纪中叶，随着中国被整合进全球贸易新秩序，晋商积极融入其中并实现了第二次金融扩张。山西票号不仅投资茶叶贸易并控制着茶叶的产销体系，而且与通商口岸的钱庄进行直接互动，甚至与殖民地银行建立了共生关系，直接加速了内陆城镇与通商口岸之间的资本和商品流动。可见，所谓中国经济向近代的转型，是通商口岸和内地共同作用的结果，作者由此有力地质疑了以往片面强调通商口岸的单向历史轨迹说。

那么，这些资本主义式的金融商号具体是如何运作的呢？首先，“谨慎”是山西票号融资借贷的主要特征，为了规避风险，票号在融资方面不得不受制于以家族为本位的募资模式和财东投资的多元化，在借贷方面不仅不会轻易放款给陌生的贷款人，甚至也不愿接受难以清盘变现的抵押贷款。但正如作者所言，交易信息不对称、通信传播缓慢、有限的合同强制力是前信息时代的普遍特征。事实上，19世纪全球银企都在奉行稳妥性的融资借贷原则。对于票号来说，虽然经营策略较为保守，但依靠跨家族、非正式和强有力的金融联盟，山西票号还是可以成功地实现资本主义扩张。作者以日升昌为例，揭示了票号间以汇兑为借贷融资手段的交易原理，基于这一原理所形成的跨家族金融网络，通过“标期”制度实现互相监督和信息共享，通过“公脚”制度分担现银押解的风险与成本，通过金融人才流动加强联盟内部的合作。最后，作者对日新中票号账簿数据进行了细致分析，归纳出票号在日常财务管理上所采取的“双记式簿记”的精妙原则，虽然不同于复式簿记，但足以保证票号能够有效地追踪资本与利润的增减动态。

第三章、第四章为第二部分，对清政府与票号之间的国家—市场关系展开政治经济学分析。在作者看来，1895 年是清代国家与市场关系的重要转折点。此前清政府奉行极简主义的国家治理政策，表现为高度松散的公共财政管理体系和货币贸易领域的不干涉政策，然而，甲午战争的失败与巨额赔款迫使清王朝财政转向扩张主义，由此建立起集中化的财政管理体系，这种转变在相当程度上决定了山西票号在金融汇兑领域的进退。第三章主要讨论 1895 年即财政集权化之前的国家、省份与市场关系。在地方如何向中央递送税银的问题上，清王朝长期存在究竟应由省级政府派员“委解”，还是交给私营金融机构“汇解”的争论，直到 1862 年内忧外患加剧，户部出现巨大赤字，省级官员支持的汇解最终取代委解，成为央地财政调配的主流方式。山西票号迅速抓住这一契机，承办官款汇兑的相关业务，不仅从中收取高额的服务费，而且将其作为无息贷款用以投机，从而实现了商业规模的空前扩张。从根本上说，票号的金融扩张是基于市场逻辑而非政治庇护，因此，山西票号不免也会受到资本有限、银锭供给、货币制度、政府寻租、同业竞争等市场因素的制约，这也导致尽管山西票号充当着税银的实际汇解人，但从未获得中央政府的充分信任，其汇兑服务也从未得到清王朝的正式授权。

甲午战后，原有的松散财政管理体系难以维系，清王朝被迫转向财政集中化，国家与票号的关系在此背景下如何调整，是第四章讨论的主要内容。所谓财政集中化，主要包括以下内容：首先，清王朝通过建立中央银行和省级银行机构“官银号”，拿走了原本由票号经营的政府资金汇兑业务；其次，在制度性变革的基础上，清政府实行银币标准化和发行基于国家信用的纸币，极大地压缩了票号的谋利空间；最后，清王朝还推行了一系列的金融调控措施，将票号的商业运营置于中央政府的严格监管之下。尽管财政集中化对票号运营造成了不小的负面影响，但从盛宣怀将票号系统整合进中国通商银行的强烈意愿来看，这对票号来说，也未尝不是向现代银行转型的契机。然而事实上，在清王朝传统奉行的松散财政管理之下，中央政府和省级政府长期对票号实施掠夺性策略，加之票号在西式银行成立之初对后者具有压倒性优势，因此山西票号既对清末的财政改革保持距离，又对自己与现代银行共生的预期感到乐观。正如作者所言，只有回到历史脉络中而非简单地抱以“后见之明”，我们才能理解山西票号为何拒绝转型为现代西式银行。

第五章为第三部分，该章从家庭逻辑出发，将票号史放到更长时段的家族变迁的脉络下进行分析，对早在民国时期就已经形成的、视山西票号为“金融残次品”的观点提出批评。作者认为，长久以来的“总体性资本逻辑”造成了中国家族式银行公司与西式金融机构之间的二元对立，然而“票号不是单向度、非个人性的理性机构，而是社会文化网络之中的多维家族单元”。[①] 一方面，无论是从票号转向缫丝厂的常氏家族，还是将资本转向煤炭开采的渠氏家族，他们都向我们展示出票号家族的商人资本不断地进行自我调整，努力适应中国和世界的资本主义变化。另一方面，从票号商人投身功名、社会救济，乃至悠游山河、进行文学创作等活动来看，票号家庭也具有鲜活和丰富的生活世界。在作者看来，虽然票号的运营遵循市场逻辑，但票号本身是山西商

① 王路曼：《中国内陆资本主义与山西票号：1720—1910年间的银行、国家与家庭》，第225页。

人家族的有机构成部分，这些商人资本以不同形态参与现代化进程，西式银行并不是唯一的“进化”方向。

池桢对该书所提出的“中国内陆资本主义”范型进行了剖析和解读，指出在山西票号视角下的内陆资本主义嬗变兼具全球性、普适性和本土性的特征，对所谓近代金融企业的“理想模型”乃至后现代主义史学进行了反思和修正。[①] 不过，一部经典作品的意义往往不局限于它所提出的范式本身，而且可以引发我们更多的联想与思考。近年来，学界逐渐注意到商人资本在近代有大规模区间流动，并向金融资本、产业资本等不同形态进行转化。[②] 不过关于晋商资本，学界仍然将其视为外国资本或政治庇护下的保守势力，未能实现向工业资本主义的转型。[③] 从上文的梳理中不难看出，无论是史实的梳理还是理论的归纳，该书所建构的“中国内陆资本主义”体系显然对商人资本形态的刻板印象进行了纠正。此外，随着商人账簿史料的挖掘与整理，刘秋根、袁为鹏、曹树基等学者已经对染店、盐号、当铺等商业机构的会计核算展开了细致的讨论，在此学术脉络下，该书对于山西票号账簿的利用与归纳仍然具有其创新性。[④] 复式簿记一般被认为是资本主义形成的标尺，因此近年来关于传统商业账簿的相关研究，亦旨在说明以“同一账，记两簿”为代表的传统复式簿记具有与西方复式簿记相同的性质和形式。与之相比，该书试图跳出与西方复式簿记直接类比的框架。尽管在具体论证中，还是按照现代会计法则转录制作了日新中的“资产负债表”，但作

① 池桢：《海外中国近代经济史研究范式的转换——王路曼〈中国内陆资本主义与山西票号：1720—1910年间的银行、国家与家庭〉述评》，《史林》2020年第5期。

② 朱荫贵：《近代中国的资本市场：生成与演变》，复旦大学出版社，2021。

③ 罗翠芳：《商人资本与近代中国经济转型》，中国社会科学出版社，2022。

④ 刘秋根、张建朋：《明清时代工商企业的资产负债表——以〈万历程氏染店查算账簿〉为中心》，《河北大学学报》（哲学社会科学版）2010年第1期；袁为鹏、马德斌：《商业账簿与经济史研究——以统泰升号商业账簿为中心（1798—1850）》，《中国经济史研究》2010年第2期；曹树基、李锦彰、王国晋：《“同一账，记两簿”：清代丰盛泰号账本的复式簿记》，《中国经济史研究》2021年第5期；李锦彰、曹树基：《传统时代山西当铺账本的复式簿记与会计核算》，《中国经济史研究》2022年第2期。

者归纳的“双记式簿记”原则，其真正意义在于回归复式簿记乃至资本主义发展的本原，即能否系统地跟踪企业资本的利润与亏损。

尽管“中国内陆资本主义”的概念/范型极具启发性，但该书的一些细节或许仍有商榷和延伸的空间。例如第二章认为，财东家族为了规避金融责任而同时投资多家票号和商号，这种股东投资的多元化导致了单个票号的营运资本短缺和商业规模受限。[①] 不过，除了降低风险的考量，票号内部的股权结构可能是促使资本流向分散化的更重要的因素。票号等传统企业的股权一般由银股和身股两部分组成，持有银股的财东在获取高额的回报后，往往倾向于追加银股以提高自身收益，导致经理人的身股利益受损。因此，作为财东与掌柜博弈的结果，财东后来的追加资本会充作附股，不享有红利而只获取一定利息。这样虽然保护了身股持有者的利益，但打击了财东持续大规模投资的积极性，这或许才是该书所谓“股东投资的多元化”的根本原因。[②] 再如第五章的讨论，虽然试图跳出理性经济人的资本逻辑，并将票号家族放在地方社会网络中加以理解，但与前四章的精彩阐述相比，该章的论证深度明显不足。常氏、渠氏等晋商家族虽然在一定程度上实现了金融资本向产业资本的转型，但其转变过程并不清晰，产业资本的运营结果似乎也远不如票号的金融运营。究其原因，正如科大卫所言：“中国本土的资金借贷机制大多依赖于契约和宗族控产组织，其规模过小而未能迎合工业融资之所需。”[③] 如果能够展开更为深入的田野调查，或许可以挖掘到更精彩的晋商家族故事，从而使该书建构的理论体系更加丰满。

总之，《中国内陆资本主义与山西票号》是目前山西票号的研究前

① 王路曼：《中国内陆资本主义与山西票号：1720—1910年间的银行、国家与家庭》，第75—79页。

② 兰日旭：《近代中国股份制企业“官利”制产生原因再探析》，《福建论坛》（人文社会科学版）2008年第5期。

③ 〔英〕科大卫：《近代中国商业的发展》，周琳、李旭佳译，浙江大学出版社，2010，第196页。

沿，不仅论证了资本主义在中国内陆形成与发展的内在机制，而且对新古典经济学、政治经济学和经济理性主义等主流经济理论体系提出了反思。支撑该书基本观点的，则是作者对档案、账册、书信、族谱、文集等丰富史料的全面把握和系统梳理。因此，无论是理论建构还是史料利用，该书都可以为商业史或金融史研究的后来者提供有益的启发。

评杨培娜《生计与制度：明清闽粤滨海社会秩序》

柴承晶*

杨培娜：《生计与制度：明清闽粤滨海社会秩序》，社会科学文献出版社，2022。

传统中国王朝认为自己是一个内陆国家，其统治的对象都是农耕定居人群，在这种内陆中心的政治意识下，王朝制度的制定以及历史的书写都是围绕着农业社会的发展。早期海洋史研究仍然没有摆脱内陆中心论，海洋对于内陆而言，只是从一块陆地到另一块陆地的渠道。但滨海地域有着复杂的自然和社会生态环境，是包含多样生计的活动空间，有其独特的生产生活规律。在《生计与制度：明清闽粤滨海社会秩序》一书中，作者致力于从滨海当地人的视角出发，围绕与其最有关联性的日常生计方式，探析东南沿海地方社会秩序的形成与变迁。

一　研究对象与问题意识

在书中，作者以闽粤滨海界邻的潮漳地区为核心研究区域，潮漳虽分属于不同省份，被行政区划区隔，但实际山水相连，潮汐相通。陆

* 柴承晶，中山大学历史学系博士研究生。

上，有自南宋以后形成的漳潮驿路，沿途有庵驿递铺之设。[①] 在二者海域界邻之地，诏安湾之梅岭、走马溪与柘林湾外围南澳岛组成的海面水深洋阔，港汊曲折，便于避风和藏匿，成弘以后，成为东亚海域贸易的重要基地。从地理环境来看，潮漳地区靠山面海，北面是武夷山脉、南岭山地，东面、南面是开阔的海洋，陆地以山丘台地为主，有多条淡水注入海湾，形成大小不一的三角洲，海岸线曲折，港汊众多，岛屿星罗棋布。[②] 受自然环境影响，其蕴含丰富的渔业和盐业资源，但单靠鱼和盐不能满足生存，必须借助交换。对于其他区域来说，鱼、盐有其特定的产区，这些都使内陆和沿海之间必须借助交换才能实现物资的满足。在这种资源分布及地理特性之下，对民众而言，渔业、盐业及运输贸易是其基本且多兼的维生方式。但对王朝而言，盐业关涉民生，不能任民自占，需由国家来管理。基于海洋的开放与广阔，入海贸易与捕鱼之船具有高度的流动性，这种流动性与王朝所期许的稳定秩序相矛盾，也需要加以管控。

在这种背景之下，作者以“海”为核心，抓住既是滨海人群的生计方式又是国家想管控的盐业、渔业及海洋运输贸易，讨论 14—19 世纪，随着自然环境、生产技术的变化，滨海人群如何调整自己的生计组织和社会结构，以及国家如何调整对这一人群的管理策略和制度，进而在生计与制度的不断互动中形塑出滨海社会的秩序。

二　环境、生计与制度互动下的明清潮漳滨海社会秩序

在闽粤滨海地区归入王朝版籍后，明王朝开始在此推行户籍职役制度，按职业划分出灶、渔、军、民等籍，又将这些人归入其搭建的以州

① 杨培娜：《生计与制度：明清闽粤滨海社会秩序》，第 168 页。

② 杨培娜：《生计与制度：明清闽粤滨海社会秩序》，第 14 页。

县为基础，叠加卫所、盐场和河泊所的多层次管理架构内。

在户籍登记上，渔户、灶户与民户是一并登记在州县黄册之内，受州县与河泊所或盐课司两套体系管理，但在编订之时，渔户与灶户一般不与州县民户混编。在里甲赋役上，渔户无须承担里甲役，只在河泊所内当差。而盐户需要在州县内承担里甲正役，在盐课司内承担杂役。渔户与灶户的编订，是依赖卫所军户佥定与督办额课的，而卫所在协助河泊所编民入籍时，也将大量的无籍之人佥发为军。

卫所不仅是明初巩固战果和推行行政制度的保障，而且自洪武十七年（1384）始，明王朝为抵御海寇海盗和执行海禁政策，着力建设以“卫所—水寨”为核心的海防体系。在海防据点的选择上，明代抛弃海岛，将岛内居民内迁，形成以近岸为据点的防御体系。这一时期设立的卫所多是以垛集方式抽本地土人充实军伍。以福建为例，洪武二十年至二十一年以垛集方式抽民增设五卫十二所。以土人充军，因其熟悉环境又会操舟，有利于海防，但这些人反又成为乡里之患。对此，政府试图以对调来解决，如洪武二十年，平海卫及莆禧守御千户所与镇海卫及铜山守御千户所就进行了对调，整体对调使卫所保持了原有的军伍结构及原籍观念和语言风俗。

至明代中期，晒盐法在东南沿海地区广泛推行，逐渐取代煎盐法。在盐业方面，晒盐法的普遍使用使盐场在组织和盐税方面都发生了巨大变化。首先，在盐场组织上，福建盐场过去煎盐，灶户分依山灶户和依海灶户，依山灶户提供煎盐所需柴薪和银两，依海灶户用力煎盐，二者同属团首管理，构成团—灶组织。自晒盐法推行之后，依山灶户无须备柴薪，依海灶户即可完成制盐。后依山灶户的课额被折银直接解运司，其与依海灶户的关系从紧密到松散，依海灶户产生出新的管理者埕长，团首则成为依山灶户的管理组织。其次，盐课在正统以前为实物税，余盐也是由官府收买。晒盐法推行后，盐量不断增加，像福建下四场因路途遥远，商人不愿意前去承办，弘治时，官府以折银的方式来解决部分积压引课。此后，福建上三场又效仿下四场，请求将盐课折银。明初盐课是“计丁办课”，晒盐法推行后，盐埕则成为盐区重要的生产单位，这就使以埕为单位征税成为一种趋势。

在渔业方面，河泊所的管理并不理想，大量渔户逃亡使得渔课空悬，河泊所成为虚设。以福建、广东为例，正统年间就有多处河泊所被裁撤。河泊所裁撤后，渔户直接划归州县管辖，渔课也由州县负责。在补充因逃亡所空悬的渔课时，官府逐渐认识到船对渔户的重要性，开始按照船的大小来摊派渔课。

就渔业和盐业而言，受盐业生产技术和渔业高度流动性的影响，官府在管理和赋税方面都做出了一定的调整，而渔业与盐业改革的一个共同点就是在纳税方面，从“人户”过渡到以“生产作业工具”为纳税单位，这就使户籍与职役的限定关系减弱。在这一过程中，近岸滩涂和深海作业也得到了快速发展。在户籍与职役关系减弱的背景之下，开发这些近海资源和盐埕就不再限于灶户、渔户，而是成为越来越多不同户籍身份民众的生计方式。更多的非灶户、非渔户的人可以介入盐业和渔业生产，为他们抢占渔课资源提供了可能。

顾诚认为，卫所是明王朝独立于州县的另一大疆土管理体系，因为卫所掌握卫所军户和屯田，以及由卫代管的民籍人口及土地。顾先生立论的基础是边地卫所。为检验这一观点是否适合沿海地区，该书作者抓住“卫所军户”这一从无到有的概念展开讨论。军户本专指原籍军户，明初对卫余虽然坚持以遣回原籍为主，但实际仍有大量的余丁留在卫所内或在附近州县附籍，这些居住在卫所内的余丁因为没有相应的登记与管理制度，处在无籍的状态。随着卫所正军不断逃亡，这些余丁开始被重视，被要求在卫所内承担一些杂差。自正统之后，卫所关于余丁的管理政策有了一系列变化。最初是“解军签妻令”的出台，使对余丁的管理从原籍主义转向了在卫生根，但此时仍将这些余丁的管理仍然寄希望于附近州县，在勾补之上，则是先从在营余丁中勾补。至天顺八年

(1464)，政府将余丁的管理权收回手中。与正统开始对余丁管理政策转变相伴生的是卫学的设置，这为卫余提供了向上流动的重要途径。卫所被确认为原籍，逐渐取代了原籍州县的作用。

虽然自正统以后，卫所收回附籍军余的管理权，编订户口册管理了大量不属于州县卫所的人员，且逐渐取代原籍州县的作用，确实成为具有籍贯和身份认同的地理单位，但在财政来源上，卫所依赖州县的供给。例如，宣德以后卫仓归县，卫所月粮发放需州县密切配合。以福建下四场为例，正统间盐课折米，就是将所折之米运补到各卫所。卫所城池的维修费用也主要是由州县里甲办纳的。所以无论是明初，还是正统以后改变对军余的管理制度，卫所和州县都有紧密的联系，在东南沿海，卫所是无法独立于州县系统的地理单位。

在明代中期，东南海上贸易不断兴盛，在山海贸易规模扩大的背景下，山寇和海盗等势力使得山海动荡。在急需军需之际，地方上为应对军费开支等各种加派，承认一些势豪之家以办纳渔课的名义，将滨海资源垄断为私家之利的既成事实。在滨海资源被圈占后，渔户不仅要缴纳渔课，还要支付私家之税才能捕鱼。这些资本雄厚的陆上家族进一步扩张，压缩依船为生人群的生活空间，使他们或上岸为豪强作佃，或将活动区域推向深海，这又使深海作业技术不断地发展。深海作业对船只、人员组织以及技术有着更高的要求，因而催生出更加具有分工协作特征的捕鱼组织。

在海禁政策下，卫所官军身处海防前线，又有兵船可用，这反倒为他们参与海上走私贸易提供了多种优势。海上走私船只常常为应对风险雇佣大量人群，他们既充当渔工、船工，又充当打手，而这些被雇佣的人可能就是近海资源被圈占后，被压缩生存空间的渔疍民，这促成沿海乡村的军事化。在这种走私贸易下，沿海村庄常常是走私船只补给点，在船停泊之日进行日用物资的贸易，若是追究起来可能全民皆盗，民盗难分，漳潮沿海屡屡被视为盗寇渊薮。潮漳士人试图以不同的书写来重新解释地方传统，降低与王朝国家之间的疏离感。

在东南山海动荡之时，明初所建立的卫所—水寨海防体系因卫所军士的逃亡、军伍的溃散，其军事力量已经大大减弱，不足以抵御这些动荡势力。对于官府来说，首要的是重新建起海防体系。初期是以省为单位建立各自的海防体系，并逐步恢复水寨制度。但这样以省为单位的防御体系同与潮漳地域山水相连、潮汐相通的地理环境相矛盾，盗贼常常“闽捕之急则入广，广捕之急则入闽”。这就要求闽粤两省进行联合追剿，但两省官员矛盾重重，往往暗中相互牵制，反倒使盗贼可以利用两省防御间的壁垒。为解决这一问题，万历三年（1575）在闽粤两省门户南澳设南澳总兵，将柘林水寨游船、铜山游船归属其管，并改变原先各自巡防的海防界线。在海防体系重建的过程中，募兵成为首要问题。在兵饷匮乏又加之客兵被认为弊端过多的情况下，官府将深海作业的船只按照船甲、澳甲的方式登记起来为其所用，在有需之时，按薄呼召给价差用。将渔民编为渔兵既可以防范接济，又可以因渔民本身有船又熟悉水道、惯于作战而省去训练时间和军费开支，将渔船编籍，还可以对其征收渔税和盐业税，增加军饷，一举多得。可以说，在沿海地方军事化力量增强的时候，政府正是利用这些沿海人群及其生存工具来构建新的海防体系的。在新的海防体系建立之后，原有的卫所可能会不断融入地方社会，成为一个城堡性民居，如大城所；也可能在动荡之时自保，与周边村落仍然如明初一样保持着明显的城内城外、军民之别，如铜山所。

明清鼎革之际，清廷与郑氏在闽粤沿海地区拉锯四十年。清王朝利用吴六奇、许龙、苏利三大粤东势力对抗郑氏。在正统的旗号下，还隐藏着这些豪强与郑氏之间在地盘及海上贸易之利的争夺。在康熙元年（1662）郑成功去世，至郑经退据台湾之后，粤东三总兵的作用下降，其势力随着康熙三年的迁界，或被迫内迁，或调离自身的地盘而消散。

康熙二十三年收复台湾后，清廷一方面重新调整东南沿海军事布防，另一方面宣布开海，对渔盐业管理做出调整。

在重新布防时，首要的是裁撤多余兵额。仅康熙二十三年，福建就裁去厦门总兵官、铜山总兵官和漳州总兵官三处镇营，广东裁去潮州水师总兵官、廉州总兵官和顺德总兵官等。其次，清廷除了在内海沿岸按照行政区设立防汛外，还在海上建立起从福建铜山、诏安南面之海域如诏安湾、洋林湾，到饶平东界南面之柘林湾至南澳，及广东澄海、达濠、海门等可直达外海要地的一体防汛，归属南澳总兵官统辖，形成海岸、海岛、海口相依托的防线。在兵源上，清代放弃明代军户制度，采用招募方式佥丁，且多选土人在本地为兵。

入清后，卫所被裁撤，变成社会中的一个乡村聚落，卫所人户被纳入州县之内。铜山所内部以拟家族化的方式来重构城内的组织，以适应粮户归宗的制度；大城所则是与周边村落一样成为一个大型村落，并设有自己的保正，所城与东界半岛其他村落共同称为东里人，并以所城内的城隍庙为整个东里的神庙。

康熙开海后，开始对滨海船只做出规定。在清代船只的限制中，樑头为核心参数，因为樑头的大小不仅决定了商船与渔船，还与税收以及出海所配盐引数额有关。开海之初不区分商渔，只许樑头在七八尺之间的单桅船只出海。至康熙四十二年，区分商船、渔船，商船樑头不得过丈八，渔船则不得过一丈，但并未规定樑头的具体丈量方法。对此，清廷多次饬令核实丈量船只，并详细规定樑头的计算方式。如乾隆元年（1736），受福建巡抚委派总管闽海关关务的兴泉永道佥事朱叔权定议：丈量船只，无论关、县，总以含檀与船艕内面接连之处丈起，不除堂，含檀实长若干，即为樑头实在数目，不得以船艕外之两算作樑头丈量。这种限定与明代中后期不断发展的深海规模以及远洋贸易所需船只尺寸根本不相符，结果限定就只在表面上遵守，实际执行过程中，出现了所谓“折造”之法，即将船只实际尺寸加以折算，只需符合“丈八”之制即可。嘉庆二十三年（1818），对商船樑头的限制被废除。

在渔户的管理上，清代官府继承明代中后期形成的澳甲、船甲制度来管理滨海民众。澳甲不仅负有协助催征渔课、渔税的责任，还负有一定的保甲责任，渔民造船修船必须取得澳甲的保结。在此后的船只编号油饰、出海归港、携带器具、船只买卖等环节中，澳甲还负责与沿海汛兵、胥吏一体纠察。在海界问题上，清初，政府虽曾试图处理这一问题，但至清代中期，基本上承认了海界的存在，并通过发给印照收取埠租渔税。

明嘉靖年间，为增加军饷，开始对渔业用盐征税，名为盐税。清王朝继承了这一税目，并尝试将渔业用盐纳入官盐体系，采用与食盐相同的配引制度，按照船只樑头大小配给额数。但滨海之地，场盐便宜埠盐贵，渔户不肯到埠买盐，官盐积壅。为解决这一问题，广东沿海埠商有了“乾标”“帮饷”之法。具体做法是埠商将空白的标纸卖于渔户，此时所支付费用为“乾标”，在买得凭之后，再去盐场自行买盐，填写标纸，回港之后再向埠商交纳银两，称为“帮饷”。对于渔民而言，“先纳票钱，后清标价”可以相对自由地购买和使用渔盐。相比埠盐，这种方式不仅可以使渔民根据自己捕鱼时间即时在附近盐场买盐，而且可以买到在价格上比埠盐低很多的官盐。对于埠商而言，这种方式是足以保证其引课的。可以说是商、渔两便。但自雍正十一年（1733）始，“乾标”被明令禁止，广东地方官员再次对渔盐的配给进行规范，并借鉴“乾标”的发放，将卖盐照票的印发权力统一收归总督衙门所有。

总体来说，相比明王朝，清王朝在涉及盐、渔及航海船只的管理上开始越来越考虑到其自身的特性。

三　追寻文字背后匿名的依海之人

该书的目的是介绍14—19世纪的滨海地域社会及其人群，但大量沿海人群在文献史料中常常是缺位的，偶尔留下的痕迹也是通过一套陆地国家话语表达出来。为解决这一问题，作者在书写时，抓住滨海社会最重要的资源“海”，顺着海去看滨海地域，通过海去追寻这些无名的大多数人，自然也就是顺着当地人的意识去观察。因为在这些人的生活里，海是他们的中心，是他们的世界。

借助于作者的研究，我们可以了解到滨海人群的日常经济与社会生活的生动情形，以及王朝国家是如何移植一套内地疆土治理模式在此，进而在制度执行失败的时候对滨海社会不断调整管理制度。而其中最重要的就是王朝国家开始对滨海社会的特性有所了解，形成围绕滨海人群生计重要工具的管理与税收制度。进而，我们可以了解这套行政经验又是如何被其继任王朝继承并加以细化的。

就滨海社会秩序而言，作者在田野与文献的双向互动下，不断通过论证告诉我们，滨海社会流动的秩序是如何在自然环境、滨海人群的生计方式、组织与交往以及王朝之制之间不断被更新再造出来，它并非由单一的地方社会自主塑造，也非国家一味的强行施加影响制造的。

历史人类学视角下的清代秘密会社研究

——贺喜、科大卫《秘密社会的秘密——清代的天地会与哥老会》读后

秦浩翔*

贺喜、科大卫：《秘密社会的秘密——清代的天地会与哥老会》，北京师范大学出版社，2022。

清代秘密会社是清史研究领域的重要论题，已涌现出丰硕成果。[①]大体而言，现有研究主要集中于秘密社会的起源、发展及其反清斗争等方面。作为“历史人类学小丛书”系列之一，贺喜、科大卫新著《秘密社会的秘密——清代的天地会与哥老会》一书，将历史人类学的理论与方法应用于清代天地会与哥老会的研究中，试图通过两个秘密会社的历史，探讨秘密的传统和传承，阐发出诸多新论。具体而言，主要包括以下几个方面。

一　为何要拜会?

其实，无论是清朝官员还是历史学者都知道，大多参与拜会者并非

* 秦浩翔，中山大学历史学系博士研究生。

① 主要包括：秦宝琦《清前期天地会研究》，中国人民大学出版社，1988；庄吉发《清代秘密会党史研究》，台北：文史哲出版社，1994；赫治清《天地会起源研究》，社会科学文献出版社，1996；田海《天地会的仪式与神话：创造认同》，李恭忠译，商务印书馆，2018；等等。

要“谋叛”。清朝官员认为他们是受敛钱惑众者欺骗的无知愚民，历史学者认为他们是中下层需要互相保护的弱势民众，或许他们也有一定的反清情绪，二者皆有道理。但需进一步思考的是，敛钱或互助是否一定需要秘密拜会？难道以一种既定的犯罪行为来组织敛钱或互助谋生比不触犯刑律的活动更具有吸引力吗？要解答这一问题，需要理解秘密拜会的特殊意义。边钱会的案例表明，仪式的力量有利于组织的统合。相较而言，天地会的仪式比边钱会更为丰富。作者强调，虽然天地会的架构是虚拟的，但拜会却是实在发生的事情，参与者能够从中获得真实的感受。当一群人举行拜会仪式时，通过传会者所传授的口语、手势、花帖，他们建立的不仅是拜会者之间的相互关系，同时也与他们想象中的其他拜会群体建立了关系，这个网络式的关系能在天地会的虚拟传统之下得以合理化。民众参与拜会的理由多种多样，但归根到底，拜会者希望遇事时能够互相照应，而天地会的虚拟网络让他们相信能有获得照应的机会，这正是民众积极参加拜会的重要原因。

二 天地会拜会仪式的演变

以往研究对天地会拜会仪式的探讨相对较少，田海是为数不多的对拜会仪式进行深入探究的学者。其研究侧重于分析拜会仪式的文化内涵及其对创造天地会内部认同的重要意义，[①] 但未能充分注意到拜会仪式发生的变化，该书则对这一问题做了相应探讨。在拜会仪式不断为参与者熟知后，天地会的推广者面临着一个重要问题：怎样在秘密不断寻常化之中保持其独有的地位？但凡仪式的演绎都包含表演的性质，演绎者要想长期维持主导地位，就必须不断推出新的表演。所以拜会一定需要变化，而且过程要越来越复杂，才能确保秘密的独有性。天地

① 田海：《天地会的仪式与神话：创造认同》。

会拜会仪式的转变主要是，从早期在天地前结拜，并举行钻刀、歃血、盟誓等简单仪式，逐渐发展到拜会时设立万提喜排位，以象征“木杨城”的木斗为核心，并围绕其进行戏剧性的发挥，参与者通过问答的形式演绎出天地会的故事。随着传会人的流动和拜会文本的流传，不同地方的拜会在仪式上表现出类似性，天地会的秘密也由此散播开来。

三 档案的利用也需慎重

档案是研究清代秘密会社的重要材料，不仅能弥补文献史籍记载的不足，且较之官修史书更为可信，具有极高的史料价值，因此受到学者们的大力推崇。[①] 历史学者所利用的馆藏档案包括大量的奏折，而奏折作为高级官员向朝廷所作的报告，在其成文过程中往往会经过重重修改。该书作者幸运地发现了一批与天地会相关的新材料，它们并非最终呈交到朝廷的奏折，而属于奏折形成过程中的文献。文献上字斟句酌的删改，可以帮助我们了解清朝官员在处理秘密会社时的两难处境：处理得严苛，朝廷批评扰民；处理得轻忽，朝廷责备不当。因此，档案中看到的完整奏折，是种种考量权衡之后的结果。通过奏折编写过程中的文献，却能窥见影响案件的微妙因素。该书的个案表明，往往个别文字之差，就可以改变整个案件的取向。在边钱会萧烂脚案中，地方官员在奏报时将“依年齿长幼”改为“不序年齿”，案犯由“序齿结拜”变为“非序齿结拜”，依律刑罚加重。在陈纪传案中，地方官员的奏报主题由“民人争山”转变为“匪徒占山”，案件性质由此发生了重大变化。因此，作者强调，档案固然是非常重要的历史材料，但是历史学者读档案，不能不考虑档案书写过程中的修改能够影响案件的最终取向。

---

① 秦宝琦：《清代秘密社会研究中的档案使用和田野考查》，《历史档案》2005 年第 3 期。

四　天地会在东南亚的传播

19世纪，随着贸易的增长，马来半岛的华人移民不断增加，华人会党的势力也随之崛起，党派之间的斗争也趋向激烈。大概从19世纪40年代开始，英国殖民地政府开始用“秘密与危险”来形容华人会党。但及至1850年，马来半岛上依旧无人把本地华人团体与清朝的天地会相联系。真正使华人会党与天地会产生密切关联的是荷兰人施列格。1866年，施列格把天地会的传会文献全部译成英文，并做了相关考证，以《天地会》为名出版。此书不仅成为施列格的成名之作，同时也成为研究天地会的权威之作，日后关于天地会的著作均以其为出发点，研究者们也可以引经据典地替华人会党加上天地会的外衣。其实，没有任何迹象证明华人会党与福建乾嘉时期的天地会有关。殖民地统治者也知道华人会党主要是互助或包庇团体，相互的争斗仅是地盘势力的竞争，而不是针对其殖民统治。但是，当殖民地政府需要限制这些机构时，往往会抬出天地会的故事，因为天地会的传统正好赋予了华人会党反叛的性质。可以肯定的是，在19世纪前半期，华人会党没有多少天地会的痕迹，至19世纪后半期，它们显示出的所谓与天地会相关的传统，与殖民地政府的政策存在莫大关系。

五　哥老会的出现与流变

学者们在探寻哥老会的起源时，或认为其传承自天地会，或认为其来自四川的“啯噜”。[①] 但他们都未言明其“源流”究竟为何：是权力的继承，还是制度的演变，或是仪式的模仿？该书作者认为，要了解哥

① 吴善中：《晚清哥老会研究》，吉林人民出版社，2003。

老会，不应依赖似是而非的所谓来源，而应回到历史现场探寻“哥老会”这个名词是怎样出现的。“哥老会”的出现与湘军密不可分。同治四年（1865）四月，湘军内部爆发了“霆军闹饷”事件，一时间难以收场。最终，愤怒之下的曾国藩将闹饷案归咎于哥老会。哥老会是否真的煽动闹饷疑点重重，重要的是这一观点直接影响了它的历史发展。同治四年前，没有多少提及哥老会的报告；同治四年后，各类关于哥老会的报告层出不穷，哥老会开始被普遍引用。“霆军闹饷”事件使哥老会的知名度大大提高，光绪十七年（1891）底发生的梅森走私军火案，则在某种程度上促成了哥老会形象的具体化。光绪十七年，海关关员、英国人梅森从香港走私军火至汉口，九月该批军火在上海被海关截获。数月之后，湖广总督张之洞查明是哥老会委派梅森偷运军火，并在奏折中详列多个会匪“龙头”，称其沟通洋人，购运军火，图谋不轨，伙党极多。此奏折成为了解哥老会历史的重要根据，日本人平山周称：“哥老会，虽久有其名，惟至光绪十七年，弥逊（即梅森）一案出后，始为世人所注目。”① 戊戌变法的失败是哥老会的历史转折点，此后哥老会与革命党之间的联系越发密切。把哥老会等同于天地会的说法，正是出现在萍浏醴起义的时代，当时哥老会已被报纸公认为革命党争取的民众支柱。平山周称：“三合会化为革命党，哥老会亦复为革命党，于是全国各省之诸会党，悉统一而为革命党焉。”② 在革命的传统下，各类会党表达的反清情绪促成了一种统一，“哥老会”进而成为地方会党的通称。

六　秘密会社与宗族的关联

该书作者认为天地会与宗族之间有很多共同之处，是宗族制度的引

① 〔日〕平山周：《中国秘密社会史》，商务印书馆，2017，第93页。

② 〔日〕平山周：《中国秘密社会史》，第98页。

申。宗族的建构依靠拟制的血缘关系，而天地会则是通过异姓结拜来建立兄弟关系。宗族的族谱强调同宗同房，天地会则强调在其五祖之下，各地的体系形成“五房”。宗族的活动维系于墓祭与祠祭，天地会的拜会则是模拟在祖庙的牌位下举行结拜。宗族制度的发展本身有多重的维度，多线传承的谱例发明于宋代，庶民在祠堂祭祖发端于明中期，但是得到广泛推展大概是在清前中期。至嘉道年间，在仪式中前往“木杨城”祖庙的民众大概已经知道祠堂祭祖是怎样一回事。天地会之所以可以传播，是因为参与拜会者普遍可以联想到在异姓结拜的条件下，结拜者通过模拟前往“木杨城”参与祖庙祭祀可以建立起另类宗族。再进一步来说，天地会以异姓结拜建立虚拟宗族是违法的，需在秘密的条件下进行，这种秘密维持的虚拟宗族又成为一种典型，随后被应用到哥老会的情境之下。因此，宗族、天地会、哥老会的发展可看成一种“历史折叠”[①] 的过程。这也是秘密社会的虚拟架构能得到广泛接受，进而建立起跨地域组织网络的重要原因。

七 秘密社会的秘密

宗族是个以血缘的语言来表达的系统，那么秘密社会以什么来代替血缘呢？答案是“秘密”。秘密的特殊性类似血缘，由一起保密的人共同所有，而其他人则没有，所以秘密也可以缔造社会关系、社会团体。秘密会社通过秘密的仪式，传授秘密的讯息，让会员会面时可以用秘密的符号互相认同，不仅能让参与者，甚至能让非参与者感受到它的存在。因此，“秘密”不仅是逃避政府监控的方式，同时也是秘密会社建立社会关系的一个工具。但是，保存秘密有一个矛盾：秘密还是需要传授的，否则无法维持。因此，秘密使保存秘密的人订立生存和传承的传

① 关于“历史折叠”的概念，参见赵世瑜《历史过程的“折叠”与“拉伸”——社的存续、变身及其在中国史研究中的意义》，《清华大学学报》（哲学社会科学版）2020年第2期。

统，传授秘密的时候需要组织、礼仪和符号，有共同秘密的人群需要有维持秘密的共识，作者称之为“秘密社会的合理化”。但是其中同样存在一个破绽：越多人知道的秘密就越不是秘密。所以，所有秘密真的一直都是保密的吗？作者在全书结尾给出了答案，“天地会和哥老会的秘密就是没有秘密”，其神秘感很大程度上来源于地方官员的描述和渲染。

面对清代秘密会社这样一个成果丰硕的课题，作者改变既有研究以考证源流和论述反清活动为主的分析模式，以秘密的传承和散播为中心，揭示了天地会从秘密到范本的过程，对拜会者的感受、地方官的心态、拜会仪式的演变、拜会传统在海外的传播等前人关注较少的问题亦做了深入探讨，并且将秘密会社与宗族相比较，探寻其制度上的关联，在很大程度上加深了学界对清代秘密会社的认知和理解，具有较高的学术创见。同时，该书也试图在方法论上给予读者启示。作者通过典型案例的分析表明，档案奏折这一研究天地会的重要史料，也可能因为书写者的改动而影响其记录的真实性，在利用时也需保持谨慎。文献材料对仪式的教条记录较多，对于仪式如何举行却着墨甚少。有鉴于此，作者充分利用案犯口供和传会文书提供的拜会活动介绍，成功厘清了天地会拜会仪式的变化。作者强调，在研究礼仪问题时，不能仅从文献的字面意义出发去刻画历史过程，更需要用田野的眼光去阅读文献，既要将文字材料放回到文字可记录的限度之内，又要考虑文字记录以外可能发生的情况，做到与研究对象共情至关重要。总之，该书在写作思路、研究方法与学术观点上均有诸多创新之处，是一部关于清代秘密会社研究的优秀著作，具有重要的学术价值。

评《自治与他治：近代华北农村的社会和水利秩序》

朱冰冰 *

祁建民：《自治与他治：近代华北农村的社会和水利秩序》，商务印书馆，2020。

以区域社会史为立足点，结合田野调查并以华北农村地区为中心区域进行考察的研究成果颇为丰富，而祁建民教授所著《自治与他治：近代华北农村的社会和水利秩序》一书最鲜明的特点便是从学术史与区域史双重维度出发，凸显学术多元思考、勾勒区域水利和社会历史。

该书主体部分由序论、正文和附录组成。在序论部分作者主要论述了写作该书的主旨，对近代华北村落和水利秩序的特征进行了阐述总结，并且进行了一定的学术史回顾。作者将“国家权力与社会结合”作为该书的论述重点，将关注视角聚焦于国家政权与基层社会的“接点”。这一问题本就属于历史学研究的一个普遍性问题，因此作者在书中的相关精彩论述无疑是对该问题的有力补充与延伸。

在第一章“近代华北村落社会结合与国家权力”中，作者对近代中西方国家与社会关系进行对比研究，从村落宗族结合、村落地缘结合、民俗信仰、互助结合四方面探析了近代华北农村“国家权力与社会”的关系及其在近代的转型与嬗变。第二章“近代国家建设过程中

* 朱冰冰，上海交通大学人文学院硕士研究生。

的宗族”主要对现代宗族同国家政策的关系进行了一些探讨，[①] 将“宗族关系”的问题置于不同时代背景下进行探讨。在第三章“近代华北村政实态”中，作者主要结合构造史与事件史，以近代华北五个普通村落的村政建设状况为主要分析对象，将微观事件分析与宏观政局背景紧密结合，勾勒出近代村政演变之图景。第四章“中日村落构造比较与中国村民自治”将近代中日村落进行比较，分析中日村落结合原理，从地方自治角度出发揭示中国村落的特征，还指出现代中国农村村民自治存在的若干问题并提出了相关解决方法与措施。第五章“四社五村水利秩序与礼治秩序”中，作者以“四社五村”[②] 为主要考察对象，将古代水权理论中的“均水理念”与实际用水秩序的“不均”状况相联系并进行重点探析，进而展现水利秩序中蕴含的文化传统因素影响。第六章“八复渠水案与‘均水’理念”主要对明清时代清峪河“八复渠水案”水利纠纷进行分析探讨，进而探究了国家的“均水”理念与效力。第七章“山陕地区土改中的水利民主改革”以山西省和陕西省的水利民主改革为重点进行论述分析，论述了水利民主改革的原因、主要内容和历史意义。在第八章“从水权看国家与村落社会的关系”中，作者立足于水权问题，以“王土王民”观念与“以水随地”原则为切入点，对国家理念与民间习惯的互动关系与权力界限进行了深入的分析与解读。第九章“晋冀蒙交界地区移民村落的社会关系”主要根据晋冀蒙三县的三个村落[③]的调查资料展开分析论证，将村落中的人际关系划分为不同类型，进而展现北方边陲移民社会的特点。附录部分则是对

---

① 祁建民：《自治与他治：近代华北农村的社会和水利秩序》，第 53 页。

② 所谓“四社五村”是指位于山西省洪洞、赵城（后并入洪洞）、霍县交界处的民间水利组织，由三级共十五个村庄组成。“四社”为仇池社、李庄社、义旺社、杏沟社，为第一级。“第五村”为孔涧村，为第二级。第三级为“四社五村”的附属村，有琵琶塬村、南泉村、南章村等。参见祁建民《自治与他治：近代华北农村的社会和水利秩序》，第 122 页。

③ 三个村落分别为阳高县富贵村、宣化县小东庄村、康保县丹清河村。参见祁建民《自治与他治：近代华北农村的社会和水利秩序》，第 205 页。

日本对华观念的变迁及其共同体理论的梳理分析。

全书的论述重点大致可分为两个，即近代华北村落“社会内部结构特质”和“水利社会秩序与文化”。“国家与社会关系”作为该书的中心议题贯穿于以上两大论述重点之中，展现出作者的宏观性视野与整体性考量。就第一个论述重点而言，作者注重对华北村政以及基层社会关系的探析，对农村社会内部结构特质进行了重点研究。而就第二个论述重点而言，作者主要围绕“均水理念”“水利秩序”“水利民主改革”等关键词进行深入探讨，展现了近代华北乡村社会与水利社会的复杂变迁与深刻内涵。

该书围绕国家与社会的关系这一中心问题的探讨具有重要的学术补充与创新意义。作者将“社会结合”作为一种“操作性”概念运用于该书的整体论述中，通过对“社会结合”的“空间化”诠释，构建探讨国家权力与社会基层“接点”的“历史场域”，进而为呈现多视角、立体化的华北农村社会形态提供了新的解释体系，使“社会结合”的内涵更为丰富和多元。这是颇为精彩且具有启发性的解读思路。并且，作者还对“村落社会结合”进行了简要而清晰的阐释，认为村落社会结合“是指村落范围内之内共同生活的人们之间各种关系相互交错的总和”,[①] 并将人与社会的关系体清晰地划分为“宗族结合”、“村落结合”、“民俗宗教信仰结合”与“生产生活互助结合”四方面。这既有益于弥补长期以来“编户齐民说”和“共同体理论”两种观点对立且缺少融合性、一致性的不足，从一种更为立体而广域的角度出发，构建出更为合理而全面的解释框架，又有益于避免解释框架建立过程中容易出现的空泛化、模糊化，赋予“社会结合”具体研究视角，为生动展现华北农村的社会结构与面貌提供了极具实用性、可行性的审视路径。

作者认为以往对“村落社会秩序与权力构造”“普通乡村实际状

① 祁建民：《自治与他治：近代华北农村的社会和水利秩序》，第 23 页。

态”等问题的研究较为薄弱，围绕此问题的研究在方法上“存在着事件（运动）史与社会构造史两种分析方法相互脱节的问题”，[①] 这也是作者在第三章注重将构造史与事件史相结合的原因。不同于以往研究往往忽略村政演变“一般状态”的情况，作者选择了近代华北地区的五个普通村落为考察对象，试图还原一个素常而真实的华北乡村的实况。因此在此章第一节便对华北五村村政的基本情况进行了梳理介绍，并由此引出对“自治与他治”问题的探讨，揭示近代华北农村村政的官治与自治结合、自律与他律并举的双重性质。

该书也特别注重研究对象的历时性变化与空间特征。在空间方面，作者比较了华北水利社会与华南宗族社会的移民社会地域性差异。在历时性方面，作者强烈的历史时间意识主要体现在两个方面。一方面，注重事物在不同历史时期的特点，展现一种历史性变化。这一点在探讨近代国家建设中的宗族、近代水利观念变迁等时皆有明显的体现。另一方面，作者也注重历史过程对于理解当下现实的深远意义。针对 20 世纪 80 年代以后村民组织的相关问题，作者进行了观察并提出了自己的建议。“社会史的生命力正在于强烈的时代感，它的内容，如现代化和社会变迁研究、日常生活和精神面貌研究，都对我国当前史无前例的社会变革有着很大的现实意义和借鉴作用。”[②] 这正是以该书为代表的社会史相关研究成果彰显出的现实关怀与时代价值。

该书以 20 世纪 40 年代的日本“惯行调查”资料和 20 世纪 90 年代的日中联合再调查的资料为主要资料，兼采中日两国研究著述，结合传统文献史料、中外历史专著、文献汇编、报刊方志、原始档案等多种史料，促使中外学界研究观点实现精彩交汇，融合传统文本与实地调查资料的特长与优势。社会史包罗万物，取材自然也应突破传统历史文献的

① 祁建民：《自治与他治：近代华北农村的社会和水利秩序》，第 89 页。

② 蔡少卿、孙江：《回顾与前瞻——关于社会史研究的几个问题》，《历史研究》1989 年第 4 期，第 96 页。

限制，“主要乃在能从活的现实社会中去获取生动的实像”，[①] 打破历史的距离感与隔阂感，真正深入民间、走向基层，去探寻与感知历史真实的脉搏与生机。

以第五章“用水差序与礼治秩序”一节为例，作者在此节以“四社五村”的水利秩序为论述主体，意在说明水利秩序的形成需要“礼治秩序”的文化传统保障的主旨。史料方面兼采横跨中外古今之经典著述，既包含《礼记》《论语》等中国传统经书典籍中的经典观点以实现历史溯源，又包括当代学者的相关研究著述以呈现当代思考，进而在此基础之上表达作者个人对于水利社会语境下的“文化观念”的见解，这也展现出作者博洽多闻的学术素养与扎实深厚的史料功底。作者在论述“四社五村”水利秩序中的“兄弟排行”与“嫁女送水”习俗时，还运用了类似“任何解决不了的问题，都由老大定”[②] 的口语化特征的史料。

再如作者在第九章探讨“汉族边陲移民村落社会特点”时，运用了抗战时期“蒙疆联合自治政府”产业部农林科 1939 年的一份调查报告。作者将晋冀蒙三县三个村落的籍贯情况、迁移时间、移民原因等作为史料加以运用，并以表格的形式呈现，使各村移民社会形成的基本情况呈现得一目了然。基于来自田野调查的、具有直接性特点的史料内容，作者分析了晋冀蒙交界地区移民社会亲戚关系、借贷关系、救济关系等社会关系的特征，进而总结出“北方边陲移民社会”的特征与特色。

该书以“国家与社会关系”为研究主线，将学术史、区域史、社会秩序、移民社会等议题联系起来。读者能够由此真切了解近代华北农村乡民的真实生活状态，亦能够获知对“国家与社会关系”框架下的区域社会史研究的新的创见。

---

① 钱穆：《中国历史研究法》，生活·读书·新知三联书店，2001，第 56 页。

② 董晓萍、〔法〕蓝克利（Christian Lamouroux）：《不灌而治——山西四社五村水利文献与民俗》，中华书局，2003，第 226—227 页。

信用网络与企业资本交织下的近代中国*

——《点债成金：私人信用下的中国近代企业资本》读后

侯冠宇**

张跃：《点债成金：私人信用下的中国近代企业资本》，社会科学文献出版社，2022。

中国近代企业与金融史相关的研究备受学界关注。近代是中国现代经济起飞前的准备阶段。这一时期，国人储蓄观念淡薄，信用制度不完善，储蓄机关不完备，资本市场并不发达，储蓄无法转化为企业投资所需的资本，以致资本市场对企业发展的资金支持非常有限。如何将民间资本聚集起来并转化为投资资本与运营资金，成为普遍缺乏资本的近代中国企业不得不面临和加以解决的难题之一。

张跃《点债成金：私人信用下的中国近代企业资本》一书，共有七个章节：（一）缺乏原始积累的近代工业化；（二）民族企业在资本市场的缺席；（三）高利下的“主动负债”；（四）吸收存款的长期资本化；（五）私人信用的存款号召力；（六）无限责任的存款的保障性；（七）企业资本积累的历史惯性。该书考察了晚清以来中国本土民族企业走过的一条缺乏原始积累的工业化道路，厘清了民族企业吸收公众存款充作资本发展的独特方式。企业吸收存款属于近代中国资本市场的范畴，是债

* 本文为国家社会科学基金项目“财政-金融结合视角的近代中国金融业态演进研究”（22BJL007）阶段性成果。

** 侯冠宇，中国政法大学商学院博士研究生，中国政法大学企业家研究中心研究员。

权融资的独特模式，具有特定历史时期资本市场发展的独特之处，也充分反映了近代中国转型时期社会的历史文化、经营精神和价值观念。无论是北洋的“北京证券交易所”，还是上海外商的“掮客总会”，近代金融市场服务的都是公债和外债流通。在这幅企业史图景中，无论是钱庄的“群狼战术”，还是“中人”的振合与担保，反映的都是一个搭建在乡谊、宗族甚至个人人格之上的私人信用网络。该书对私人信用、无限责任等传统信用制度在近代中国企业筹集资本过程中所具有的号召力、取信于人、物质担保等特殊作用及其作用机制的深入研究，对传承、弘扬中华诚信观念、信用制度、商业文化以及理论创新具有重要意义，对我国当前“政府—市场—社会—司法”的社会信用体系的完善发展，也具有突出的现实意义。

一 信用、私人信用与信用制度

在清末以前，企业吸收社会存款的对象几乎仅限于企业的股东、经理及其员工的熟人。企业在中国传统社会经营存款的业务有历史传统，逐渐形成了一些民间约定俗成的制度安排。清末民初以后，一些企业开始用打广告的方式公开招揽社会存款，企业吸收存款的对象主要是企业成员的亲朋好友、企业的股东与职工、企业的客户、政府机关与社会团体。随着资本主义工商业的兴起，中国企业通过吸收存款等筹集运行资金的现象更加普遍，企业吸收存款的形式出现了许多新的变化。一是利用广告公开招揽。广告可以发挥其广而告之的市场功能，公开招揽吸纳社会存款。例如汉冶萍公司和中华书局在《申报》刊登系列广告，进一步扩大了吸收存款的规模。其招揽社会存款具有较低门槛、存期越长收益越多、广告词具有较强诱惑性等特点。[①] 二是设立储蓄部专事吸收存款。这一时期的达兴银公司、荣家企业等储蓄部业务开展颇为顺利。凡此种种企业吸收存款的目

① 张跃：《点债成金：私人信用下的中国近代企业资本》，第79—83页。

的，无论是吸引顾客购买商品，还是推销商品便利，抑或是减少筹集资本的成本支出，归根结底是满足企业自身发展的需要。[①]

近代中国，资金的运行方式有着与其他国家不同的传统与特点，表现得自由且富有活力，这是由中国传统商业习惯和不成文的缺乏效率的制度安排所决定的。[②] 在作者论述过程中可以发现，尽管南京国民政府多次出台禁令，但并没有从根本上改变企业大规模吸收与运用社会存款的境况，这充分说明了企业吸收存款并用于自身发展的传统有着坚实的现实基础。张跃将信用制度理解为维护信用运行的一种制度安排。步入近代，国人传统的价值观念受到冲击，小农经济因资本主义侵入逐渐解体，社会关系网络随着经济交往范围的扩大而变得日益复杂。在社会剧烈变动的大背景下，国人忠诚守信的观念日薄，加之人们善守秘密，信用调查困难。因此，在传统信用制度难以满足新式经济发展需求且现代信用制度尚未建立的情况下，私人信用自然承担起维系人们之间经济关系的重要职责。[③] 私人信用是社会信用制度的重要组成部分，是由国家、社会与市场共同形塑而成的一套规则安排。这套规则既包括国家及其政府制定的法律法规等正式制度，也包括约定俗成的社会秩序与公序良俗等非正式制度。一个人拥有私人信用，说明他个人的社会“信誉”与资产情况值得他人与社会信赖。诚然，将信任与交易限定在熟悉的群体框架之中时，这也反映了中国传统信用的一种延续，即“信任只适用于‘熟人’之间”。[④] 中国传统的私人信用，实际上是一种关系型制度，它在以家庭、宗族和同乡邻里为纽带连接而成的小群体中迸发巨大活力。在关系型制度框架下，人与人之间充满了“信息对称”，任何个人违规和失信行为都能够被迅速准确地发现。

① 张跃：《点债成金：私人信用下的中国近代企业资本》，第 88 页。
② 张跃：《点债成金：私人信用下的中国近代企业资本》，第 139 页。
③ 张跃：《点债成金：私人信用下的中国近代企业资本》，第 207 页。
④ 张跃：《点债成金：私人信用下的中国近代企业资本》，第 208 页。

二　有限责任与无限责任

为什么近代中国会出现"负债经营"这一特殊的历史现象？张跃认为，这主要是由近代中国资本市场与产业发展相疏离的历史条件决定的，同时也是深受历史传统影响的结果，具有明显的中国传统经济因素的痕迹。[①] 市场经济是一种法治经济，也是一种风险经济，归根结底是一种信用经济。西方传统信用文化将信用推及"陌生人"，其约束机制是制度与法律的硬约束。而近代中国社会的信用关系，是中国传统社会伦理秩序的延续，更多地体现为精神层面的"信任"，来源于熟人社会中的信息对称。作者在实证案例分析中指出，对失信者的惩罚，主要依靠伦理道德和封建宗法力量，中国社会信用关系是以人情为纽带的私人关系。中国式信用的维护与运行主要依靠伦理的软约束。[②]

有限责任，是相对于无限责任而言的，它是随着西方公司来华活动而被移植到近代中国的。有限责任制度是一种公开募集资本和具有完整治理结构及相关制度的企业制度。[③] 有限责任公司制度作为一种新的企业制度被引入近代中国，始于 1872 年的轮船招商局，后来逐渐有各种有限公司成立。张跃从企业的股本筹集、企业治理结构和债务责任三方面厘清有限责任不被近代中国社会信任的原因。在信用制度不发达的背景下，一些企业常借助负有限责任之名，而行逃避责任和谋取私利之实。[④] 但近代中国社会的"无限责任"与西方国家的"无限责任"存在重要区别。在西方社会中，无限责任主要是指在企业破产清理时，将企业的所有财产用于偿还债务后，如果仍然不足，股东按照"出资之多

① 张跃：《点债成金：私人信用下的中国近代企业资本》，第 16 页。
② 张跃：《点债成金：私人信用下的中国近代企业资本》，第 230 页。
③ 张跃：《点债成金：私人信用下的中国近代企业资本》，第 232 页。
④ 张跃：《点债成金：私人信用下的中国近代企业资本》，第 260 页。

寡，比例分担债务”。但若某个股东无偿还能力，其他股东需要替其偿还，即具有所谓的“连带责任”。与之不同的是，近代中国社会的“无限责任”，虽说同样循此原则，即在合伙企业破产清理时，除了将企业所有财产抵充债务外，不足之数则由股东按照出资的比例分摊；但是，采用无限责任制的中国企业，其股东只对自己分摊的债务有“尽偿之责”，而无须对其他股东分摊的债务负连带清偿责任。“盖合伙企业，对外为一整个的单位，对内才分你我”是近代中国的无限责任与西方社会的无限责任最主要的区别。[①] 尽管无限责任这一企业组织形式存在许多落后之处，但在近代中国的具体历史条件下，无限责任制度有其充分的历史合理性，不仅利于企业盈利和进行生产性积累，还有利于企业吸收民间资本。换言之，无限责任在近代中国企业吸收存款中的作用与机制，正是无限责任彰显其历史合理性的充分反映。[②]

余　论

第一，中国近代企业通过吸收社会存款，提高了融资效率，降低了融资成本。正是因为上述企业融资手段带来了丰厚利润，国民政府的严令禁止难有成效。吸收与运用社会存款具有历史基础，也是中国传统经济因素历史延续的生动体现。这也从另一角度厘清了国家与社会治理是制度价值在实践向度的延伸，治理活动的结果往往会受到诸多因素的协同影响，我们不能将治理结果的失败简单归因为制度价值的不正当。当然，在近代中国金融演进的过程中，宏观政策与管理方式会给企业带来持续且深刻的影响，特别是晚清以降政府对财政融资举足不前，严重阻碍国家财政与金融的结合进程。这为日后更多学者基于“财政—金融”视角，对近代中国金融与财政的历史条件、演变发展与社会观念等方面

① 张跃：《点债成金：私人信用下的中国近代企业资本》，第240—241页。

② 张跃：《点债成金：私人信用下的中国近代企业资本》，第261页。

的研究提供了一定的学理支撑。该书涉及货币与金融制度、业态因素、政府对金融市场的参与、路径依赖等问题，可能需要从明清一路看下来，方能厘清上述诸多问题。

第二，中国传统商业习惯和不成文的富有生命力的社会制度安排决定了近代中国社会的资金流动较为自由、方式趋于多样。实际上，传统时期的国家财政、管理体制、国家治理等问题，蕴含了特定时空下个人与集体、中央与地方、国家与社会之间的关系与张力，以及信息网络与信息场域的诸多内容。因此，既要看到正式制度与非正式制度的重要性，也要看到历史是一个复杂变化的过程，更要看到“人”在历史中鲜活的身影。[①] 书中的“中人制度”作为中国传统信用制度的重要组成部分，在近代中国社会经济生活中发挥着重要作用。这一制度安排最大限度地撮合各方交易与信贷关系，还在各方发生纠纷时发挥着说和、劝解与调解的功能。在维护信用方面，同业公会的作用亦不可忽视。在企业资不抵债时，同业公会便会出面主持清算，体现了公平、公正和透明的办事宗旨。此外，作为正式制度的法律对私人信用的维护同样重要，许多债务纠纷的当事人并不局限于同业公会的内部人，法律的介入有利于对私人信用的维护。

第三，在诸多耦合因素作用下，近代中国开始了从农业经济向近代工业经济的艰难转型。在转型过程中，国人对新式工商业企业的认识是不足的，以致新式企业在创办时难以筹集到所需的资本。多种因素的合力，迫使近代中国企业在兴办和发展中不得不去适应和对抗内外环境形成的制约与压力。中国传统信用则是由几千年积淀的文化、价值观念与治理机制决定的，特别是私人的诚信观念是通过诚信文化培育的，并辅以声誉、连带责任与中人参与等机制。而作者笔下的“点债成金”便巧妙诠释了近代中国企业在此种情形下的生存策略与经营方式。

① 侯冠宇：《朝贡？还是贸易？——中暹关系的多重面向》，《中华读书报》2022 年 8 月 10 日，第 10 版。

征稿启事

《区域史研究》是由中山大学、香港中文大学、北京大学、厦门大学、武汉大学、清华大学、南开大学、华东师范大学、南昌大学、浙江大学的一批志同道合的学者共同创办的刊物，旨在为区域史研究者提供一个分享最新研究、交流最新思想的平台。本刊设有学人访谈、专题研究、研究综述、读史札记、田野笔记、书评等栏目，现面向海内外学界征稿，来稿要求如下。

（一）论文字数一般不超过3万字，须有中文摘要（200字左右）以及3—5个中文关键词；读史札记、田野笔记一般不超过1.5万字；书评一般不超过4000字，有深度的书评，则不受此限。

（二）文责自负。除非事先说明，否则编辑部对文字内容均可适当处理；译稿一律附原文。

（三）本刊采用社会科学文献出版社的投稿格式和注释体例，请各位作者投稿前务必参照修改。来稿统一采取页下注方式，每页重新编号。出自同一文献的注释第二次出现以后，只需标明著者、篇名、卷次、页码即可。

（四）来稿请通过电子邮件寄至 lingnanculture@ 126. com，并在邮件标题栏中注明：《区域史研究》投稿。

（五）本刊实行双向匿名审稿制，来稿时请将姓名、工作单位、联系方式、职称等反映作者信息的个人资料另页附上，并在正文中避免出现作者的相关信息。

（六）请勿一稿多投。收稿后逾3个月未做答复，作者可自行处理。

（七）本刊不以任何形式收取编辑费、审稿费、版面费等费用。稿件一经发表，即奉稿酬，稿酬从优，并赠送作者样刊5册。

（八）本征稿启事常年有效。

《区域史研究》编辑部

图书在版编目（CIP）数据

区域史研究. 2023 年. 第 1 辑：总第 9 辑：区域经济史专号 / 温春来主编；黄国信执行主编. -- 北京：社会科学文献出版社，2023.12

ISBN 978-7-5228-2566-3

Ⅰ. ①区… Ⅱ. ①温… ②黄… Ⅲ. ①地方史-研究-中国-丛刊 Ⅳ. ①K29-55

中国国家版本馆 CIP 数据核字（2023）第 187029 号

区域史研究 2023 年第 1 辑（总第 9 辑）

区域经济史专号

主　　编 / 温春来
执行主编 / 黄国信

出 版 人 / 冀祥德
责任编辑 / 赵　晨
文稿编辑 / 汪延平　卢　玥
责任印制 / 王京美

出　　版 / 社会科学文献出版社 · 历史学分社（010）59367256
地址：北京市北三环中路甲 29 号院华龙大厦　邮编：100029
网址：www.ssap.com.cn
发　　行 / 社会科学文献出版社（010）59367028
印　　装 / 唐山玺诚印务有限公司

规　　格 / 开 本：787mm × 1092mm　1/16
印 张：16.25　字 数：223 千字
版　　次 / 2023 年 12 月第 1 版　2023 年 12 月第 1 次印刷
书　　号 / ISBN 978-7-5228-2566-3
定　　价 / 99.00 元

读者服务电话：4008918866